天

Borderless

下

博稽古今 融汇天下

英国法的塑造者

[英] 威廉·塞尔·霍尔斯沃思——著
陈锐 等——译

法律出版社 LAW PRESS · CHINA

作者简介

［英］威廉·塞尔·霍尔斯沃思

（William Searle Holdsworth，1871—1944）

英国著名法律史学家，英国人文和科学学院（FBA）院士。1903年至1908年，曾于伦敦大学学院担任宪法学教授；1922年至1944年，担任牛津大学专门讲授英国法的维纳教席教授。

译者简介

陈 锐

安徽安庆人，南开大学哲学博士，重庆大学法学院教授，博士生导师。主要研究方向为英美法律史、中国传统律学。先后出版译著6部：（1）《法律与真理》（Dannis Patterson著），中国法制出版社2007年版；（2）《法律实证主义：思想与文本》（陈锐编译），清华大学出版社2008年版；（3）《法律实证主义：从奥斯丁到哈特》（陈锐编译），清华大学出版社2010年版；（4）《作为实践理性的法律》（陈锐编译），清华大学出版社2011年版；（5）《道德相对主义》（Steven Lukes著），中国法制出版社2013年版；（6）《法律与逻辑：法律论证的批判性说明》（Joseph Horwitz著），中国政法大学出版社2015年版。

《王座法庭在工作》（A manuscript of the Court of King's Bench at work），
这幅英国绘画创作于1460年，画家不详。

重新订立于1297年的英国《大宪章》原件。

序

1937 年 12 月到 1938 年 1 月，我应邀担任印度加尔各答大学泰戈尔讲座教授。本书就来源于当时的讲稿。写作本书的目的有二：首先，我试图对那些最重要的英国法学家作一些介绍，正是他们所做的一些工作才使其有资格位居英国法的塑造者之列。其次，我将这些法学家的传记与英国法的一般历史联系起来，以便本书能作为英国法律史的简短传记。我希望本书能成为人们阅读法律制度史和法律文献史的有价值的指南。尽管本书的大多数信息都可以在我的《英国法律史》这一著作以及我发表在《法律季评》和《剑桥法律杂志》上的一些文章中找到更详尽的论述，但我认为，本书以全新的形式将这些论述呈现出来，显得更加短小精悍，对于学生来说，这非常有价值。最后，还要感谢我的儿子理查德·威廉·吉尔伯特·霍尔斯沃思（R. W. G. Holdsworth）——牛津大学大学学院斯托威尔研究员，他对本书提出了一些中肯的意见，并帮助我校对了全书的清样。

霍尔斯沃思作于万灵学院
1938 年 8 月

目录

引 言

《王座法庭在工作》(A manuscript of the Court of King's Bench at work)，这幅英国绘画创作于1460年，画家不详。

引 言

在一本关于英国法伟大历史的重要著作的最后一句中，波洛克（Frederick Pollock，1845—1937年）与梅特兰（Frederic William Maitland，1850—1906年）不仅特别强调了（英格兰法）的悠久历史，而且重点突出了（英格兰法）的巨大影响。（他们相信）12世纪、13世纪——亦即格兰维尔（Ranulf de Glanvil，1112—1190年）与布雷克顿（Henry de Bracton，1210—1268年）所处的世纪——法学家们的著作一定经得起时间的检验，并且，势必会在地球上的很大一片区域产生影响。他们说："如果不重新审视这一时期的作品，品味其持久的魅力，就无法超越这一时期。（当时）为数不多的法学家们汇聚到威斯敏斯特，环绕在佩特沙尔（即佩特沙尔的马丁，Martin de Pateshull，？—1229年）、雷利（即雷利的威廉，William de Raleigh，？—1250年）以及布雷克顿的周围，将那些未来在大西洋彼岸、以无君主专制著称的联邦施行的各种令状记录下来，为我们及子孙后代确立了对与错的标准。"①事实上，按以上方式评述这些法学家的著作所产生的影响仍嫌过于保守，因为他们编写的令状还应用到了远在印度洋边、由英国国王兼任皇帝的那一国家。英格兰在东西方扩张，将其法律与语言传遍整个世界，就像12世纪至16世纪罗马法的概念、规则与原则传遍西

① Sir Frederick Pollock and Frederic William Maitland, *History of English Law* (1st ed.), Vol. Ⅱ, Cambridge: At the University Press, 1895, p. 670.

欧，并在不同程度上影响了西欧所有国家的法律体系一样；在印度，英格兰法的概念、规则与原则也传遍了印度各邦及中央直辖区。

起初，英格兰法的传播方式颇似罗马法在中世纪欧洲的传播。与中世纪欧洲的情形类似，英格兰法的传播也是通过一些政治家与法官的活动实现的，这些政治家与法官从一些伟大的意大利法学院那里学习到了罗马法原理。当时，罗马法研究已开始在一些意大利法学院复兴，并且，正是从那里，罗马法才传播到欧洲其他国家。在印度，传播英格兰法的工作是由一些来自英格兰的行政管理人员与法官们实施的，这些人除了对自己国家的法律略有所知外，对任何其他法律体系几乎一无所知。正如中世纪的政治家与法官们所发现的，为满足人们的需要，有必要对本土的习惯法体系进行补充，以解决因文明进步而遇到的难题；这些来自英格兰的行政官员与法官们也觉得，有必要对印度的法律体系进行扩充，为此，就需要求助更先进、更能满足他们需要的法律体系中的规则。这些中世纪的政治家与法官们每当遇到新的问题时，都会不由自主地诉诸罗马法体系中的规则，因为他们一直被教导说，那是人类智慧的结晶，是比他们自己的（法律体系）更先进的古代文明遗产。这些来自英格兰的行政官员与法官们被指示说，在议会的法案、规章或者印度的习惯法不能提供清楚的规则时，需要按照“正义、公平及良心”①断案，这时，他们会不自觉地运用自己熟知的法律体系中的规则。他们同样被教导说，那些规则是人类理性的化身。因此，如亨利·梅因（Henry Maine，1822—1888 年）爵士所说的：

> 尽管上级法院（的法官）公开地从大家承认的英格兰权威那里舶来了英格兰的规则，但他们经常运用自己

① Courtenay Il bert, *The Government of India*, Clarendon Press, 1922, pp. 359 - 360.

> 的语言，含蓄地表达这样的意思：他们相信自己是从所有法律背后的抽象法律原则中萃取这些规则的；并且，在很多情况下，在下级（法院的）法官应用一些年轻时学过、记忆模糊的法律规则时，或者从似懂非懂的英格兰法教科书中挑选出某个法律主张时，会真的认为，在不能找到当地的法律或（解决问题的）方法时，可以按照那些约束自己的规则行事，即“依据公平与良心”断案。①

因此，如同中世纪欧洲的一些国家一样，罗马法的概念、规则及原则渗透到了英格兰本土习惯法阙如的所有法律部门，因为那些概念、规则与原则被人们视为理性与正义最完美的体现。在印度，正是这套类似的理念才使英格兰法的概念、规则与原则得以传播。并且，“在正义、公平及良心的名义下，英属印度（固有）的一般法（the general law）虽然由于本土法律权威的保护得以保存下来，但遇到了与英格兰法一样的问题，即有人认为其适合印度社会当时的状况，或者相反，有人认为其不适合印度社会当时的状况”。② （英格兰法在印度的传播）过程与罗马法在中世纪欧洲的传播过程几乎一模一样；置身于印度的英格兰法，类似于身处中世纪欧洲的罗马法，“被视为成文理性的体现，享有崇高的权威，将自身的特点嵌入了一个形式上完全不同的法律体系之中”。③

在19世纪法典化运动开始时，虽然英格兰法的传播方式发生了改变，但其影响范围并未缩小。被菲兹詹姆斯·史蒂芬

---

① Henry Maine, *Village-communities in the East and West: Six Lectures Delivered at Oxford to Which are Added Other Lectures, Addresses, and Essays*, New York: Henry Holt, 1889, pp. 298 – 299.

② Sir Frederick Pollock, *The Expansion of the Common Law*, London: Stevens and Sons, Limited, 1904, p. 133.

③ Sir Frederick Pollock, *The Expansion of the Common Law*, London: Stevens and Sons, Limited, 1904, p. 134.

(James Fitzjames Stephen,1829—1894 年)与布赖斯(James Bryce,1838—1922 年)视为麦考利最非凡成就的《麦考利刑法典》(*Macaulay's Penal Code*)成了当时众多法典中的第一部,成了(人们学习的)典范。那些准备为印度制定最早法典的英国著名法学家们①正是在英格兰法的基础上开展工作的,他们将英格兰法作为法典的基础,但对之进行了改造,以满足印度人的需要。因此,如波洛克所说:

> 在英属印度,英格兰法的一般原则借助我们概称的、得到了立法机关认可和推崇的"司法适用过程",在 19 世纪期间……已覆盖了刑法、民事侵权行为(civil wrongs)法、合同法、证据法、高级法院(如果不包括下级法院的话)的审判程序等全部领域,以及与财产有关的众多法律领域……如果有人说,"一种经过了改良的英格兰法由此变成了英属印度的一般法",那一点也不为过……可以这样说,普通法已证明自己胜任这一工作。《印度刑法典》(*The Indian Penal Code*)不过是简化了的、前后秩序有所调整的英格兰刑法,后者为处于不同文明程度中的人们服务已非一代,且都只进行了少量的修正。在商事问题上,英格兰法不仅在印度站稳了脚跟,而且得到了审慎的立法机关的批准,印度的立法机关只针对少数异常现象进行了相应的改变(那些改变本应在英国国内进行),它们认为,这部分内容不适合印度的国情。除此之外,在当代的印度司法审判活动中,一些衡平法原则也被人们成功地复活,人们用它来解决那些带有一定剥削性、欺骗性的高利贷问题。纵使在现代的英国

---

① 关于承担这一任务的成员构成,可参见 Whiteley Stokes, *The anglo-indian codes*, Clarendon Press, 1888, i, xii, xiii。

法律实践中，人们都很少有机会应用这些原则。[①]

很明显，要理解那些一直应用在这些法典之中并符合印度人需要的英格兰法律规则的精神，就有必要对这些英格兰法律规则赖以建立的权威性资料有几分了解，同样有必要对这些法典制定之前以及更早时期的法官们移植英格兰法律规则时仰仗的权威性资料有所了解。与罗马法一样，由于英格兰法经历了一个漫长、持续的进化过程，因此，其权威渊源于其发展的所有时期。在丁夏·穆拉（Dinshah Mulla，1868—1934 年）爵士针对《1882 年财产转让法案》（*The Transfer of Property Act* 1882）写作的著作的第二版中，在评论那一法案的某些部分时，穆拉爵士发现，有必要将一些 16 世纪至 20 世纪的案例讨论纳入其中。在拉马斯瓦米·耶尔（C. P. Ramaswamy Iyer，1879—1966 年）先生探讨侵权法（the Law of Torts）的著作中，包含了非常多的与证据有关的古老法规与案例，几乎可以与任何一部关涉这一话题的英国法律教科书相媲美。并且，在一些印度人的法律著作中，我们可以看到同样的现象，[②]因为其中的一些案例来源于泰戈尔法律讲座。[③]

如果（我们的研究）必须借助漫长的英国法律史中所有时期的权威性资料，就必须对创造这些权威资料的人有所了解，了解

① Sir Frederick Pollock, *The Expansion of the Common Law*, London: Stevens and Sons, Limited, 1904, pp. 16 – 17.

② S. C. Brahmachari 博士在《铁路与水路运输法》（*The Law of Carriage by Rail and Water*）的前言中，在论及 1890 年的《印度铁路法》时说道："在印度的法令全书中，没有哪一种法律比《印度铁路法》与英格兰成文法的联系更紧密了。其中的每一个章节、条款几乎都从英格兰、爱尔兰或苏格兰的判决里获得了灵感。要理解印度人在此方面的法律规定，就要毫不犹豫地参考英格兰的法律。"

③ 比如，下列作品发表于"泰戈尔法律讲座"：Dinshaw Fardunji Mulla, "The law of insolvency in British India" (delivered in 1929), *Yale Law Journal*, 1931 (5): 840; Prasante Kumar Sen, "The Law of Monopolies in British India" (delivered in 1916), M. C. Sircar, 1922; Harnam Singh, *The Law of Specific Relief in India*, Ratilal K. Desai, 1926。

这些人生活与工作的知识背景、政治与社会状况及经济环境。如果我们对这些一无所知,就不可能完全理解那些过去一直在英格兰法律体系中发挥作用的法规和世代相传、为满足新的需要而逐步为法律所吸纳的判例,以及对这些法规与判例的结果进行总结的权威性教科书。在本书中,我打算对所有这些东西予以说明——(我将向大家介绍)一些法庭经常诉诸其权威的法律人;将提及这些法律人所做的、被记录在判例与教科书中的工作;及由这些人的工作而产生的各种各样的影响——既包括技术性影响,又包括政治性影响。为了使英格兰的法律规则适应新的社会状况与社会需要,这些法律人做了大量的工作。我希望,我的这一讨论能使这些权威性资料变得更容易理解,并因而有助于那些有机会使用这些权威性资料的法学家们更全面地理解这些资料的意义,进而更准确地评估这些资料的境遇,并在遇到一些较老的权威性资料时,能恰如其分地评价其存在的局限性。

我的前三讲将处理中世纪的法律塑造者——即首先介绍格兰维尔与布雷克顿,他们是普通法之父与普通法的创立者;接着是爱德华一世(Edward I,1239—1307 年),正是在其当政期间(即 1272—1307 年),人们才开始看到普通法一些比较突出的特点;然后介绍利特尔顿(Thomas Littleton,1422—1481 年)与福特斯丘(John Fortescue,1385—1479 年),他们的著作对中世纪普通法的众多特点进行了总结。接下来的三讲将处理英格兰法自 16 世纪到 17 世纪上半叶的发展状况——考察文艺复兴与宗教改革对英格兰法的广泛影响。通过圣·杰曼(St. Germain,1460—1540 年)、托马斯·莫尔(Thomas More,1478—1535 年)爵士、埃尔斯米尔(Thomas Egerton Ellesmere,1540—1617 年)以及培根(Francis Bacon,1561—1626 年)等人的作品,考察衡平法的基础问题,考察柯克(Edward Coke,1552—1634 年)爵士及其在英格兰法律史上的突出地位。第七讲将介绍 17 世纪下半叶的两个伟大法学家——黑尔（Matthew Hale，1609—1676 年）与诺丁汉（Heneage Finch Nottingham，1621—1682 年）。接下来的三讲将介绍霍尔特（John Holt，1642—1710 年）与曼斯菲尔德（William Murray Mansfield，1705—1793 年）——最终完成现代普通法建构的两个伟大法学家，及哈德威克（Philip Yorke Hardwicke，1690—1764 年）与埃尔顿（John Scott Eldon，1751—1838 年）——两个伟大的衡平法院大法官，他们搭建起了英格兰的衡平法体系。然后还将考察詹金斯（Leoline Jenkins，1623—1685 年）、斯托威尔（William Scott Stowell，1745—1836 年）以及一些罗马法专家（Civilians）。我的第十一讲将介绍布莱克斯通（William Blackstone，1723—1780 年）——第一位在牛津大学担任讲座教授的人，并考察其伟大的批判者边沁（Jeremy Bentham，1748—1832 年）及其门徒奥斯丁（John Austin，1790—1859 年）。在第十二讲，我将对英国法学家中历史主义学派的兴起予以说明。这一学派推翻了边沁与奥斯丁学派在法律理论中曾拥有的统治性地位，我将考察这一学派中三个伟大的代表性人物——梅因、梅特兰与波洛克。在结论部分，我将对研究那些法律原则——所有这些英格兰法的塑造者们在不同时期、以不同方式帮助我们确立的原则——的必要性作一些说明，并说明立法机关按照这些原则颁布的法律是如何起作用并最终成为一个法律体系的一部分的。人们已经认识到，对于保持国家的稳定与公民的自由来说，那一法律体系起着非常重要的作用。

《衡平法院（大法官法院）在工作》（A manuscript of the Court of Chancery at work），这幅英国绘画创作于1460年，画家不详。

第一讲
格兰维尔与布雷克顿

重新订立于1297年的英国《大宪章》原件。

“法律记忆”（的时间）可追溯到1189年9月3日理查一世（Richard Ⅰ，1157—1199年）加冕之日，那是一个人们随意确定的日期，在此之前的时代，人们并没能产生法律记忆。这一日期是由一个1275年的法规确定的，它类似于权利令状设置的时效期限（the period of limitation），（具有一定的随意性）。[①] 尽管它是由一个法规随意确定的日期，但人们为什么将法律记忆的日期定格在12世纪的最后几年？那一定有内在的原因。因为大约在那一时期，普通法开始定型；并且，正是在1187年之后不长的一段时期里，最早的普通法教科书——被称为《格兰维尔》的教科书——才问世，[②]它被视为普通法真实起点的标志。如约翰·里夫斯（John Reeves，1752—1829年）在《英国法律史》（*History of English Law*）[③]一书中说到的，与盎格鲁-撒克逊的法律相比，《格兰维尔》论及的普通法更像“别国的法典”。

为什么普通法在12世纪下半叶才开始成形？主要原因有三：首先，那是全欧洲法律复兴的时期；其次，在这一世纪的下半

---

① Sir Frederick Pollock and Frederic William Maitland, *History of English Law* (1st ed.), Vol. Ⅱ, Cambridge: At the University Press, 1895, p. 82.

② 参见 William Searle Holdsworth, *A History of English Law* (ii), Boston: Little Brown. And Company, 1922, p. 189。

③ John Reeves, *History of English Law* (i), Forgetten Books, 1869, p. 256.

叶,英格兰处于亨利二世(Henry Ⅱ,1133—1189 年)这一特别能干的国王的统治之下,这使它与欧洲的法律复兴运动保持着紧密的联系;最后,中央集权的政府制度在英格兰确立起来,其颁布的法令被人们永久地记录下来。

首先,那是一个全欧洲法律复兴的时期。[①] 与盎格鲁-撒克逊诸王统治相比,"诺曼征服"(the Norman Conquest)使英格兰与欧洲大陆在政治及思想方面发生了更加紧密的联系;在当时的欧洲大陆,思想领域为正在复兴中的罗马法研究所主宰,这使欧洲的很多国家与一种更先进的政治法律思想保持着紧密的联系。在当时的一些意大利城市里,人们开始研究《查士丁尼法典》(*Justinian's Code*)与《学说汇纂》(*The Digest*)等经典文本。兰费朗克(Lanfranc of Pavia,约 1005—1089 年)——征服者威廉当政时的大主教——就曾是地处帕维亚(Pavia)的一个法学院的著名人物;并且,在博洛尼亚(Bologna,也译为波伦那),伊纳留斯(Irnerius,约 1050—1125 年之后)的《学说汇纂》讲义引起了欧洲人对保留罗马法精义的原作的注意。同样来自博洛尼亚的还有格拉提安(Gratian,生卒年月不详),他通过汇编《格拉提安教令集》(*Decretum Gratiani*)——梅特兰称之为"一部伟大的法典"[②],将教会法(canon law)中不一致的教规协调起来,为中世纪的教会法奠定了基础。这些新的研究成果在"诺曼征服"后不久即传到了英格兰,因为诺曼人或许是欧洲最具世界主义精神的民族。那一时期的三个大主教——兰费朗克、安瑟伦(Anselm of Canterbury,1033—1109 年)以及西奥博尔德(Theobald of Bec,1090—1161 年)——都是杰出的罗马法与教会法专家;并且,西

---

① William Searle Holdsworth, *A History of English Law* (i), Boston: Little Brown. And Company, 1922, pp. 135 - 137, 139 - 142, 145 - 149.

② Frederick Pollock and Frederic William Maitland, *History of English Law* (1st ed.), Vol. Ⅱ, Cambridge: At the University Press, 1895, p. 92.

奥博尔德还带来了他的随从瓦卡利乌斯(Roger Vacarius,1120—1200 年),后者于 12 世纪中叶在坎特伯雷与牛津创立了生机勃勃的罗马法研究院。12 世纪 80 年代,(英格兰的)人文科学仍比较萧条,以致在当时的(英格兰),提丘斯(Lucius Titius)与塞乌斯(Caus Seius)的地位竟蹿升到了亚里士多德与柏拉图之上。此时,(如果有人)创立一个教导更先进的罗马法概念、规则及原则的学院,必定会迅速地影响当时尚属英格兰法主体的比较原始的习惯法,那是显而易见的。在我们这一时代的印度[①]与日本[②],曾有人有意无意地提及这一影响,(他们认为)一个成熟的法律体系肯定会影响原始社会含糊的、不断变化的习惯性规则。(只是罗马法影响英格兰法的过程)让人感觉过于迅捷,这要归功于这一时期"英格兰为何产生了普通法"的众多原因中的第二个原因。

其次,在 12 世纪下半叶,英格兰处于亨利二世这一特别能干的国王的统治之下,这使英格兰与这一时期欧洲的法律复兴运动保持着紧密的联系。[③] 亨利二世不仅是英格兰国王,而且是一个伟大的欧洲大陆封建主。他在法兰西的地盘比法国国王的都要大;他将自己的领地治理得井井有条,以致人们觉得他的权力无所不至。他之所以能将领地治理得这么好,是由于他的法庭网罗了一批当时最能干、最有教养的人。如斯塔布斯(William Stubbs,1825—1901 年)所说的,亨利二世由于出身高贵,故而成了士林

① Henry Maine:*Village-communities in the East and West*:*Six Lectures Delivered at Oxford to Which are Added Other Lectures*,*Addresses*,*and Essays*,New York:Henry Holt,1889,pp. 74 – 76.

② Munroe Smith,"Japanese Code and the Family",*L. Q. R.* ,1907(23):44 – 45.

③ William Searle Holdsworth,*A History of English Law* (ii),London:Methuen & Co. Ltd. ,1922,pp. 174 – 175.

魁首。[1] 那并不是说他的祖父亨利一世(Henry Beauclerc,1068—1135年)如何了得(其文化程度可能只达到了初通文墨的地步),而是说,他是"善人富尔克"(Fulk the Good,905—960年)的直系后裔,富尔克曾对洛萨尔王(King Lothar)说过:"无知的国王如同加冕的驴(rex illiteratus was asinus coronatus)。"布洛瓦的皮特(Peter of Blois,1130—1121年)曾将那时的法院说成是士林文化的中心,[2]他发现,起诉者通常是文化人。关于亨利二世当政的这段历史,最好的著作是由伦敦的主教理查德·菲兹尼尔(Richard Fitzneale,1130—1198年)与格兰维尔完成的——前者同时还担任英格兰财政大臣(Treasurer of England),撰有《关于财政的对话》(Dialogus de Scaccario, *Dialogue concerning the Exchequer*)一书;后者曾担任巡回法院的法官、大使及首席政法官(justiciar),最早的普通法教科书即以他的名字命名。这二人肯定受到了当时欧洲方兴未艾的新的法学研究方法与研究成果的影响,即他们全都受到了注释法学派(the school of the Glossators)[3]的影响。这一学派在欧洲一些国家广泛地传播罗马法,并试图使罗马法适应欧洲人的需要。一方面,这一学派的法学家们富有现实生活的经验,从而使他们的作品免受"不符合实际"之讥;另一方面,他们(非常重视)对罗马法原理的研究,从而使他们没有沦为带有机械的形式主义倾向的官员或者单纯的法律职业者。因此,他们能将普通法置于如此稳固的基础之上,以致它今天不仅适用于英格兰,而且适用于英格兰人殖民过的海外许多地方。当然,普通法的基础如此稳固,在很大程度上还要归功于使普通法在这一时期

① William Stubbs, *Lectures on Medieval and Modern History* (3rd ed.), Oxford, 1886, p. 136.

② William Stubbs, *Lectures on Medieval and Modern History* (3rd ed.), Oxford, 1886, p. 164.

③ 有关这一学派的思想,可参见 William Searle Holdsworth, *A History of English Law* (iv), London: Methuen & Co. Ltd., 1922, pp. 220 - 221。

定型的诸多原因中的第三个原因。

最后，中央集权制的政府建立了起来，其颁布的法令被人们永久地记录下来。[1] 在当时的英格兰国王的咨议会（The King's court）——亦即 the Curia Regis——负责领导或监督政府运作的全过程，行使行政、立法和司法的职能，并努力使自己的权力通达整个国家。时任伦敦主教兼财政大臣的理查德留存下来的一些论述使我们对当时英格兰政府机构的运行特点有所了解，他的《关于财政的对话》[2]一书对他所领导的财政部的组织与运行状况进行了说明；格兰维尔的著作则对国王的咨议会担负的司法工作的运行状况进行了说明。这两本著作见证了亨利二世在位时期（的英格兰）在建立中央集权制政府与法律体系方面取得的巨大进步。这种中央集权体系的运作及影响非常持久，其颁布的法令有官方的记录。有关我国的很多特别重要的记录——如，财政部卷宗（Exchequer Rolls）、专利许可与密封卷宗（Charter Patent and Close Rolls）以及审判记录卷宗（Plea Rolls）——都是这一时期才有的。这种新的中央集权制的法律与政府体系被牢牢地固定在确定的习惯做法基础之上，并且，正是在上述一系列记录基础之上，才产生了具有确定性的习惯做法。这种习惯做法后来经受住了一个心不在焉的国王、一个邪恶的国王及一个幼稚的国王的折腾。如此的政府与法律体系已建立起来，这一事实是对下一事实——英格兰有了普通法——非常充分的说明。并且，此处我们可能已经注意到，（政府体系与法律体系的发展）构成了两条非常有趣的历史平行线，上述事实可以较好地说明这一点。1937 年 12 月 6 日，印度的首席大法官在印度联邦法院的就职会议中

---

① William Searle Holdsworth, *A History of English Law* (ii), London: Methuen & Co. Ltd., 1922, pp. 165 – 166, 180 – 186.

② William Searle Holdsworth, *A History of English Law* (ii), London: Methuen & Co. Ltd., 1922, pp. 186 – 188.

指出：亨利二世通过建立一个涵盖整个英格兰的中央法院体系，从而使英格兰的法律统一起来，这一做法可以复制到印度的法律领域，印度也可以通过建立联邦法院——那是整个印度拥有的第一个中央法院——的方式实现法律的统一。

由于亨利二世在位时期开始专业化的两个行政部门分别是财政与法律部门，因此，当时出版的专业性论著也都与这两个部门紧密相关。正如作为财政大臣的伦敦主教理查德曾写过一本有关财政的专业论著一样，在随后的几年里，也有人写了一本有关法律的专业著作，它是以首席政法官格兰维尔的名字命名的。正是凭着这一著作，以及作为首席政法官从事的一些工作，格兰维尔才成了英格兰法最早的塑造者。

格兰维尔①是供职于亨利二世的法庭，集政治家、战士及法学家于一身的多面手之一。在 1174 年击败苏格兰人的阿尼克战役（the Battle of Alnwick）中，格兰维尔是英格兰军队的统帅之一，他还曾以巡回法庭法官、大使及首席政法官的身份为国王服务；作为国王的重要顾问，亨利二世当政时的一些重要法律改革都是由他倡导并协助国王实施的；在理查一世即位后，他辞去了首席政法官之职；在十字军东征途中，他常伴国王左右，并于 1190 年在阿卡（Acre）去世。在草创普通法的那一帮政治家与法学家中，格兰维尔无疑是最重要者之一，但我们无法确定，以他的名字命名的著作是否真的由他所著。我们推测，那本书极有可能出自他的侄子兼秘书休伯特·沃尔特（Hubert Walter，1160—1205 年）之手，后者后来成了坎特伯雷大主教、枢密大臣（chancellor）及首席政法官。我们能确定的是，那本书的写作得到了格兰维尔的首肯，也许还有督促。在很长的一段时间里，那本书一直被人们当作一本标准的教科书。由于布雷克顿的安排，那本书得到了广泛

① William Searle Holdsworth, *A History of English Law* (ii), London: Methuen & Co. Ltd., 1922, pp. 188 – 189.

的应用。在13世纪早期,那本书的一个版本被人们以《国王之尊》(*Regiam Majestatem*)①之名引入苏格兰。那本书最新、最可靠的版本是由伍德拜恩(Woodbine)教授于1932年出版的,他对当时能收集到的27种手抄本(MSS)进行了研究,并予以了校订。

那并非一本冗长的论著,其主题被处理为14个简短的卷册。在序言中,格兰维尔告诉我们,那本书主要探讨国王的咨议会颁布的法律,即普通法。他解释说,他无法处理数量众多、混乱不堪的地方性习惯——其实,英格兰法的很大一部分仍是由这些东西组成的。到目前为止,普通法仍只是在英格兰起着规则作用的众多法律体系中的一种——尽管在较早时,它已被人们承认为众多法律系统中最持久、最普遍且最强大者。② 从格兰维尔的书中,我们看到,普通法最早的分支是程序法、刑法以及土地法三者。在程序法中,我们看到了普通法最恒久的特点——它依赖于令状——众所周知,在普通法中,有各种各样的令状,它与国王的咨议会承认的各种诉讼理由(causes of action)相对应。迄今为止,诉讼理由的数目仍不确定,因为国王可以按照自己的喜好自由地发布新的令状;并且,由于国王的咨议会不受先例的约束,因此,它不仅能根据衡平原则断案,而且能依据普通法断案。在刑事法律领域,新的刑事程序与较老的程序并存,前者以大陪审团起诉(presentment by a grand jury)与小陪审团审判(trial by the petit jury)为基础,后者则以私人性的原告起诉(即控告)为基础。在土地法领域,我们看到,"所有形式的土地占有根据都直接或间接地源自国王"这一原则被确立起来——这使土地法彻底封建化起

① William Searle Holdsworth, *A History of English Law* (ii), London: Methuen & Co. Ltd., 1922, pp. 189 – 192.

② "因而,根据同样的划分标准,可将英格兰法分为三部分:王室法院适用的普通法,它具有至高无上的地位;王室法院产生的惯例(usus)以及地方性的习惯(consuetudines),后者在任何地方都是非常独特的。"参见 *Leges Henrici Primi*, ix, 9。

来。并且，由于这一原因，在土地法中，人们在一定程度上确立了某些一致性的东西。尽管在实践中，我们能看到众多的土地占有制度（tenure）中的一些类型——如骑士役占有（knight service）、教会对自由捐献土地的占有（frankalmoin）、仆从土地占有制（serjeanty）、农役租佃制（socage），但在当时，人们仍没有清楚地界定这些土地占有形式；承租者能从土地上获得何种利益，也仍然没有定论。关于“地上财产权”的问题，英格兰法仍没有形成自己的学说。

在《格兰维尔》一书所述的法律中，我们能发现两个重要的东西。第一个同时也是最重要的东西是：这些规则是由法院自己创设的，并记录在审判卷宗之中。这些规则会随着审判案件的增多而变得更加详细、更加精确，它们构成了普通法的基础。第二个东西是罗马法、民法及教会法的影响。① 这绝不是一个微不足道的因素——事实上，撰写如此一本书的想法可能源于当时流传的一本关于民法与教会法程序的小册子。这本小册子出版于那一世纪的英格兰与诺曼底地区，其前言及引言皆模仿查士丁尼的《法学阶梯》。它用罗马法中有关奴隶的规定解释英格兰佃农（villein）的地位，用罗马法中的“dos”对应英格兰的寡妇地产（dower）这一概念，用罗马术语指称罗马人的契约。亨利二世最成功的改革之一——“恢复新近侵占的不动产之诉”（the assize of novel disseisin）——就是通过借鉴经院派学者关于恢复被侵夺财产之诉（*actio spolii*）的论述、从罗马人的“禁止强行占有令”（*interdict unde vi*）推导而来的。“一个有一定租赁期限的佃户并不能依法占有（*seisin*）该物，也不能提起物权诉讼（real action），因而他的收益也非不动产”，这一规则也是依据罗马法的下述规则推导而来，即“否认某些类型的土地占有人和某些类型的财产占

① William Searle Holdsworth, *A History of English Law* (ii), Boston: Little Brown And Company, 1922, pp. 202 – 206.

有人具有财产所有权”。但在这一时期的英格兰法,对罗马法最伟大的借鉴应属另一些更间接的东西。如本书显示,罗马法为英格兰法提供了一种依据法律材料进行推理的方法,提供了一种产生技术语言与技术形式的能力,这使人们能从大量含糊的习惯与特殊案例中进化出精确而普遍的规则。如我们即将看到的,在布雷克顿的伟大著作总结的普通法飞速发展的下一时期,罗马法的这一贡献会被人们更多地强调。

在13世纪的前70年,英格兰动荡不安。使《自由大宪章》(*Magna Carta*)获得批准的宪制危机表明,由男爵们领导的这一国家已下定决心,要让男爵们分享更多的政府权力,以矫正法律实施过程中(权力)滥用的现象。亨利二世的改革获得了成功,其标志是:他所设计的中央集权政府这一新机制——借助这一机制,普通法产生出来——得到了人们的承认并稳定下来;而且,在《自由大宪章》中,我们只能从很少的条款中看出,当时尚有人试图重建不受约束的封建司法体系。那一宪制危机的后果之一表明,单纯依靠王权发展法律的时代已经过去;并且,它还表明,建立“限制王权、共享创制法律权力”机关的时代已经来临。但“如何搭建起这样一个机关”,以及“如何及以何种方式限制王权”的难题仍没有得到解决;并且,亨利三世(Henry Ⅲ,1207—1272年)的个性特点使上述问题的解决变得更加渺茫。毫不令人惊讶的是,为解决上述难题,最终引发了内战,而这一内战终于在亨利三世当政末期爆发。但无论是在《自由大宪章》中,还是在亨利三世与男爵们的斗争中,人们都不曾试图抛弃亨利二世已经确立的中央集权制。尽管这一制度混乱不堪,但这一制度仍在发挥作用;因为法院坐落在威斯敏斯特,法官们仍坚持到他们的巡回区去进行巡回审判。因此,普通法仍在稳步向前发展。

在以上这些时期,著名法官大多是著名政治家。如我们已经看到的,格兰维尔就远非只是一个单纯的法学家。但随着新的中央集权式的政府机制的建立,以及国王法院里司法与行政部门的逐渐分立,大量的职业法官产生了。这些法官大多以皇家职员的身份开始自己的职业生涯,然后才走上法官岗位,并最终成为法学家,且获得了良好的声誉。他们通常还是神职人员,对罗马的民法与教会法有一定的了解。正是由于法律的发展受到了这些博学职员的引领,才使普通法在这一时期取得了如此神速的进步。这其中,有两个最著名的人物不得不提,他们是佩特沙尔的马丁与雷利的威廉。佩特沙尔是诺福克的副主教(archdeacon),同时还是圣保罗大教堂的主持牧师(dean),他解决棘手问题的能力如此之强,以至于曾有一位同行法官主动提出申请,请求不与他一道被派到巡回法庭,因为他不知疲倦的工作方式经常把同事折腾得筋疲力尽。雷利的威廉时任温切斯特主教,是那一时代最有才华的法学家之一,据说还是一些重要令状的发明者。布雷克顿承认,这二人是他的法律导师,他主要是从他们审判案件的卷宗里抽取一些案件作为其著作基础的。

布雷顿的亨利,通常被称为布雷克顿,可能出生在德文郡的布雷顿·弗莱芒。他同样是一位神职人员,在1268年去世时,仍担任埃克塞特大教堂主教座前高级教士(chancellor of Cathedral)[①]。布雷克顿自1245年至1246年,担任总巡回法官(justice of eyre);自1248年至其去世之前,担任裁判法庭(assize)的法官;自1248年到1257年,担任王座法院的法官,是国王御前会议(the King's Council)的重要成员之一。在享受皇家恩典的这些年里,他被授权保存记录案件审判结果的卷宗,后来,

---

① “chancellor of Cathedral”是主教或大主教座前的负责管理档案的高级教士,或者类似地位的人员。Chancellor可以充当公证人员,证明教会官方文件的真伪,还可以处理教区内主教交给的其他事务,如,可处理一些财务或经营管理方面的事务,或主教办公室的人事安排,等等。其权限小于代理主教或副主教,其办公室设在教区档案馆内。

他以这些卷宗为基础，撰写了自己的著作。（在国王与男爵们明争暗斗时）他比较同情男爵那一方，但他的能力得到了双方的认可。1267年，他被任命为一个审判委员会的成员，那一委员会的主要任务是对有人提出的剥夺西蒙·德·蒙特福特（Simon de Montfort，1205—1265年）支持者遗产的主张作出裁决。第二年（1268年），布雷克顿去世。

布雷克顿的著作使英国法律史上的那一时期以被称为"布雷克顿时期"而著名。他的主要成果是一本有关英格兰法的著作。在500年后布莱克斯通创作《英格兰法释义》之前，这一著作无论在语言风格还是在论述的完整性方面都难有比肩者。为了写作那本书，布雷克顿从亨利三世在位的前24年的审判卷宗中抽出2000个案例，汇编成一本《札记》（*Notebook*）。维诺格拉多夫（Paul Gavrilovitch Vinogradoff，1824—1925年）在1884年时曾提到这一《札记》，并认为这一《札记》是布雷克顿撰写著作时收集并运用的案例集。梅特兰认为，维诺格拉多夫的这一推测非常正确，于是将这一《札记》重新整理、出版。维诺格拉多夫与梅特兰的著作出现在普通法迅猛发展时期行将结束之时，既总结了过往，又开启了来者。如果没有他们的著作，这一时期的所有记忆可能会被人们轻易地抹除，英格兰法律史的未来因而可能变得迥然不同。

布雷克顿的英格兰法著作最终未完稿，在讨论权利令状时即中断了；并且，很明显，尽管布雷克顿时常补充与修正自己的著作，但并没有最终定稿，因为其中包含了一些相互矛盾的段落，那些相互矛盾之处本该在最后修订时消除。这本书内部的一些证据似乎显示，它作于1240年左右；尽管在那之后布雷克顿曾补充过一些较新的案例，但在1256年以后，他再也没有认真修改它了。这本书现存的手抄本数量众多，表明其曾经大受欢迎，但我们没能找到布雷克顿自己的手稿。至于这些手抄本及其之间的关系，我们可在伍德拜恩教授未完成的版本中找到最好的说明；

而较早刊印的1569年的托特尔(Tottell)本与罗尔斯系列本(Rolls Series)则存在很多问题。

布雷克顿打算如何安排自己的著作体系?对此,我们只能进行一些猜测——因为这本书最终未能完成,或许布雷克顿自己在这一事情上都没有定论。这本书有一个引言部分,它较多地受到了罗马法的影响。众所周知,罗马人将法律分为人法、物法及诉讼法,这一分类方法为布雷克顿所采纳,但这只占这一论著很小的一部分。布雷克顿深知,整个英格兰法难以完全纳入罗马法的名目之下,故而布雷克顿将这一著作的主体部分划分为众多的分册,它们主要处理国王的咨议会受理的最重要的诉讼——其中既包括民事诉讼,又包括刑事诉讼。这些分册的主要内容有:论王室诉讼(on the pleas of the Crown)、论不动产权益占有之诉(on the possessory assizes)、论寡妇地产之诉(on the action of dower)、论土地侵占令状(on the writs of entry)以及论权利令状(on the writ of right)。

这一著作向我们揭示,当时的英格兰法已具备了其永恒特色中的两个特色,即如格兰维尔的著作揭示的,英格兰法依赖于令状及诉讼形式,这一点非常明显。布雷克顿的著作还使英格兰法的另一特点变得明显起来,即英格兰法还依赖于已决的判例。[①]无论在什么地方,只要有可能,布雷克顿都会引用案例,并批判那些他不赞成的判决结果。由于当时"法律报告"(legal reports)制度尚未形成,因此,这些案例全都摘自审判的卷宗。在引用与诉诸判例方面,布雷克顿走在同时代人的前面,在展现英格兰法的特色方面,爱德华一世当政时期的其他法律著作都没能达到布雷克顿那样的高度。但布雷克顿的著作还有另一个特色——那未必是一成不变的——即它诉诸了罗马法。从历史的角度看,正是

① 在f. 1b中,布雷克顿曾说道:"应依据类似的判例进行类似的判决,但前提是:每一次判决都必须严格地按照类似的程序进行。"

这一特色才使这一著作不同凡响;因为它表明,当时正处于历史的分叉点上。布雷克顿的著作向我们展示了这样一幅英格兰法的图景:它是由法官们发展起来的,这些法官不单单是法学家,并且不只是英格兰普通法的专家。但在此之后,英格兰法就主要由那些只识英格兰普通法、对其他法律一无所知或知之甚少的法学家们予以发展了。

布雷克顿的著作还揭示,在格兰维尔的著作问世之后的半个世纪里,英格兰法的发展非常迅速。这一阶段的英格兰法展现出了这样一些典型特点:第一,令状的数目与诉讼的形式大大增加。在经由诉讼机制作出的判决中,仍存在大量的衡平措施,那意味着,英格兰法是一个充满弹性的系统,为满足新的需要,人们可以对之进行拓展。第二,导致《自由大宪章》获得批准的危机已将宪制问题推上了前台。布雷克顿坚信,法律至高无上,应统治所有的人——国王应与臣民一样受其支配。但如果国王不服从法律又将怎样?——这在亨利三世时期并非只是一个抽象的理论问题,而是一个现实问题。布雷克顿在(写于爱德华一世在位时期的)一段话——它不能从全部手抄本中找到,而只能在《弗莱塔》本中找到——中曾说道:伯爵与男爵是国王的导师,如果国王违法,他们就必须约束国王。第三,“真正的刑事法律正获得发展”,这一事实可从以下两点看出:在国王的咨议会受理的案件中,老的刑事控诉方式日薄西山,通过起诉而产生的(新的诉讼)程序正破茧而出。国王的咨议会承担着审判比较严重的犯罪之任务;并且,从布雷克顿对过失杀人的处理——那显然受到了教会法学家帕维亚的伯纳德(Bernard of Pavia,1150—1213 年)的影响——可以看出,(当时的)法律开始重视“犯意”(mens rea)问题。第四,土地法表现出了巨大的进步。土地占有的类型问题得到了解决,通过“返还土地权益之诉”这一手段,自由持有地产者(freeholder)在土地上可能拥有的各种各样的权益问题正得到解决。但在当时的英格兰法中,仍没能产生“地上财产权”(estate in the land)这一概念。并且,一些重要的问题仍没有得到解决——首要的问题是:人们是否可以通过遗嘱的方式将土地赠与别人?以及另一个问题:某人通过使用另一个土地所有人的土地而获得的收益是否应得到承认?最后,有关个人财产权的法律仍然阙如,并且,普通法仍没能产生自己的合同理论。有关合同与侵权问题的争端仍主要是通过一些乡村和城镇的地方法庭解决的,并且,他们运用的法律仍非常落后。

为了填补早期普通法存在的这些明显漏洞,布雷克顿借鉴了罗马法。[①] 他从罗马法那里借鉴了多少东西呢?对此,人们一直有着截然不同的看法。如梅因认为,其全部理论形式与三分之一的内容是从罗马法借鉴而来的。[②] 不过,里夫斯认为,尽管布雷克顿使用的一些术语与准则是从罗马法借鉴而来的,但他从罗马法借鉴而来的实际教义不足三页。[③] 梅特兰则认为,尽管罗马法的影响在《布雷克顿》一书前107页的某些地方留下了明显的印记,尽管其论及所有权、刑法以及婚姻法的部分借鉴了罗马法学说,并且,尽管罗马法的理念激发他设计并写作了这一著作,但其著作的主要部分仍属纯正的英格兰法,其基础扎根于国王的咨议会适用的程序及判决的案件之上。[④] 我认为,现在人们的通说是:布雷克顿从罗马法借鉴而来的东西远比梅特兰想象的要多。他的法律理论背景、关于一般法的观点、关于法律应保护的权利与

---

① 详细的说明可参见 William Searle Holdsworth, *A History of English Law* (ii), London: Methuen & Co. Ltd., 1922, pp. 267 - 286。

② Henry Maine: *Ancient Law: its Connection with the early History and its Relation to Modern Ideas*, Gloucester, Massachusetts: Peter Smith, 1970, p. 82.

③ John Reeves, *History of English Law*(i), Forgetten Books, 1869, p. 531.

④ 参见 F. W. Maitland, *Select Passages from Bracton and Azo*, London: Bernard Quaritch, 1895, Introd; 也可参见 F. W. Maitland, *Bracton's Note Book*(i), London: Barnes & Noble, 1887, pp. 9 - 10。

义务，以及法院为保障这些权利应运用的程序，等等，都受到了罗马法的影响。与同时代西欧其他国家的许多法学家一样，布雷克顿受到了罗马民法——它经过了注释法学派的解释——与教会法的启发，他从阿佐（Azo of Bologna，1150—1230 年）——博洛尼亚学派领军式的法学家——那里学习了民法理论；并且，我们已经注意到，在处理刑法问题时，他受到了教会法学家帕维亚的伯纳德的影响。事实上，罗马法对布雷克顿的影响，与罗马法对这一时期仍处于习惯法阶段的法国法的影响大致相若。那个对习惯进行总结的人借鉴了罗马法，引入了合同理论，填补了习惯法的漏洞。他将罗马法视为“成文的理性”（ratio scripta），不是因为它是一种“成文法”（a jus scriptum），具有强制性力量。如果英格兰国王的咨议会一直由像布雷克顿那样精通罗马民法与教会法的人担任法官，则罗马法在英格兰将继续有着同样的权威，并且会对型塑国王的咨议会适用的习惯法、进而型塑英格兰的普通法起到很大的作用。但在下一讲中，我们会谈到，罗马法之所以没能产生如此广泛而深入的影响，是因为国王的咨议会中的法官不再是精通民法与教会法的人。

然而，布雷克顿的著作包含了如此多的罗马法要素，这一事实有助于提高其历史地位。人们之所以这样说，是基于以下理由：正是由于布雷克顿精通罗马法，才引导着他讨论了早期普通法尚未定型的许多难题。例如，他讨论了“添附”（*accessio*）、“加工”（*specificatio*）、“混同”（*confusio*）等（普通法尚未有定论的）话题。梅特兰说道：“在卷册浩繁的记录中，我们能够从什么地方去找寻阿佐曾向布雷克顿建议的那些问题的答案呢？”①布雷克顿还处理了“合同”、“欺诈”及“过失”等普通法仍未形成规则的问题。正是由于他的著作为英格兰法解决很多问题——这些问题

① F. W. Maitland, *Select Passages from Bracton and Azo*, London: Bernard Quaritch, 1895, xx.

仍处于13世纪、14世纪乃至15世纪从事法律实践的（英格兰）法学家们的议程之外——提供了一种权威的答案，才使其著作有着如此持久的影响力。

在去世后的那一世纪，布雷克顿的影响仍非常巨大。但在14世纪期间及15世纪，其影响略微下降，因为此一时期的英国法学家们倾向于变成纯粹的法律实践者，故他们只想了解自己的法律体系，大多不关心宽泛的原理，对法律理论的讨论也缺乏兴趣。普通法似乎正丧失对原理的把握，逐渐沦为“对令状与法令进行的避实就虚的评论”。对于这些法学家来说，布雷克顿展现出的开阔视野和敏锐意识似乎不可思议，并且，他们特别难以理解布雷克顿的罗马法思想，故而他们中的一些人否认布雷克顿的著作具有权威性。当然，只要稍微有点英格兰法律史的常识，就可以发现这一观点的荒谬性。在16世纪，布雷克顿的《札记》为菲兹赫伯特（Anthony Fitzherbert，1470—1538年）所获得，在《案例大汇编》（*Grand Abridgment*）一书中，他就引用了布雷克顿《札记》中的案例。正是通过菲兹赫伯特这一中介，柯克才了解到布雷克顿《札记》中的那些案例，并从《札记》中借鉴了很多东西。众所周知，在都铎王朝（the Tudor Dynasty）时期，普通法院、新法院及国王的咨议会（councils，来源于拉丁语 *Curia Regis*）三者曾就最高审判权问题展开了激烈的争夺——柯克是其中的主角，如果柯克不利用布雷克顿的著作释放出普通法的能量，争夺的结果将不得而知。① 当普通法院最终获得胜利、并取得了以前由海事法院（the Admiralty）与星室法庭（the Star Chamber）行使的司法管辖权时，法官们经常需要借助布雷克顿著作的帮助来断案，霍尔特大法官在 *Coggs v. Bernard* 案②中曾用它来解决“寄买寄卖”（bailments）

① William Searle Holdsworth, *A History of English Law* (ii), London: Methuen & Co. Ltd., 1922, p. 288.

② (1704) 2Ld. Raym. 909.

的法律问题；布雷克顿从罗马法借鉴过来的“役权”（servitude）理论被随后的法律人用来解决“地役权”（easements）这一法律问题。① 黑尔将布雷克顿著作的权威置于与普通法院法律报告同等的地位上，②布莱克斯通继承了黑尔的这一做法，承认布雷克顿的著作具有权威性。③

由于以上这些原因，我们必须将布雷克顿视为英国法最重要的塑造者之一，在现存的、普通法迅猛发展时期写作的诸多著作中，布雷克顿的著作无疑属权威之作。其时，普通法是由那些熟练掌握民法与教会法的人发展起来的。如果我们失去了这一时期的记忆，人们就会觉得，中世纪的普通法——由 14 世纪和 15 世纪的法学家们发展起来的——能否可靠地指导现代国家的发展是非常值得怀疑的。如果人们觉得普通法不足以指导现代国家的发展，就会使普通法丧失权威性地位；如果最终如欧洲大陆那样，英格兰人继受了罗马法，那么，17 世纪的宪制之争能否得到圆满解决，就更加难以预测，因为正是依据布雷克顿的陈述——法律高于所有人，国王与臣民应一体守法，并依据 14 世纪与 15 世纪普通法的法学家们提供的中世纪先例，议会中的政治家们才能与斯图亚特王室据理力争。正是借助布雷克顿的著作，人们才保住了普通法至高无上的地位，并取得了议会斗争的胜利，以至于最终推翻了君主专制政体。因此，我们可以认为，布雷克顿及其著作不仅影响了英格兰法的发展，而且影响了英格兰政治与宪制的发展，并由此对所有继受英格兰立宪理念的东西方世界中其他国家的政治与宪制产生了重大影响。

---

① William Searle Holdsworth, *A History of English Law* (ii), London: Methuen & Co. Ltd., 1922, p. 323.

② Matthew Hale, *History of the Common Law of England*, London: Henry Butterworth Law-bookseller, 1820, p. 189.

③ William M. Blackstone, *Commentaries on the Law of England* (i), Portland: Thomas B. Wait & Co., 1807, p. 72.

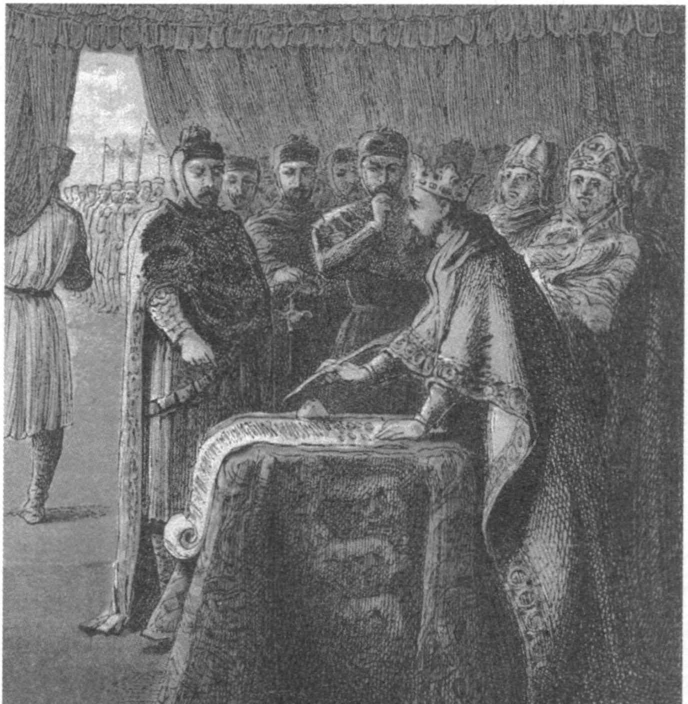

《英王约翰与大宪章》(King John and Magna Carta),图片来自于英国画家 Joseph Martin Kronheim (1810—1896)创作的《英国历史图画集》(Pictures of English History),这幅画完成于1868年。

第二讲
爱德华一世

《英格兰国王爱德华一世时的议会》(Parliament Edward Ⅰ King of England),英格兰画家 Thomas Wriothesley (c. 1460—1534)创作,作品收集在 Wriothesley Garter Book 中。

在写于17世纪下半叶的一本著作中，黑尔这样描述爱德华一世在位时期：

> 大体而言，关于普通法的机制、模式与模型，尤其是关于如何在当事人之间实现普遍正义的方式，这一国王似乎进行了非常大的调整。与前任留给他的基础相比，这一国王所做的安排更加简洁且井井有条，以至于在随后的岁月里，很多制度仍保留了下来，纵使到了今天仍在发挥作用。①

这是一段恰如其分的描述。因为爱德华一世实质性地解决了议会的组成问题，明确了普通法院的构成与司法管辖权的问题，界定了普通法院与其他法院及国家的其他部门之间的关系，颁布了几乎涵盖所有法律领域的数量众多的法令。所有这些都有助于确立英格兰法的一些非常突出的特点，哪怕到了今天，我们仍能发现这些特点。

爱德华一世在位时期的巨大影响部分地与那一时代的特点有关，部分地与国王爱德华的个性有关。13世纪下半叶是一个

① Matthew Hale, *History of the Common Law of England*, London: Henry Butterworth Law-bookseller, 1820, p. 194.

充满创造性的立法时期。西西里的弗雷德里克二世（Frederic Ⅱ，1194—1250年），法兰西的路易九世（Louis Ⅸ，1214—1270年），爱德华的岳父、卡斯提尔（Castile）的阿方索十世（Alfonso Ⅹ，1221—1284年）等全都是伟大的立法者。哪怕是站在这些伟人中间，爱德华一世一点也不逊色。他曾到意大利及东方游历，与法国的十字军也保持着紧密的联系，这使他有机会了解诸如《耶路撒冷法典》（*The Assizes of Jerusalem*）与《圣路易法学要义》（*The Institutes of St Louis*）之类的代表那一时代最高立法水平的传世佳作，并熟悉法国一些著名法学家的作品。尽管他对外国的法律体系与法学家有一定的了解，但他仍是我们英国政治家中最有“英国味”者之一。虽然他没有进行激进的变革，但与都铎王朝的伟大国王们一样，他几乎总是能够悄无声息地在这个国家推行新的政策。他对现存的制度与法律进行了明智的修正，使之适应变化了的情势。如斯塔布斯所说，爱德华一世天生即具有某种才能，能“确定义务的定义与范围，并能通过对手段进行些许调整从而实现自己的目的”。[①] 弗雷德里克·波洛克爵士在1904年的作品中试图使我们记住这一点：“如果（爱德华一世时期的）某个令状在爱德华七世（Edward Ⅶ，1841—1910年）时仍被应用于自北海之滨到太平洋的广袤地域，那在很大程度上是因为国王爱德华一世是其人民与法律的忠实公仆。”[②]

爱德华一世在位时做出的最突出的贡献当属他实质地解决了议会的组成问题，由此成功地解决了因《自由大宪章》的批准而引发的宪制难题，那一难题在亨利三世时期曾引发内战。爱德华一世的这一做法产生了很大的反响，持久地影响了英格兰的法

---

① William Stubbs, *The Constitutional History of England in Its Origin and Development*（ii），Oxford University Press，1903，p. 116.

② Frederick Pollock，*The Expansion of the Common Law*，London：Stevens and Sons，Limited，1904，p. 137.

律制度及英格兰法的内容与形式。由此,我们看到了由地位较为显赫的男爵们组成的上议院(House of Lords)的雏形,及与之并驾齐驱、由来自各郡县与自治市镇的代表组成的下议院(House of Commons)。我们还看到了这样的苗头:这种两院制的议会将变成这个国家的立法与征税机关。1294 年,当神职人员要求爱德华一世撤销《永久占有法》(*The Statute of Mortmain*)以换取他们对财政拨款的支持时,爱德华一世告诉这些神职人员,若无议会的同意,就无法撤销这一法案,因为议会通过的这一法案是不可撤销的。并且,1297 年的宪制危机——它导致了《宪章批准令》(*The Confirmation of the Charters*)的通过——也表明,议会主张控制税收。当然,在当时,议会的构成尚未定型,其权力范围也与最后确定的范围相去甚远,这一点毋庸置疑。虽然如此,其组织形式及拥有的某些权力在当时已有了大致的模样;并且,我们看到,在这个国家,立法机关与行政机关的分权由此开始提上日程,随后几个世纪发生的事件将不断强化并细化这一分权。

此时,我们还看到了政府机构发生又一次分离的征兆,即普通法三大法院——王座法院(the court of King's Bench)、民事上诉法院(the Court of Common Pleas)及财税法院(the Court of Exchequer)——的机构设置与司法管辖权的分配问题正得到解决。尽管王座法院与国王的咨议会之间仍保持着紧密的联系,并且,这一联系几乎一直维持到 14 世纪末,但在接下来的时间里,还是出现了国王的咨议会与普通法院分离的征兆,这成了这个国家行政与司法分离的前奏。直到长期议会(the Long Parliament)法案——它彻底废除了星室法庭,并剥夺了国王的咨议会在英格兰的全部司法管辖权——获得通过,这种部门之间的分权才初步完成。即使在那时,国王的咨议会仍存续了下来,且保留了部分审判权,即它可审判来自印度、英王领地(the Dominions)、殖民地及联合王国之外的英王所拥有的其他领地上的上诉案件。

如我们已经看到的，这个国家的立法、行政及司法机关出现了分立的兆头。在爱德华一世在位时期，我们还看到，英格兰法的一些最突出的特点开始崭露头角。

由议会的兴起——它成功地处理了亨利三世在位时期的宪法争端，并开始从国家的行政机关中分立出立法机关——而引起的直接后果是：一系列法规得以通过，其中的一些法规直到今天仍发挥着重要作用。可以毫不夸张地说，这些法规在确定中世纪普通法的范围方面起着重要作用；并且，正是在这一基础上，现代普通法才得以建立起来。我们需要等到19世纪，才能迎来直接立法在法律发展中起着重要作用的另一时期。以下，我们将进行非常简短的总结，以说明爱德华一世当政时期立法涵盖的题材非常广泛。

《威斯敏斯特法Ⅰ》（1275年）与《威斯敏斯特法Ⅱ》（1285年）几乎涵括了法律的所有领域，包括程序法、不动产法、刑法及宪法性文件，等等；同时还牵涉法律的修订、法律的解释等问题。①《威斯敏斯特法Ⅰ》"在很大程度上是以根据1274年巡回法院条款进行的调查为基础的"，包括51章，（主要）处理诸如帮讼（maintenance and champerty）、酷刑（*peine forte et dure*）、诋毁权贵（*scandalum magnatum*）、监护、扣押（distress）、诉讼期限（limitation of actions）、缺席理由（essoins）之类的问题。《威斯敏斯特法Ⅱ》共有50章内容，产生了"限嗣继承地产"（the estate tail）这一概念，②包含了处理下列问题的一些规定：财产扣押（distraint）、③寡妇地产、圣职推荐权（advowsons）、永久占有（或"死手"，mortmain）、揭发同案犯（approvement of common）、查账

---

① Statutes（R. C.），i，26，71；可参见 John Reeves，*History of English Law*（ii），Forgetten Books，1869，pp. 22－51，74－121。

② 13 Edw. Ⅰ（Stat. West. Ⅱ）C. 1.

③ 13 Edw. Ⅰ（Stat. West. Ⅱ）C. 2.

令状(the writ of account)、刑事上诉、对遗嘱执行人的补救、新侵占法令的范围、巡回法院进行的民事诉讼(nisi prius)、异议书(bills of exceptions)①、债的执行程序,以及也许是众多规定中最重要的——如何解决收回土地令状(consimili casu)的签发问题,②等等。在某种意义上讲,爱德华一世在位时期最具现代意韵的法令是《威尔士法》(*The Statute of Wales*,1284 年),那是基于将英格兰法引入威尔士这一目的而对英格兰法律规则进行的法典编纂,它使我们想起印度法典以及 19 世纪编纂成册的其他法律。事实上,只有在爱德华一世在位时期及 19 世纪——我国历史上对法律事项进行立法的两个最重要的时期,我们才能看到所有这些类型的法规,那并非只是一种巧合。《格罗斯特法》(*The Statute of Gloucester*,1278 年)一方面赋予地主们一种救济手段,以便他们能对抗那些闲置土地的定期租户(termor);另一方面采取措施,保护定期租户免受地主们通过虚构收回土地之诉从而对之进行的驱逐;它还处理正当防卫(self-defence)中的杀人及误杀(mischance)等问题,并明确规定了地方法院的权限。③《宗教人士法》(*The Statute de Viris Religiosis*,1279 年)引入了禁止将永久占有的土地赠与他人的法律。④《墨卡托里巴斯法》(*The Statute de Mercatoribus*,1283 年)与 1285 年的另一个法规对商业债务的追偿问题予以了特别规定。⑤《温切斯特法》(*The Statute of Winchester*,1285 年)改革并巩固了英国的警察制度。《封地买卖

---

① 13 Edw. Ⅰ(Stat. West. Ⅱ)C. 31;可参见 William Searle Holdsworth,*A History of English Law* (i),Boston:Little Brown And Company,1922,p. 398。

② C. 24;可参见 William Searle Holdsworth,*A History of English Law* (i),Boston:Little Brown And Company,1922,p. 398。

③ Statutes(R. C.),i,45;可参见 William Searle Holdsworth,*A History of English Law* (iii),London:Methuen & Co. Ltd.,1922,pp. 121,214,312。

④ Statutes(R. C.),i,51.

⑤ Statutes(R. C.). i,53,98;可参见 William Searle Holdsworth,*A History of English Law* (iii),London:Methuen & Co. Ltd.,1922,p. 131。

法》(*The Statute of Quia Emptores*,1290年)授权那些依据自由占有制而持有未限嗣继承的土地者(非国王土地的承租者),可自由转让(alienate)他们持有的土地,并规定了此种转让的后果。[①]这一法规的最终后果是:它实际地消除了土地占有的中间状态。

以上这些法规主要处理的是私法问题,另一些法规则具有非常重要的宪制意义。在亨利三世统治的动荡不安的时期,大封建主篡夺了管理其所属土地上的佃户及其他人的司法管辖权;为此,在1274年,爱德华一世不得不派出专员调查这种非法篡权情形,其调查结果反映在《百道卷宗》(*The Hundred Rolls*)中。据这些卷宗记载,爱德华一世启动了"权利开示令状"(quo warranto)调查,派出专员,携带《百道卷宗》所载的调查表副本,调查封建主是否有"权利令状",即这些封建主是依据何种令状行使特许权的。国王的支持者们采纳了曾被布雷克顿陈述的这一理论,即"所有的司法管辖权都属于国王;除非封建主能出示皇家特许状,否则无权行使司法管辖权";他们还主张,封建主逾期使用土地也构成对国王的严重冒犯,因为"王权是不受时效限制的"。爱德华一世的这些行动引起了男爵与大封建主们的极大不满,以致爱德华一世不得不在上述主张上有所让步,故1290年的两个《格罗斯特法》(*The Statutes of Gloucester*)[②]规定,如果某人自理查一世在位时即占有某块土地,则该人将获得有效的土地所有权。但国王及其支持者们所持的这一理论——除非得到了皇家的特许,否则无特许权——以后将成为法律。1297年,英格兰爆发了宪制危机,它使《宪章批准令》获得通过。应当提及的还有1300年的《大宪章批准和执行条例》(*The Articuli super Carta*),这一条例包

① Statutes(R. C.),i,106.

② 18 Edw. I,Sts. 2 and 3.

含了另一份宪章批准文件、[①]一份关于共谋问题的法令[②]以及其他一些有关立法变革的规定。《卡莱尔法》(*The Statute of Carlisle*,1306—1307年)[③]针对当时出现的从王国内部向国外汇款的做法,开始以一系列法规的形式规制神职人员对抗国家的活动,最终导致《保护王权法》(*The Statute of Praemunire*,1393年)在理查二世在位时获得通过。[④] 此外,还有一些适用范围不太广的法规,诸如关于验尸官职位的规定,[⑤]被人们称为"瑞支曼"(Rageman)的法规,[⑥]关于伦敦城的规定,[⑦]关于在公园寻衅滋事的规定,[⑧]以及关于罚款征收与伪造货币的规定,[⑨]等等。在当时,由于制定法规的形式仍没有确定下来,因此,我们看到,被保存在法律档案中的一些法规无论在形式上还是在内容上都不具有法律的特点。例如,有关财政部商业行为的管理规则,[⑩]解决教界与俗界司法管辖范围的《谨慎行为令状》(*The writ Circumspecte Agatis*,1286年),[⑪]议会处理土地抛荒问题的案件记录,[⑫]有关"共有"(joint tenants)问题的令状,以及有关皇家森林管理的条

① 28 Edw. Ⅰ,c. 1.

② 28 Edw. Ⅰ,c. 10.

③ 35 Edw. Ⅰ.

④ 16 Rich. Ⅱ,c. 5.

⑤ 4 Edw. Ⅰ,St. 2.

⑥ 关于这一法规可参见 H. E. Cam, Vinogradoff, Oxford Studies, vi, 41 - 56。"Rageman"这一术语不过是《百道卷宗》的俗称,因收回来的调查表表面上破破烂烂而得名。通过转义,它首先被用来指称因这些调查而产生的诉讼,接着被用来指称指派法官办理这些案件的法令。

⑦ 13 Edw. Ⅰ.

⑧ 21 Edw. Ⅰ, St. 1;23 Edw. Ⅰ.

⑨ 27 Edw. Ⅰ,St. 1,c. 1;St. 3.

⑩ Statutes(R. C.),i,69.

⑪ Statutes(R. C.),i,101.

⑫ Statutes(R. C.),i,109.

例,[①]等等,在形式上都欠缺法律的特点。

这一时期涌现的重大立法活动表明:由议会的兴起而引起的立法与行政机关的分立会产生多种后果。我现在将转而讨论政府机关的另一次分立——国王的咨议会与普通法院的分立——的影响,这一分立成为受其影响的众多事情发展的动因:它首先影响了司法机关的人事,其次影响了法律职业,再次影响了法律作品,复次影响了中世纪普通法的特点,并且最后,影响了中央政府对受托管理地方政府的人员与法庭实施管控的特点。

一、司法机关的人事

在亨利三世统治末期,法院的人事已现变化的端倪。在当时,法官不再是布雷克顿那样博学多才的教士,而是出现了一些世俗的法官。[②] 其中的一个法官——劳伦斯·德·布洛克(Laurence de Broke)——可能是较早的世俗法官,他因在自己的职业领域获得了成功从而被提拔为法官。我们发现,在 1267 年至 1268 年,他曾参加过巡回审判。[③] 布雷克顿或许已看出这一人事变化的端倪。这些世俗的法官通常是不太坚持原则的人——巴黎的马修(Matthew of Paris,1200—1259 年)曾给我们讲过这类故事,其目的是败坏托马斯·德·马尔顿(Thomas de Muleton,1225—1294 年)与巴斯的亨利(Henry of Bath,?—1260 年)的名声,因为他们两人都是世俗的法官,[④]并且,不像更早以前的神职

---

① Statutes(R. C.),i,145,147.

② 比如,Thomas de Muleton,Robert de Thurkilby 与 Henry of Bath 等就是世俗法官,具体可参见 Sir Frederick Pollock and Frederic William Maitland,*History of English Law* (1st ed.),Vol. Ⅰ,Cambridge:At the University Press,1895,p. 184。

③ 可参见 Edward Foss,*The judges of England* :*with sketches of their lives*(ii),Oxford University press,1874,p. 267。对于他是否担任过王座法院或普通上诉法庭的法官,本书不能确定。

④ Chron. Maj. iv,49; v,213.

法官那样博学多才。总之，布雷克顿告诉我们，他创作《布雷克顿》这本书的原因之一是当时出现了这样的情况：一些不学无术且不诚实的人变成了法官，败坏了法律。因此，在撰写自己的著作时，布雷克顿选材很慎重，借鉴的是较早的而非较迟时期的法律判决。

亨利三世统治末期，政治上动荡不安，这使法院的状况进一步恶化，并且，事实上，也使这一国家所有文职部门的处境恶化。在这一时期的编年史与政治歌曲中，充斥着对这些文职官员（包括世俗的与神职的）的腐败的仇恨。造成这一结果的原因有二——一是缺乏强有力的统治者；二是由于这样的事实：这些文职官员的报酬不仅不能足额发放，而且不能按时支付，从而使腐败丛生。加之爱德华一世在1286年至1289年长期不在英格兰，这更如雪上加霜。爱德华一世在归国途中接到了如此多的投诉，以致他不得不成立一个调查委员会，任命其在位期间的枢密大臣罗伯特·伯内尔（Robert Burnell，1239—1292年）担任领导，负责调查这些投诉。对于所有文职部门尤其是法院来说，这一委员会的调查结果使他们的颜面荡然无存。用梅特兰的话说，“那成了我们国家最大的司法丑闻”。① 最终，王座法院的法官有三分之二被撤换，民事上诉法院的法官有五分之四被免职。在这两个法院中，被认定无罪的法官仅有两人，分别是约翰·德·梅廷汉（John de Metingham，？—1301年）与伊利亚斯·德·贝金汉（Elias de Beckingham，？—约1307年）。五位巡回法院的法官及很多低级官员都犯有各种各样的罪行。民事上诉法院首席大法官托马斯（Thomas of Weyland，1230—1298年）被指控为一件谋杀案的同谋，被迫逃到了联合王国之外避难，并发誓永远弃绝英

---

① Andrew Horne, *Mirror of justices* (S. S.), xxiv-xxv；关于这一话题可参见Thomas Frederick Tout, *State Trials of the Reign of Edward I*：1289 - 1293, London：Royal Historical Society, 1906。

格兰。王座法院的首席大法官拉尔夫·德·亨汉姆(Ralph de Hengham,1235—1311年)被人揭发,说他断案时严重颠倒黑白,最后他被科以巨额罚金;但他仍是当时最博学的法学家,一个像布雷克顿那样的神职法官,并且,他曾编过一些非常有价值的法律小册子。我们可以从另一事实——在1301年,拉尔夫·德·亨汉姆被任命为民事上诉法院的首席大法官——看出,他尚不属最罪大恶极者。

这一历史插曲极大地推动了爱德华一世的改革走向成功。尽管在随后的一些年里,在文职部门与司法部门中,还存在其他一些丑闻,但再也没有必要采取如此疾风扫落叶式的方式去保障司法行政的纯洁性了。之所以如此,部分是由于一个有组织的法律职业阶层已经形成。我们现在必须转向爱德华一世在位时期的第二个重要发展。

二、有组织的法律职业阶层的形成

在爱德华一世在位时期,法律职业阶层已经开始形成,它由两类人——在随后的世纪里被人们普遍称为高级律师(serjeants-at-law)的辩护律师(pleader)与代理律师(attorney)——组成。在英格兰,这两类人的区分可谓壁垒森严,源远流长。1839年,布鲁厄姆勋爵(Lord Henry Brougham,1778—1868年)对他们之间的区别作了如下解释:"如果你聘请代理律师出庭,他可直接代表你;如果你由辩护律师协助出庭,你需要在场,他只是用他的学问、智慧及热诚来支持你的诉求。"一个人能替代另一个人的位置,并可以以代理人的身份代表他,这一理念并非天然地出现在原始的法律系统之中。因此,在一开始,只有在非常特殊的情况下,人们才可以聘任代理律师,并且,只有在履行了繁复的手续之后,聘任代理律师的行为才是有效的。但在很早的时候,人们就广泛地认可这样的理念:一个人可以在法庭上协助另一个人,因此，聘任辩护律师并不需要什么正规的程序。

在13世纪，出现了一个非常有名的辩护律师阶层，国王与普通私人都可以雇请他们，爱德华一世时期的法律对这些人包揽词讼的行为予以了特别的豁免。[①] 这一事实表明，这些辩护律师被视为特殊的阶层。梅特兰曾说过，在早期的年鉴中，我们看到，"我国的重大诉讼……是由一小群人把持的，比如，劳瑟（Lowther）、斯皮格内尔（Spigornel）、霍华德（Howard）、黑特珀尔（Heitpol）、金（King）、亨廷顿（Huntingdon）、黑汉姆（Heyham），等等——在审判的每一个案子中，我们几乎总是能看到他们中的某个人的身影。"[②]从1292年和1293年巡回法庭处理的、针对辩护律师与代理律师的投诉中，我们可以明显地看出，在当时，很有必要对这一新出现的法律职业阶层进行规制。[③] 1292年，国王指示法院，要求他们选拔一定数量的代理律师与学徒，与法官一起工作，并授予这些人在法庭上专属执业的权利。[④] 国王认为，（在当时的英格兰）如果有140位代理律师，就足以满足人们的需要；一旦有更多的需要，就可以任命更多的代理律师。国王发布这一指示并不表明，他意图干预既有的辩护律师制度；相反，他的意思是：在未来，应通过一些规则，以便对"学徒"——那些想要从事法律职业的学习者——的行为予以规制。在当时，这些学徒可能只是从高级律师那里接受法律训练，或者从那些在皇家法院执业、随后几年即将成为高级律师的人们那里接受训练。[⑤] 如果这样的规则得以出台，就会产生一种直接后果：它可以对这些学徒

---

① 28 Edw. I, St. 3, c. II; Plac. Abbrev. 295 b.

② Frederick Pollock and Frederic William Maitland, *History of English Law* (1st ed.), Vol. II, Cambridge: At the University Press, 1895, p. 195.

③ 选自 *Bills in Eyre*（S. S.），nos. 6, 88, 99; Introd. xlii-xlv。

④ Rot. Parl. i, 84.

⑤ W. C. Bolland, "Two Problems in Legal History", *L. Q. R.*, 1908(24): 393 – 394.

的法律教育做出更系统的安排。因为法官们不太可能对那些提供法律教育的人说:“你们有义务选择一些人到法庭执业,这些人会被赋予在法庭执业的特权。”1293 年,在伦敦,曾有人偶然论及法律教育问题,①并且在此之后,我们也听到过这些学徒们的意见。1305 年,亨汉姆·C. J.(Hengham C. J.)曾为一个棘手的案件所困扰,他怀疑这一案件是这些学徒们人为设计的,目的是探讨某些悬而未决的法律问题。② 在下一个世纪(14 世纪)里,我们将看到,这些辩护律师中比较有名的一些人将变成高级律师,学徒们将被组织到事务律师会馆和出庭律师会馆,在那里,他们将从律师会馆的资深成员那里学习法律。并且,法官们还将授权这些律师会馆,由它们将律师资格授予那些特别精通法律的人。③

在 12 世纪及 13 世纪早期,任命代理律师的权力是一项特权,必须由皇家授予,并且,这一任命必须在法院里以正式的方式进行。④ 但自《默顿法》(*The Statute of Merton*,1235—1236 年)⑤开始的一系列法规赋予了每个人任命代理律师的权利。由于那一原因,我们看到了职业代理律师阶层的出现,这些代理律师要受 1292 年颁布的规范辩护律师行为的条例规制。这一条例也许是隶属于普通法三大法院的职业代理律师机构存在的最初法源。这些职业代理律师由法官任命,同时受法官约束。由此,我们看到了“使职业代理律师成为法院官员”这一程序的出现,它将促使职业代理律师从辩护律师队伍中分离出来。

这一有组织的法律职业阶层的成长凸显了这样一种趋势:(英格兰开始)从职业代理律师的重要成员中选任法官。由此,

---

① 选自 *Bills in Eyre*(S. S.),No. 79;Introd. xlv。

② Y. B. 33 – 35 Ed. I(R. S.),64.

③ 后文第 59 ~ 60 页。

④ William Searle Holdsworth, *A History of English Law*(ii), London: Methuen & Co. Ltd.,1922, pp. 315 – 316.

⑤ 20 Henry Ⅲ, c,10.

爱德华一世在位时期的九个高级律师中，有七个被提拔到了法院工作，[①]并且，在随后的岁月里，高级律师们取得了一项特权，即只有他们这一级成员才有资格成为法官。从形式上看，这一特权一直保留到《司法法》（*The Judicature Act*，1873 年）颁布。[②] 不过，在爱德华一世在位时期，高级律师们尚未取得这一特权。拉尔夫·德·亨汉姆大法官是老派的牧师派法官的杰出代表，与布雷克顿一样，他也是埃克塞特大教堂主教座前的高级教士，但他的作品似乎是由一个一直在律师事务所执业的人写作的，几乎没有牧师职业的痕迹。这种有组织的、享有特权的法律职业阶层的兴起对法律的发展明显有着重大的影响，其最有价值的后果之一便是：它产生了一些程式化的职业操守，那将为职业行为设置标准，并预防类似爱德华一世在位之初出现的司法丑闻。它对普通法的作品及普通法的发展还会产生其他影响，只不过这些影响的价值与前者相比要稍显逊色。关于这两个后果，我将在以下两个标题之下展开讨论。

三、爱德华当政时期法律作品特点的变化

《布里顿》（*Britton*）与《弗莱塔》（*Fleta*）是爱德华当政时期的两本重要法律著作，两者都从布雷克顿那里借鉴了很多东西。事实上，它们极大地削减了布雷克顿著作中的大部分罗马法因素——那些布雷克顿已经使之现代化的罗马法因素。《布里顿》这本书可能写于 1291—1292 年，是一本试图为那些在皇家法院执业的律师们提供指导的实用性著作，它由那一时代通行的法律

---

① William Searle Holdsworth，*A History of English Law*（ii），London：Methuen & Co. Ltd.，1922，p. 318.

② 只能说从形式上看是这样，因为早在伊丽莎白在位时期，国王试图任命为法官的任何法学家都会因此原因而成为高级律师。具体可参见 William Searle Holdsworth，*A History of English Law*（v），London：Methuen & Co. Ltd.，1922，p. 341。同时参见后文第 59 页。

法语写作而成，形式非常独特，其目的是使国王的法律法典化并直接实施。就展现爱德华一世时期的法律特点而言，《布里顿》采用如此的形式至关重要。被称为《弗莱塔》的另一著作可能是由一个在王室内廷工作的官员汇编于1290年左右——他或许因挪用公款罪而被监禁在弗利特监狱（the Fleet prison），这本书亦写作于斯，用的是拉丁语。但它从未如《布里顿》那样广受欢迎。实际上，“布里顿”与“弗莱塔”都是皇家职员——他们远非只是普通法律人。他们从布雷克顿那里借鉴了一些东西，才写作了这样的法律著作。此外，爱德华在位时期稍晚出现的一些法律作品都是由执业律师写作的，全都是关于程序与诉答的小册子。

在这一时期，还出现了另一些小册子，[①]其中的一些不过是布雷克顿著作的缩略或改编。例如，卡迪特·阿诗萨（Cadit Assisa）的小册子概要地说明了他对“收回已故先人不动产之诉”（the assize of mort d'ancestor）的理解；拉尔夫·德·亨汉姆的两本小册子《帕尔瓦》（*The Parva*）与《麦格纳》（*The Magna*）解决的是不动产诉讼程序问题，很多内容都是从布雷克顿那里借鉴而来的。拉尔夫·德·亨汉姆写作这两本小册子的目的是指导人们，让他们了解在不动产诉讼的不同阶段应遵循何种程序，及辩护规则是什么，并对地方法院、男爵法院与皇家法院在这类案件中司法管辖权的关系进行说明。另有一些小册子处理程序法与辩护法等其他方面的问题，其中有两本小册子——《费特萨维》（*The Fet Assaver*）与《缺席开庭事由论》（*The Judicium Essoniorum*）——也可能是拉尔夫·德·亨汉姆写作的。还有两本小册子——《对令状提出异议的要件与方式》（*The Cum Sit Necessarium* or *Modus*

① 关于这些小册子，可参见 William Searle Holdsworth，*A History of English Law*（ii），London：Methuen & Co. Ltd.，1922，pp. 322 – 326；也可参见伍德拜恩的《四本14世纪的法律小册子》（Woodbine，*Four Thirteenth-Century Law Tracts*）；以及邓汉姆主编的《亨汉姆文集》（Dunham's ed.，*Hengham's Summae*）。

Componendi Brevium)与《令状撤销之例外》(*The Exceptiones ad Cassandum Brevia*)——处理的是如何起草令状、如何答辩令状之类的问题，对于年轻的法律执业者来说，这类事情或许才是他们最感兴趣的。被称作《诉讼案件汇编》(*Brevia Placitata*)的小册子是关于辩护问题的先例汇编——每一个先例都包括了一个令状、一个起诉理由(count)及一篇答辩词。《重要判例集》(*The Casus Placitorum*)是一些法官(这些法官全都生活在1260年以前)的断案总汇；在所有这些小册子中，它最有意思，因为它向我们昭示随后两个世纪(14世纪、15世纪)普通法的主要渊源将是什么——年鉴。

最后，还有一个神秘的、被称作《正义宝鉴》(*The Mirror of Justices*)的著作，它与爱德华一世时期的其他著作相比差异巨大。[①] 这本书最早在1550年被法庭引用，如梅特兰所说的，"柯克曾不加批判地吸收了其中的东西"。[②] 由于柯克的盲从，在很长时间里，人们认为这本书是英国法律史上撒克逊人统治时期的一本重要法律材料。在"塞尔登学会"(the Selden Society)出版的这本书的"引言"中，梅特兰彻底地颠覆了其权威。他说道："如果当下有人想写一本法律著作，并在其中写道，法律禁止以下行为：'谋杀者应被绞死''土地上的收益不能被禁止''汇票是不能流通的票据'，他根本不需要为自己的言论不够大胆而惴惴不安，因为在《正义宝鉴》中，人们也找不出类似的东西。"[③]那是一段法律上的传奇——一个13世纪的作者试图建构一种理想的法律体系，为此，他从自己所处时代的法律镜像出发，诉诸了圣经中的第一原则，并将自己幻想的剧本建立在古老、封建、天主教徒式、保

① William Searle Holdsworth, *A History of English Law* (ii), London: Methuen & Co. Ltd., 1922, pp. 327 – 333.

② Andrew Horne, *Mirror of Justices* (S. S.), Introd. ix.

③ Andrew Horne, *Mirror of Justices*(S. S), Introd. xxxvii.

皇党人的想象的混合物之上,同时带有他所目睹的、反映在他那一时代法律制度之中的宪制主义倾向。

从代表爱德华一世统治后期常见的法学作品的这些小册子中,明显可以看出,在当时的英格兰,对法律进行哲学式阐释的时代已告结束。普通法正变成一个仅为皇家法院执业者知晓的独特领域,当时的法律执业者们最想得到的是关于法庭审判规则之类的简单信息,法律本身反倒不在他们需要之列。由于这一职业的普通成员长期浸淫于日常的法律实践之中,因此,他们从未将"法律"这一概念与理性、合乎逻辑的科学联系在一起。这些法律执业者想要获取的不过是有关令状的简要规则、有关程序规则的最新知识及击败对手的诸多技术中最新的"注意事项"。对于上述这些规则,人们可通过钻研法庭的判决从而熟练地掌握,因此,在上述小册子中,我们最后提到的两本小册子——《诉讼案件汇编》和《重要判例集》——的出现预示着,在随后的年代里,在制定法之外,什么将构成法律的两个主要渊源——一是令状录及关于诉状的补充性作品;二是年鉴。在令状录及关于诉状的补充性作品中,包含着法律规定的救济方法目录及如何运用这些救济手段的相关信息;年鉴中则包含有极富实践价值的案例,以及一些随附性的注解。

如我们现在即将看到的,法律作品特点的这一变化昭示着法律特点的变化。

四、中世纪普通法的特点

中世纪普通法最重要的分支是土地法,这一法律带有浓厚的封建性特点,因为它建立在封建的土地占有制基础之上,但世易时移,其中带有封建性特点的司法与行政因素正逐渐减少,以致它变得越来越像财产法(the law of property)。在当时,自由持有土地(free tenures)的形式最终确定了下来,并由此进化出了"地上地产权”这一概念；随着《附条件赠与法》[①]（*De Donis Conditionalibus*，1285年）规定的“限嗣继承地产”概念的产生，“地产”（estate）的清单随之固定下来；《封地买卖法》[②]解决了“转让自由”的问题，附期限的土地承租人的法律地位逐渐稳固下来；并且，有关“依法占有”（seisin）和“所有”（possession）的规则开始成形。总之，精巧地构思土地法的复杂规则（它是按照爱德华在位时固定下来的立法风格进行的），成了随后两个世纪普通法的法学家们撰写著作的主题。

普通法的另一个重要分支是刑事法。在当时，“叛国罪”虽没有被准确地界定，但“重罪”（felony）的概念及主要类型已初具雏形；“大陪审团公诉”（indictment）程序正逐渐取代老的刑事控诉程序。随着“侵害之诉”（the action of trespass）[③]的兴起，我们看到了一种新的诉讼形式的出现，它将在刑事法律方面留下很深的印记，并在侵权法中留下更深的痕迹。出现在巡回法官面前的“侵害之诉”将发展成为后来法律中的轻罪。在“侵害之诉”与“间接侵害之诉”的基础上，侵权法的很大一部分内容发展了起来，但到目前为止，侵权法的范围仍十分狭窄。1295年，议会庄严地宣布，普通法不处理与诽谤有关的诉讼，[④]“因欺诈而致人损害并予以赔偿之诉”（the action of deceit）仅处理人们实施的部分欺诈行为，或者在案件审判过程中引起法庭注意的某些欺骗行

---

① 18 Edw. I.

② 13 Edw. I. c. 1.

③ 关于这一诉讼形式早期的历史，可参见 Maitland，*Harv. Law Rev.* iii，177 – 197；William Searle Holdsworth，*A History of English Law* （ii），London：Methuen & Co. Ltd.，1922，pp. 364 – 365。在《耶鲁法学杂志》（*Yale Law Journal*，xxxiii，806 – 808，812 – 816）中，伍德拜恩教授也曾指出，这一诉讼最典型的特点是通过借鉴罗马法中的“新近侵占土地之诉”而来。

④ Rotuli Parliamentarii（S. S.），p. 133.

为。[1] 在此时,普通法仍未产生自己的合同理论。虽然借助一些与“债”或者“盖印合同”(covenant)有关的诉讼,某些类型的契约能得到保障,但“法律应保障契约的实施”这一理念仍没有得到人们的普遍认可。[2] 事实上,在诸如“债”与“请求返还动产”之类的诉讼中,我们可以发现,建立在财产、侵权及合同基础上的各种诉讼之间的界限仍模糊不清。我认为,可以这样说:在当时,这样一些诉讼及其他一些“对人之诉”(personal actions)以及与之相关的法律尚未定型,这使法律的进一步发展变得更加容易。但英格兰法能否从类案诉讼中发展出一种原创性的合同理论,并且,诸如“债”及“请求返还动产”之类的诉讼范围以及与之相关的法律能否被人们更精确地加以界定,那都是令人高度存疑的。

其时,普通法的实体规则正逐渐变得更加明确、稳定,程序法(the adjective law)——有关程序与辩护的法律——也越发明显地表现出不断增长的确定性特点,这使普通法开始获得其从前并不具备的严格性。这种严格性也带来了某些令人遗憾的结果,那就是:普通法自布雷克顿时代即拥有的衡平性特点正逐步被磨除。当然,那并非一日之功。并且,在大巡回法庭诉讼(the Bills in Eyre)(这一诉讼是直接向枢密大臣提起的)中,我们看到了一种新的程序,它在某些方面预示着,这类诉讼随后将转而向衡平法院大法官提起。[3] 尽管普通法的衡平性特点衰减的速度有所减缓,但它确实在衰减,且正淬化为一种严格的、技术性的体系。我们在爱德华当政时即看出了这一苗头,这一趋势在14世纪时发展得极为迅速,原因有二:第一,普通法的一般形式与程序的数量

---

① Frederick Pollock and Frederic William Maitland, *History of English Law* (1st ed.), Vol. Ⅱ, Cambridge: At the University Press, 1895, pp. 533–534.

② William Searle Holdsworth, *A History of English Law* (ii), London: Methuen & Co. Ltd., 1922, p. 367.

③ 可参见 Select Bills in Eyre (S. S.);还可参见 William Searle Holdsworth, *A History of English Law* (ii), London: Methuen & Co. Ltd., 1922, pp. 336–344。

不断增长,使法学家们将更多的注意力集中到这种高度复杂机制的运行工作之上。第二,普通法院不再能够如此直接地与国王本人画等号,以致人们认为其具有执掌衡平的特权。在爱德华三世在位时期,普通法院曾明确地裁决说,它不再承认信托土地受益人(*the cestui que use*)的利益。由于这些原因,那些希冀运用衡平手段解决争端的诉讼当事人就被推向了衡平法院(the court of Chancery)——由于这一法院仍保持着与国王之间的紧密联系,因此,它能行使衡平的特权。由此,我们找到了下述问题的答案,即为什么只是在英格兰,执掌法律与衡平的工作分别被托付给了不同的法院,并由此使法律与衡平之间的区分比任何其他法律体系都要大。

五、中央政府对受托管理地方政府的人员与法庭实施管控的特点

尽管由于普通法院与国王关系的疏离使普通法以前具有的衡平性特点被削弱,但普通法院仍保留了疏离之前就已获得的司法管辖权,那是一种监督与控制所有下级法院及其官员(正是通过这些官员,地方政府才能够被指挥)行为的司法管辖权,其手段包括发布一些特权令状,如调卷令(certiorari)、执行职务令(mandamus)、禁制令(prohibition)、权利开示令状等,此外还有其他一些手段。这一司法管辖权既有法律上的重要性,又有宪法上的重要意义。

之所以说它具有法律上的重要性,是由于以下三方面的原因:第一,它确定了司法管辖权的范围。当时,英格兰开始对"权利开示令状"展开调查,这有助于明确那些具有特许权的法院的管辖范围,当时通过的一些法规(如《格洛斯特法》)解决了一些郡县与百户区的社区法庭的管辖范围问题。第二,它有助于管控各级法院正确行使审判权。这一管控的工作既可以由从事巡回审判的法官们实施,又可以由运用普通法的法庭实施。比如,在

民事案件中，纠错令或纠正错误判决的令状将地方法院的所作所为引入到普通法院的视域之内；不论是在民事案件中，还是在刑事案件中，地方法院的违规行为既可以由从事巡回审判的法官们、又可以由普通法院以罚金（amerciaments）的形式予以惩戒。第三，通过对各级法院正确行使审判权予以管控，有利于保证规则的一致性。领地法庭的卷宗与自治市镇的一些记录显示，在当时的英格兰，许多法律仍是由地方法院负责实施的；但在同时，这些卷宗还显示，中央法院对地方法院实施了一些管理与示范工作，这使大量一致性的东西得以产生。并且，如果普通法院认为那些社区法庭制定的规章制度不合理，它可以按照其具有的司法管辖权，径直宣布那些规章制度无效，这就防止了那些极大地偏离普通法的情形出现。波洛克爵士曾对普通法具有的这一权力进行过评述，他认为，正是凭借着这种管控权，普通法院才可以用自己的观念影响另外的法律体系；他指出，在现代，普通法院早已将这一权力运用到更大的舞台之上，①而在爱德华一世在位及随后的几个世纪里，同样的权力一直被运用在较小的舞台上，其结果就是：英格兰法变成了一种真正的普通法。

普通法对下级法院及其官员实施管控还具有宪法上的重要意义。正是借助普通法的管控，郡、百户区以及镇（不论其是处于封建主的领地内，还是处于自治的市镇之中）的社区管理机构，及其在随后几个世纪里的继任者，即治安法官（the justices of the peace）——正是通过这些机构（及其成员），地方政府才得以持续地运作，地方的管辖权才得以实施——才能自由地行动，且只受制于普通法院的司法管辖；这些机构（及其成员）一方面服从普通法，另一方面又不失自己的个性特点，同时也未放弃他们独立自主的生活。接踵而至的后果首先是对法律至高无上地位的强

① Frederick Pollock, *The Expansion of the Common Law*, London: Stevens and Sons, Limited, 1904, pp. 16 – 19.

调，其次是“自治”——英格兰地方政府体系的特色——也得到了保障。英格兰地方政府正是建立在这种行动自由、只服从普通法的社区管理机构基础之上，而非那种只是充当主权国家代表的个人或组织基础之上，这一点才是英格兰地方自治体系之精髓。①英格兰的议会政体之所以能获得成功，在很大程度上要归功于这一自治的体系，因为这一自治的体系一方面教育了那些为之工作的个人，另一方面又使这些个人在更高的层面上胜任政府的工作。因此，普通法对下级法院及其官员享有司法管辖权所产生的宪法影响非常巨大，因为它推动着英格兰宪制的两个基本点——一是法治，二是自治的体系——继续向前发展。

由于以上这些原因，爱德华一世在位时期成了英格兰法律史上的一个转折点。在其当政的末期，我们看到了英格兰法（不论是公法，还是私法）一些最重要的特点开始出现的兆头，看到了由此而即将发展起来的新机制的一些重要特点。英格兰法的这些特点是如何精心地构思出来的？这一机制在随后的两个世纪里是如何运作的？这是我们下一讲即将探讨的主题。

---

① Rudolph Gneist, *The History of the English Constitution* (ii), translated by Philip A. Ashworth, British Library, 1886, p. 112.

《民事高等法庭(普通诉讼法院)在工作》(A manuscript of the Court of Common Pleas at work),这幅英国绘画创作于1460年,画家不详。

第三讲

利特尔顿与福特斯丘

《托马斯·利特尔顿爵士》(Sr. Thomas Littleton),英格兰画家 Thomas Trotter (1750—1803)创作1792年。

《老约翰·福特斯丘爵士》(Sir John Fortescue,c. 1394—c. 1480),画家不详。

中世纪的普通法能够功德圆满——在其基础上，现代英国的公法与私法得以建立起来——是与14世纪和15世纪众多法律人的努力分不开的，这些法律人大多没有留下姓名。正是依靠这些律师，才建立起了高级律师会馆（the Serjeants' Inns）、出庭律师会馆（the Inns of Court）以及事务律师会馆（the Inns of Chancery）；正是由于有了这些会馆，从事法律职业者才有了自己的组织，有了维持纪律、提供教育的机构。这些律师会馆的出现还促进了令状录（Rigister of writs）的形成，那些令状录是建构中世纪普通法的人们赖以工作的基础，用梅特兰的话说，“那构成了英格兰法律大厦的骨架”①。这些律师们逐期、逐年地编写年鉴，将法院发展法律的工作记录下来。作为杰出的法律执业者，这些律师主要对他们所执业法庭的审判程序感兴趣。在法庭运用的程序法与实体法之外，他们对其他法律一无所知，因此，他们是从技术化的路径发展普通法的，这导致了这样的结果：这些律师似乎只对其创立的技术性程序（而非实体性法律原理）感兴趣。这些律师中的一些人，如担任法官的高级律师或者出庭律师（counsel），对法律原理可能只是一知半解，但却显示出了非常强的逻辑推理能力，因为他们所受的训练与视野使其思维与语言非常精确。毫无疑

① Frederic William Maitland, *The Collected Papers of Frederic William Maitland*（ii），H. A. L. Fisher, ed., Vol. Ⅰ, Cambridge University Press, 1911, p. 110.

问，与布雷克顿那一代法学家相比，这一代法律人的视野更窄，且过于重视技巧，这造成了这样的后果：直到15世纪后半期，在英格兰，除了纯实用性的年鉴以外，竟无法律著作值得一提。当时的法律人整日忙于在法院执业，以致没有时间撰写著作。一般地，对于所有律师来说（少数律师例外），如果太过专注于自己的本职工作，就不会有闲情逸致对法律作系统的说明。但在15世纪中期，出现了两位不同寻常的律师，他们是利特尔顿与福特斯丘。利特尔顿撰写了一本有关土地法——那是中世纪私法最重要的分支——的经典著作；福特斯丘则撰写了一系列经典著作，其中有些著作是关于法律职业的，有些是关于英格兰公法与私法的突出特点的，有些是对中世纪后期出现的妨碍国家与法律实施的弊端之成因的分析。

在这一讲中，我首先将从14世纪和15世纪法律发展的主要特点说起，因为如果想真正地理解利特尔顿与福特斯丘对英格兰法的贡献，就必须记住这些特点。其次，我将简要地论述利特尔顿对英格兰私法的发展做出的贡献。再次，我将谈及福特斯丘及其论述法律职业的著作，并探讨他与英格兰公法发展的关系。最后，我将论及（英格兰）中世纪普通法的优长与不足。

一、14世纪与15世纪法律发展的主要特点

这一时期（英格兰）的法律发展有三个突出特点，它们对普通法的发展及其特点、对确立普通法以及普通法学家在这个国家的地位产生了持久的影响，并对英格兰宪法的形式产生了深远影响。在这些特点中，第一个特点就是高度组织化、受过专门训练、博学多才的职业阶层的形成；第二个特点是这一职业阶层根据出现在法庭上的真实案件的判决，围绕令状、诉讼形式等问题，创建了技术性非常强的学说体系；第三个特点是这一职业阶层的成员及其创制的法律，在推动政府体制的发展、完善规制政府的原则

与规则的过程中起着重要作用。

1. 正是在这两个世纪，才形成了一种高度组织化、受过专门训练、博学多才的职业阶层。处于那一职业阶层最顶端的是高级律师与法官。在英格兰，法官是从高级律师中选拔出来的，按照《司法法》，只有高级律师才有资格成为普通法院的法官——尽管事实上从 16 世纪以降，这一规则常流于形式。正是由于那一原因，如果国王想任命某个律师为法官，就需要先期安排其为高级律师。① 高级律师与法官成为这一阶层——白帽协会（the Order of the Coif）——中的孪生兄弟。一旦某位律师被选拔为高级律师，就要离开出庭律师会馆，加入高级律师会馆，在那里，他们与法官成了同一会馆的成员，经常聚集在一起。在这个国家，高级律师与法官一样，成了一种得到大家认可的公职，会被召唤去充当巡回法官，可以出席议会，可以担任上议院特别刑事审判员，处理那些提交到上议院的申诉，还可以考察议会与御前会议向他们提出的疑难法律问题；并且，国王还会从这一阶层的成员中聘请某些成员（人们称之为“皇家大律师”），行使类似现代总检察长与副总检察长（attorney-and solicitor-general）的职权。

处于高级律师这一层级之下的法律职业者是出庭律师（the barristers）与学徒（the students），他们将被组织到出庭律师会馆与事务律师会馆。在这一时期，四大出庭律师会馆——林肯律师会馆（Lincoln's' Inn）、内殿律师会馆（the Inner Temple Inn）、中殿律师会馆（the Middle Temple Inn）以及格雷律师会馆（Gray's Inn）——以及依附于它们的事务律师会馆，实质上已最终成形。由此，我们看到了现存的三个律师等级，它们分别是：管理律师会馆的律师主管（the benchers）、出庭律师及学徒。这些律师会馆最早可能渊源于那些长期聚集在一起并教导资历较浅者——学习

① William Searle Holdsworth, *A History of English Law* (ii), London: Methuen & Co. Ltd., 1922, p. 36.

法律的学徒,他们在工作上反过来能为这些律师提供协助——的律师组织,这些律师组织在15世纪之所以能获得很高的地位,与高级律师和法官赋予其特权有很大的关系。高级律师和法官帮助这些律师机构维持律师队伍的内部秩序,教育其中的学徒,并且允许(且只允许)那些被招入律师会馆的人在法院执业,由此就产生了"取得律师资格"(call to the bar)这一说法,即如今天授予出庭律师在法院执业的资格。如此一来,律师会馆就成了研究法律的大学,且是非常高效的大学。律师会馆的律师主管每年都会指定一些讲师(readers),就一些法律话题举办讲座。在每一次讲座之后,又都会组织出庭律师和学徒对主讲者提出的一些法律观点进行讨论。在学期中间的每一次正餐之后,都有讲师与律师主管组织的案例讨论,晚餐之后则设有模拟法庭(moots),由律师主管扮演法官,出庭律师与学徒充当辩护律师;并且,在假期中间,仍会如常举办模拟法庭辩论会,这时则由出庭律师扮演法官。因此,这些会馆为学徒们提供了非常实用的法律训练——它产生了写作年鉴的人,并使普通法逐渐演变成了一种判例法体系。同时,这些会馆还提供了讨论法律原理的机会,形成了一种学院式的体系,并提供职业伦理、社交及知识方面的训练,因此,这些会馆还吸引了很多并不想成为职业律师的学生加入其中。如此高度组织化、高度自律及受过良好教育的法律职业共同体本来就该在它即将运用并发展的法律之上留下深深的印记,这一点也不令人奇怪。由此,我想起了这一时期法律发展的第二个重要特点,即正是由于有了这一职业共同体的存在,才能有如此高度技术化的法律学说体系。

2. 在谈到出庭律师会馆提供的法律教育时,梅特兰说道:"因此,我认为,在书籍仍不普及的年代,我们很难想象,有任何方式比这一方式更适合强化并巩固传统的法律体系,它迫使每一位律师都参与到法律教育活动之中,并要求每一位著名律师都必须举办公开讲座。"①并且,这一强化的过程首先从程序的角度开始,接着从实践的角度得到了进一步加强,法律研习活动由此展开。自进入律师会馆之日起,学徒们即开始研习原汁原味的令状,在其整个职业生涯之中,学习令状与诉讼形式都是其生活的第一要务。在爱德华三世统治时期的议会请愿书中,这些令状被说成"国王及王国中具有至高无上地位的法律的最主要部分"。因此,令状录——在整个14世纪,它一直在发展与增长——是中世纪律师们阅读的最重要书籍之一,且实际上是中世纪普通法的基础,并且是普通法重要原理的导读及其应用的评论。在普通法中,诉讼的第一步是选择令状。选择某种令状就意味着选择某种救济方式,意味着人们只有严格地遵循与这一令状一致的程序,才能获得有效的救济。接着,还必须将令状提交给恰当的法院。因为如果法院的类型不同,被告到庭的方式就不同,令状所对应的程序也将不同;并且,由于令状选择的不同,起诉、审判及执行的模式也将随之产生差异。1317年,贝尔福特(Bereford C. J.)大法官曾以警句的形式将中世纪程序法的这些特点概括为一短语——"令状、理由及诉讼——每一者都有自己的推理"。② 毫不令人惊讶的是,利特尔顿曾告诉他的儿子,"在我们的法律体系中,无论是对物之诉,还是对人之诉,都有着非常完善的诉答体系,这是我们最引以为傲、最值得称道且最富于价值的事情"。③

但是,如果与这些令状有关的程序规则与辩护规则将向律师职业开放,人们针对这些法庭判决所做的分析报告也必须向律师

① Frederic William Maitland, *English Law and the Renaissance*, Cambridge University Press, 1901, pp. 27 – 28.

② Y. B. I, O, Edw. II (S. S.), 86 (1935).

③ *Litt.* § 534.

们公开，因此，年鉴[①]——由律师为律师编写的报告——应运而生。人们一度认为，那一出版物是官方主办的，但现在这一说法已被推翻。梅特兰认为，最早的年鉴是由年轻的律师们编纂而成的，他们不过是为了方便自己或朋友的使用而将一些最新的观点记录下来。最早印刷的年鉴出现在1292年，并且，在随后的两个半世纪里，人们开始逐期、逐年地编纂年鉴，它为我们提供了了解法院所作所为的第一手材料，这些年鉴也是对这几个世纪中法官们提出的法律学说的第一手说明。这些法官在格兰维尔和布雷克顿奠定的基础之上，建构起了中世纪的普通法。可以这样说，这些法官是这些法律报告的初创者，他们在研究、应用普通法或其影响之下的任何其他法律体系时积累下了大量的材料，后来被汇编成了法律报告，（英格兰之外的）其他国家没有类似的东西，因此，它们像普通法本身一样具有独特性。梅特兰认为，早期年鉴编写者的意图是“指导辩护律师，而非对实体法的观点作权威性说明”[②]。我认为，那只是那些报告编纂者的主要意图，这类报告同样能与时俱进，随后的一些报告对律师与法官就程序与实体问题的论争作了更全面、更完善的说明，因此，它们成了研究中世纪普通法发展史唯一的、第一手的权威资料。

正是在这种高度技术化的程序氛围中，中世纪的普通法学说才得以产生。例如，我们目睹了诉答规则的产生，其中的一些规则直到19世纪法律改革时仍在沿用；当时的人们部分地借助立法机关颁布法律这一手段，部分地通过法庭判决这一手段，使刑事法律获得了一定的发展；从实际发生的侵害之诉与请求返还动产之诉中，我们看到，与动产的“所有”和“占有”有关的法律获得

---

① 关于年鉴问题，可参见 Bolland, *Three Lectures on the Tear Books*; Jacques Lambert, *Les Tear Books de Langue Frangaise*；亦可参见 William Searle Holdsworth, *A History of English Law* (ii), London: Methuen & Co. Ltd., 1922, pp. 525 – 556。

② Y. B. 1,2 Edw. II (S. S.), xiv.

了一定的发展；从契约与债之诉中，我们感知到了合同法的一些进步；在侵害之诉与间接侵害之诉的基础上，侵权法与合同法发展起来了。实际上，在15世纪，一些现代的侵权法与合同法规则都是在类案诉讼（action on the case）的基础上逐渐发展起来的。关于类案诉讼的起源问题，学术界直到最近都还在争论。[①] 其实，人们最初的目的只是试图用它来取代很多老一点的诉讼方式，没成想在其基础上却产生了中世纪的普通法，并且，在类案诉讼基础上，还衍生出了很多现代的普通法规则。有一种较为陈旧的观点说的是，这类诉讼渊源于《威斯敏斯特法Ⅱ》第24章；但普拉克内特（Theodore Frank Thomas Plucknett，1897—1965年）教授不赞成这一观点，他认为，这类诉讼与这一法规根本没有任何关系。我认为，正确的观点应是：它渊源于《牛津条例》（*The Provisions of Oxford*，1258年）中的一个条款。这一条款规定：如果没有国王与御前会议的同意，除程序令状（writs of course）之外，枢密大臣不应在其他令状上盖章。[②] 这一条例成功地防止了枢密大臣对新的不法行为随意创设新的救济手段，但后来通过的《威斯敏斯特法Ⅱ》又将创设新的救济手段的权力还给了枢密大臣。《威斯敏斯特法Ⅱ》甫通过时很少应用，但“法律提供的救济不应过于狭窄”这一原则早已确立，并且在当时，即15世纪，不断变化的社会条件呼唤新的救济手段出现，因此，人们感到，有必要对那些普通法院的对手们提出的挑战作出回应；而且，由于类案诉讼的数量不断增长，人们呼吁，应尽快赋予《威斯敏斯特法Ⅱ》以实效。

在整个这一时期，发展得最为成熟的法律部门是土地法。在

---

① Theodore Frank Thomas Plucknett, “A Concise History of the Common Law”, *Columbia Law Rev.* 1956(31):778; Theodore F. T. Plucknett, “The House of Lords as a Court of Law 1784 - 1837”, *L. Q, R.*, 1936(52):220. P. A. Landon, “The Action on the Case and the Statute of Westminster II”, *L. Q. R.*, 1936(52):68.

② “Notes”, *L. Q. R.*, 1931 (47):334.

当时,很多不同种类的土地保有之间的复杂关系已被不动产权益诉讼所厘清,因此,产生了一些技术性非常强的规则,及受这些规则规范的复杂的救济体系,它为辩护人展现辩护技巧提供了大量的机会。正是通过这些辩护人的努力,中世纪土地法的复杂规则才发展起来。这一法律部门涵盖的领域远比今天的土地法范围要广,主要原因有二。首先,当时的社会仍是按封建原理组织起来的,即它在很大程度上仍依赖于封建的土地占有关系。由于这一原因,其所包含的很多社会关系都可归入“主仆关系”这一类别之下,只是到了15世纪,雇佣制的农业劳动人口才代替了农奴式的佃户。其次,合同法仍处于初级阶段。在当时,很多现在被划入“合同”这一类别之下的事务被当成了土地法的一部分。例如,很多事务本来可以通过产生“财产权”(proprietary rights)这一概念而得到很好的解决。梅特兰评述说,“13世纪的人们不会说,我授权你每年从我的小树林里砍这么多树;他会说,我将这些木材送给你。在那一时代,农业经济的主要需要可通过这种不产生任何个人义务的方式满足”。① 利特尔顿的著作论述的很多问题,如清偿、付款、无法律能力的人,等等,我们一般不会将之归入土地法范畴,但在随后,我们会将这些问题与土地法联系起来,一并讨论。我们将看到,正是由于这一原因,利特尔顿的著作才显得如此重要,因为它对中世纪普通法中发展得最成熟的这一法律部门及与之相关的其他法律部门进行了总结,并从中抽象出了众多的法律原理。

但普通法的范围并不限于这些私法部门。普通法从一开始就是由皇家的法官们创造出来的,因此,它与公法总保持着千丝万缕的联系。事实上,大家公认,国王及国家的存在都得靠法律。如亨利六世(Henry VI,1421—1471年)时期的年鉴所说的:法律

---

① Frederick Pollock and Frederic William Maitland, *History of English Law* (1st ed.), Vol. Ⅱ, Cambridge: At the University Press, 1895, p. 145.

“是国王拥有的最重要的遗产。因为正是通过法律,他以及他的臣民才被规制;并且,如果没有法律,就没有国王,更无所谓遗产”。① 正是中世纪普通法的这一方面才使我想起了其第三个突出的特点——法律在建构政府的运行机制及规制政府的运作原则与规则方面起着重要作用。

3. 中世纪的政治思想中有这样一句老生常谈的话:存在某种法律,它高于所有的人、所有的事情——那就是神法(the law of God)、自然法(the law of nature)以及国法(the law of the state),即使贵为国王,也要受上述法律的约束。并且,那些14世纪和15世纪政治论说文的作者们还论证说(他们在13世纪也一直这样论证):这一限制并没有贬损王权,因为它只是限制了国王为恶的权力。② 议会拥有的立法权与课税权的进一步增长,对这一政治理论的进一步传播产生了实际的影响;并且,我认为,正是创设议会运行程序的那些律师们才使议会成为可切实运行的机关,才使议会成为唯一存活下来的中世纪的代议机关,才使议会成为政府机器不可分割的部分。这些律师视议会如法院,一个与他们所执业的法院有许多共同特点的机构,只不过这一法院又有自己的独特功能,并高于所有其他法院。其运行的程序规则、辩论规则、委员会制及其具有的特权以及会议记录——都与法院的相关特点非常类似。③ 由于律师们将议会看成最高级的法院,因此,他们从不允许那一机构受那些曾制约大陆国家议会活动的陈腐规则的影响;④由于他们视议会为法律上的最高法院,因此,他们从不

---

① Y. B. 19 Henry VI, Pasch. pi. 1.

② William Searle Holdsworth, *A History of English Law* (ii), London: Methuen & Co. Ltd., 1922, pp. 253, 254.

③ William Searle Holdsworth, *A History of English Law* (ii), London: Methuen & Co. Ltd., 1922, pp. 431–433.

④ William Searle Holdsworth, *A History of English Law* (ii), London: Methuen & Co. Ltd., 1922, pp. 433–434.

以狭隘的眼光看待其特权与权力，并且，他们从不质疑其享有的立法权。[①] 律师们服从议会颁布的法令，并且通过解释法律这一手段，将他们使用的、议会颁布的法令融入中世纪普通法这一有机的整体之中。

由此，普通法及普通法的律师们在建构中世纪的政治与法律制度方面起着重要作用。在有些时候，他们也会受到政治问题的困扰。如在理查二世在位时期，很多法官因对国王行使特权的范围有不同的看法，而遭到了逮捕并被判处死刑；在亨利六世时期，法官们曾扮演一种更审慎的角色，他们拒绝为约克公爵背书，证明其要求继位的主张具有正当性。但在其他一些时候，对于维护法律的权威及自己的独立地位，他们从不含糊。1469 年，马卡姆(Markham C. J.)被解除了王座法院首席大法官的职位，原因是他不愿意歪曲法律，以保护叛国者。

正如利特尔顿在其著作中对这些世纪里私法中最重要的法律部门进行了总结一样，福特斯丘在其著作中对公法的发展状况也进行了总结。如我们在这一讲的以下两部分即将看到的，所有这些著作对英格兰法未来的发展都有如此巨大的影响，以至于其作者有资格在众多的英格兰法塑造者中处于崇高的地位。

二、利特尔顿与私法的发展[②]

在 1440 年至 1450 年，我们才开始听到利特尔顿的名字，他是当时的法律职业界冉冉升起的新星。1447 年，他曾担任考文垂市的记录员——在他之后，这一职位由后来曾对利特尔顿进行评论的伟大评论家柯克接任。大约在同一时期，他在他的律师会

---

① William Searle Holdsworth, *A History of English Law* (ii), London: Methuen & Co. Ltd., 1922, pp. 434, 442-443.

② William Searle Holdsworth, *A History of English Law* (ii), London: Methuen & Co. Ltd., 1922, pp. 571-588.

馆——内殿律师会馆——担任讲师，是那一会馆中最早有记载的讲师。他主讲的主题是《附条件赠与法》，那表明，在当时，他对那一使他声名鹊起的主题特别感兴趣。1453 年，他成了高级律师；1455 年，他担任皇家大律师。1466 年，他被任命为民事上诉法院的法官——直到 1481 年去世，他一直担任那一职位。

在英格兰法律史上，有五本特别著名的著作，它们分别由格兰维尔、布雷克顿、利特尔顿、柯克以及布莱克斯通写作而成。利特尔顿的《论土地占有》(*Tenures*)是用那一时期专业的法律法语写作而成的，对 14 世纪和 15 世纪普通法中这一最重要分支的职业发展状况进行了总结。这本书告诉我们，普通法不只是程序规则与辩护规则的简单汇集——在一些短小精悍的小册子里，这两者经常被人们粗暴地捆绑在一起，易于招致人们的误解。并且，在上一个半世纪，这类小册子是除年鉴之外、法律职业阶层能创作的法律著作的唯一形式。此书还向我们揭示，普通法拥有自己的学说与原理，这些学说与原理不仅科学准确，而且特别实用，因为它们建立在日常生活中的现实问题基础之上。虽然这本书也是以年鉴为基础的，但它并非只是判决的总汇；作者试图超越判决，以期到达“法律论证与推理阶段”，并从已有的、有关各种主题的大量判决中建构起一个一致的法律学说体系，然后，依靠这一体系，“人们可以更快地得到确定性与法律知识”。[①] 在有关普通法不同分支、形式比较完善的系列教科书中，本书称得上先锋性的作品。对于其后的作者来说，本书无论从方法上还是从风格上都堪称值得仿效的典范。

作者写作这本书的原意是帮助自己的儿子理查德学习法律知识，出乎意料的是，不久之后，本书迅速地成了学生们学习普通法的首选著作，并长期保持这一地位。至于这本书写于何时，难

① Thomas Littleton, *Tenures*, London: Richard Tottell, 1557, Epilogue.

有定论——我推测，可能接近作者有生之年的晚期。其中有两份手稿，几乎可以断定是作者生前写作的，但我们没有找到作者的亲笔签名。在当时，这本书似乎一下子就被人们奉为经典。万宝夫（Eugene Wambaugh，1856—1940 年）先生告诉我们，在 1481 年或 1482 年，这部作品被出版商列图与麦克林尼亚（Lettou and Machlinia）刊印成书，是“伦敦印刷的最早书籍之一，在任何地方，它都是最早刊印的有关英格兰法的专著”。1483 年，它被再版，并且，在 1628 年（在这一年，柯克的评注版出版）之前，它被再版达 70 余次。[①] 在 16 世纪早期，它被翻译成其他语言；在柯克之前，也曾有评论者对之作过评述。

关于利特尔顿著作的内在优点，上述不多的事实比连篇累牍的颂扬更具有说服力。此处，我提醒大家，应特别关注那些使此书具有独特历史价值的特点。这本书主要讲的是土地法问题，其时，土地法正处于持续的、合乎逻辑的发展末期，并且，正好在这一时期之前，土地法学说得到了极大的改进。在利特尔顿写作此书时，英格兰涌现了土地用益（Uses）的新学说，开始修正死板的普通法规则。并且，姑且不论其能否满足与当时新出现的土地用益学说竞争的需要，普通法都准备承认“附条件的剩余财产权”（the contingent remainder）的有效性。人们已非常详细地设计了一套有效的方法，阻止限嗣继承（entail）的发生，并由此抵销了《附条件赠与法》的效力。与侵害之诉相关及由其衍生的诉讼形式不久将进入不动产权益诉讼（the real actions）领域。从利特尔顿的一些论述可以看出，他似乎了解并理解新涌现的“土地用益”学说，但在这本书中，确定无疑地提及这一学说的内容仍少之又少。利特尔顿否认“附条件的剩余财产权”的有效性，那并不表明，他认为无条件的限嗣继承已成往事，或者他认为如果承认“附条件

① Eugene Wambaugh（ed.），*Littleton's Tenures*，1903，lix-lxi.

的剩余财产权”，不动产权益之诉的权威就会立即受到威胁。事实上，利特尔顿这本书的历史价值与布莱克斯通的《英国法释义》大致相当。在由于衡平法院大法官引入新的衡平原则而导致旧的法律被改变、新的法律没有被人们重新建构起来之前，利特尔顿对中世纪普通法学家们发展出的土地法理论进行了总结，并将之传递给了未来的几代人。这一做法与布莱克斯通的《英国法释义》对普通法进行了总结并传承给后人一样，当时的普通法理论同样主要是在法律职业阶层所做的工作基础上发展起来的，并且尚未受到由边沁倡导而激发的直接立法的重新塑造。

三、福特斯丘及其有关法律职业的著述与公法的发展①

福特斯丘出生于德文郡的一户人家，曾是林肯律师会馆的成员，并分别于 1425 年、1426 年及 1429 年担任这一律师会馆的主管。1429 年或 1430 年，福特斯丘成为高级律师；1442 年，他被任命为王座法院的首席法官。在玫瑰战争（the Wars of the Roses，1455—1487 年）爆发时，他采取了与法院同侪不同的举动，即选边站队，站在了兰开斯特王朝一边。虽说战争的命运瞬息万变，但截至 1464 年，约克王朝所在的一方一直处于上风。因此，在 1464 年的前一年，福特斯丘就追随女王及其儿子离开了英格兰，在随后的七年里，一直流亡法兰西。1470 年，沃里克伯爵（the Earl of Warwick，1428—1471 年）加入兰开斯特一方，驱逐了爱德华四世（Edward IV，1442—1483 年），兰开斯特人短暂复辟。但时隔不久，爱德华四世领兵回国，在巴内特战役（the Battle of Barnet）中击败了沃里克伯爵，并最终在图克斯伯里（Tewkesbury）击败了兰开斯特王朝的军队。在这一战役中，女王的儿子爱德华王子（Prince Edward，1453—1471 年）被击毙，女王也沦为阶下

---

① William Searle Holdsworth，*A History of English Law*（ii），London：Methuen & Co. Ltd.，1922，pp. 566－571.

因，兰开斯特王朝的事业中道崩殂。福特斯丘也遭遇挫败，但其最终与约克王朝达成和解，获得了赦免，并成为御前会议的成员。因此，在后来的作品中，福特斯丘撤回了其反对约克王朝继位的论证，他的财产也失而复得。我们最后注意到他是在1476年。

要不是由于玫瑰战争，要不是由于与同侪步调不一，以致福特斯丘在这场战争中选边站队，我们可能只是将福特斯丘看成与我们了解的这一时期的大多数法律人一样，主要从事一些常规的审判工作，即给出某些案件的判决结论，并为某些案件辩护。他的流亡经历使他成了一名政治思想家。福特斯丘利用闲暇时间，对自己的国家及法律的状况进行了反思，并将反思的结果表达在自己的著作中，他的这些著作在英国宪制史和法律史上有着持久的影响。他的反思之所以影响持久，是由于这样的事实：他的这些著作是由一个在众多活动领域处于旋涡中心的法学家写作的。对于使他的国家蒙难的罪恶之因，他正确地予以了诊断，并提出了补救性措施。在下一世纪里，人们采纳了他的意见。

福特斯丘最重要的两本著作分别是《英格兰法礼赞》（*De Laudibus Legum Angliae*）与《帝制论》（*The Monarchia*）或《英格兰的政制》（*The Governance of England*）。

《英格兰法礼赞》是福特斯丘流亡法兰西时为教育爱德华王子而作，故以王子与福特斯丘对话的形式写就，目的是向王子传授他来日即将统治的这个国家的法律。福特斯丘以法兰西与英格兰作为两种政体的代表，向王子解释了绝对君主制与有限君主制之间的区别。接着，他还比较了英格兰的普通法与罗马的民法——他认为前者更优。作为对英格兰法进行描述的一部分，他向我们介绍了英格兰的出庭律师会馆、法律教育以及法律职业的等级等问题，在同类作品中，这应属最早的说明。在对法律本身进行说明时，他不太愿意深入到技术性的细枝末节，反而专注于揭示英格兰法的基本学说与显著特点。由于写作这些书的主要目的是教导一个过去不是法律人、将来也不会成为法律人的人，因此，这本书包含的信息都是那一时代法律人非常熟悉的内容——虽然我们不能从其他人那里获得这方面的知识。这本书的风格非常简明，包含的信息非常独特。由此可以解释，在众多的法学家中，为什么只有福特斯丘的这本著作最受大众欢迎。

《帝制论》或《英格兰的政制》是福特斯丘最后的著作中的一本，至于写于何时，要看我们如何回答这一问题，即我们认为这本书是呈给亨利六世的，还是呈给爱德华四世的。如果是呈给前者，则它可能写作于 1470 年兰开斯特王朝复辟这一短暂的时期；如果呈给后者，则它可能写作于福特斯丘与约克王朝达成和解之后。在《英格兰法礼赞》与《英格兰的政制》之间，有很多共同的东西。比如，两者都讨论了绝对君主制与有限君主制的区别，都对比了法兰西与英格兰这两个国家，目的是显示英格兰制度的优越性。但《英格兰法礼赞》的目的是教授英格兰法，而《英格兰的政制》的目的是探讨引发玫瑰战争的政体方面的缺失。

福特斯丘对英格兰政体缺失的原因分析得非常精妙——其正确性得到了研究这一时期历史的所有当代权威的认同。福特斯丘认为，在亨利六世未成年时，政府大权一直掌握在主要的贵族手里，他们组成了御前会议。这些“过于强势的臣子”——福特斯丘这样称呼他们——以自己的利益需要为依归，玩弄整个国家于股掌之间，他们运用政府机器强化自己的实力，调处强势贵族之间的长期争斗。福特斯丘告诉我们，在御前会议中，这些强势的贵族总是一边打理自己的事情，一边处理国王的事情。①

> 无论何时何地，只要这些人凑到一起，总是优先关心自己的事情，关心其家族、奴仆及佃户的事情，以致他们

① John Fortescue, *The Governance of England*, Hardpress Publishing, 1923, chap. xv.

> 很少有精力去关心……国王的事情。因此，在他们处理的诸多事务中，只有很少的事情与国王有关。当然，这其中难免会牵扯到所谓国王的顾问，国王的堂兄弟姐妹、奴仆、佃户的事务，以及他们自己感兴趣的某些事情。有人曾质疑：如果地位低的人坐在御前会议边旁听，他们敢反对某个大人物的观点吗？一些人为什么不要弄一些手段使这些大人物的某些奴才与顾问腐败堕落从而偏袒他们呢？为什么不采取同样的手段使这些大人物腐败堕落，从而像他们的奴才那样偏袒他们，或转向他们一方呢？因此，御前会议处理的任何事情都不可能做到密不透风，因为这些贵族经常会向自己的顾问与奴才透露：他们因哪些事情被别人告发了，他又如何帮他们铲平了事情，以及反对他们的人是谁，等等。

福特斯丘的实践经验与阅历非常丰富，对政治问题的反思非常深刻，这使他不仅成了一个富于创造性的政治思想家，而且成了一个能提出切实可行的改革措施的政治家。是什么使他成了一个创造性强的政治思想家呢？柯瑞思（S. B. Chrimes，1907—1984 年）先生在他的近作《15 世纪英格兰的宪制理念》（*English Constitutional Ideas in the Fifteenth Century*）一书中对此曾有所揭示。柯瑞思先生认为，正是由于福特斯丘对英格兰的政府机制非常了解，才使他能提出“君民共治”（*dominium politicum et regale*）理论——那是一种有关宪制或有限君主制的理论。没有哪一位政治理论作家曾设想过这种形式的政府，但福特斯丘“需要这样一种理论，以涵括他所了解的英国政体……为此，他进行了如此的整合”。[①] 我们还可以从福特斯丘提出的议会改革建议书中看

---

① S. B. Chrimes, *English Constitutional Ideas in the Fifteenth Century*, Cambridge University press, 1936, p. 318.

出，是什么使他成了一个可以提出切合实际的改革方案的政治家。他曾建议，应组建一个“由这个国家能发现的最聪明、最适合的”12个神职人员和12个世俗人员组成的委员会，由国王从中挑选出一个人担任会长。这些人需要像法官那样宣誓，并定期聚会，对这一国家的所有事情进行细致地研究，然后就如何改革的问题向议会提出立法建议。枢密大臣、财政大臣及掌玺大臣（Lord Privy Seal）是这一委员会的当然成员，一旦有需要，法官们也应被召唤进来。这一委员会还应确立自己的一套程序规则。由此，在不背离他在两本著作中曾提出的君主立宪立场的情况下，福特斯丘提出了自己的改革方案，这一方案随后被都铎王朝采纳。正是由于这一原因，福特斯丘的著作对后世有着非常奇妙的双重影响：一方面，其提出的改革措施导致了英格兰历史上自诺曼王朝与安茹王朝以来的最强的君主专制制度；另一方面，其论著中的一些论证又为17世纪反对封建专制的人所利用，成为攻击封建专制的锐利武器。

事实上，在15世纪，英格兰的宪法与宪法性文件规定得晦暗不明。政府的特定部门——国王、议会以及法院——一直存在，且一直在发挥作用，人们一直认为它们是这个国家的政府最重要的组成部分，并且，这些机构的法律地位尚算比较明确；但一旦有案件牵扯到这些机构并呈现在法庭的面前时，法庭又觉得束手无策。为应付诉讼之需，法学家们需要将这些机构的法律地位理论化，但在当时，尚缺乏关乎这些问题的一般性理论。与英格兰的法律境况类似，英格兰的政治思想也非常封闭。① 纵使是福特斯

① “在这一世纪结束之前，因受欧洲大陆的刺激——那一直是浇灌英格兰智识运动的不竭源泉——而获得的灵感之流似乎已经枯竭，但也正是从此时开始，新的思想如涓涓细流般汇集到一起，逐渐形成了波澜壮阔的洪流，英格兰又一次进入了丰收的季节。”参见 S. B. Chrimes, *English Constitutional Ideas in the Fifteenth Century*, Cambridge University press, 1936, p. 301。

丘的著作,笔触较多的也只是政府的机构与行为,而非整体设想。

如果我们观察政府机器,就会发现其中含有众多的中世纪因素,只有少许的现代因素。尚需到下一个世纪(即16世纪),人们才会减少其所秉持的中世纪因素,并将这些因素置于相对不太重要的地位上。因此,在此时此刻,在有关国王(他是英格兰这一国家的最高行政长官)的地位问题上,我们能发现的既有宗教因素,又有封建因素,还有国别因素。我们看到了当时正处于萌芽阶段的一种思想,即认为"国王具有双重的地位"——关于这一点,更为晚出的柯克曾做过一些说明,尽管我们难以从这一特点推导出一些实际的后果。当时,还存在这样一种倾向:人们习惯于将国王置于特权的地位上,置于所有的封建领主之上,并且,人们认为,这些特权不能与国王本人分开;同时,这些特权也需要受到很多限制,比如,国王不能立法或者征税。尽管由于人们在法庭上对国王的特权问题展开了讨论,使人们在某些事务上引入了一些明确的规则,以限制国王的特权,但用这一方式限制王权仍只是处于这一进程的初始阶段。在议会问题上,同样如此。在当时,那种认为"议会主要是一个法院"的比较陈旧的思想仍有一定的市场,但它正逐渐被另一种思想——认为"议会是代表国家的一个机关"——所遮蔽,正是由于受到这一新思想的启发,柯克才在1592年至1593年以议长(Speaker)的身份说道:尽管议会是一个法院,但它同时又不只是一个法院。① 在这一世纪,出现了一些议会制度史上的紧急情况,它使福特斯丘及许多其他法学家认识到,尽管议会可能只是一个法院,但它同时是"代议制的政治集合体,具有比任何一般法院多得多的属性"。② 人们承认,只有

---

① Simonds D'Ewes, *The Journals of All the Parliaments During the Reign of Queen Elizabeth*, Irish University Press, 1682, p. 515.

② S. B. Chrimes, *English Constitutional Ideas in the Fifteenth Century*, Cambridge University press, 1936, p. 140.

通过议会,才能颁布法律,但议会的立法权是否没有任何限制?这一问题在当时仍无定论。关于议会的立法权问题,中世纪普遍接受的政治理论对之施加了这样的限制:它不能颁布与神法或自然法相冲突的东西。这一限制在当时仍顽固地存在。[①] 是否还有其他限制呢?对此,人们没有给出明确的答案——在某种程度上看,其答案与某些特定时刻里约克王朝与兰开斯特王朝这两派的力量孰大孰小直接相关。一度流传过这样一种说法:——约克公爵的主张为"议会法案"(Acts of Parliament)所禁止;而同时也有人为之辩护——按照神法,约克公爵拥有世袭的权力;还曾出现过这样一种说法——尽管立法必须得到下议院的同意,但国王与他的御前会议拥有一定的修正权,对法律的起草过程有一定的支配权,因此,对即将被登记为法规的法案也应当有一定的支配权。此外,法官们明显承认法规具有强制性力量;当时,他们正试图发展出解释理论,并试图借助那一手段,使自己适应法律制度安排的角色,并尽可能多地与普通法的原则保持一致。

我认为,从福特斯丘描述的英格兰宪法与宪法性文件的发展状况中,可以归纳出三个一般性的结论。第一,17 世纪的议会政治家们依据的先例绝不像他们自己及 19 世纪的辉格党历史学家们想象的那样完美,拥有他们梦寐以求的决定性力量。第二,在随后的两个世纪里,人们仍可以像 15 世纪宪法刚出现时那样,从两个不同的方向发展宪法。这一事实并不足以解释,英格兰的法学家们为何可以持续不断地发展英格兰的宪法性法律,并使它适应不断变化的社会需要,因为那并非诸多原因中的唯一原因。第三,英格兰的宪法和宪法性法律在当时的状况使中世纪普通法的长处与弱点显露无遗。关于这最后一点,我现在就必须作更详尽的论述。

---

① William Searle Holdsworth, *A History of English Law* (ii), London: Methuen & Co. Ltd., 1922, pp. 443 – 444.

四、中世纪普通法的长处与弱点

中世纪的普通法是一个严密、合乎逻辑、实用的体系。这一时期的普通法学家多由一些博学多才、受过良好教育的人组成，正是他们才锻造出了非常严密的法律体系；并且，在技术许可的范围内，人们可以对之进行某些拓展，以满足新的需要。在14世纪和15世纪，人们提出了新的刑事和民事责任原理，新的合同法理论也孕育了出来，多年承租土地者与依据公簿持有土地者（copyholder）的收益得到了法律保护。议会通过的这些法规被编入了一个技术性非常强的法律体系中；并且，在一些案件中，人们将新的理念引入到法律之中——这方面的一个例子就是一系列劳动法规被颁布。众所周知，普通法的弱点是其过于技术化且法律后果过于严格，其发展过于单一地依靠律师，而这些律师只熟悉这一极度封闭、高度技术化的系统中错综复杂的事情，并导致了这样的结果：这些律师过于重视技术性规则的逻辑发展，而非使实体性原则适应日益发展的社会需要。这使普通法越来越难以提供满足社会需要的规则，这方面突出的例子就是：它不能保护信托地产受益人的利益，其结果是，信托地产受益人被迫到衡平法院寻求保护。以致梅特兰评述道，有关"用益"问题的诉讼已成为衡平法院的"摇钱树"。因此，我们必须将英格兰法被分成普通法与衡平法这样两个不同的体系的原因归结为：在这些世纪里，这一联系非常紧密、非常专业及非常封闭的法律职业共同体极大地推动了普通法的发展。

在13世纪，人们从如此确定的、具有向心力的法律体系中获益匪浅，而14世纪与15世纪则反受其咎。在中世纪行将结束时，普通法碰到了发展的"瓶颈"，因为其太过狭隘且排他性地强调职业化，这一做法有点过火。如果任由科层制的执业律师体系不受限制地疯长，就容易产生梅因所说的、与牧师科层制相类似的结果——"合理的用法产生了不合理的用途。"[1]并且，由于政府比较软弱，普通法的这一缺陷被进一步放大。那些强势的臣子熟知如何将自己的利益转变成法律技术，他们利用法律这一形式，纯粹是为了增进自己的利益，并帮助他们打击异己。在1440年，帕斯顿（William Paston，1378—1444年）大法官强烈地向一个朋友建议说，千万不要与诺福克公爵（the Duke of Norfolk）支持的那些人打官司，"如果你与他们打官司，就是在犯傻，原因并不难知，因为那些人不过是受雇于我们的诺福克公爵，诺福克公爵才是其背后的影舞者；在诺福克或萨福克，你根本找不到一个敢和你并肩与诺福克公爵作对的律师；因此，我的建议是：无论付出何种代价，都应立即结束官司，否则他会变着法子整你，使你倾家荡产"。[2] 如上述建议所示，那些权力过大的臣子会使用法律技术或武力，帮助他们解决争端。难怪杰克·卡德（Jack Cade，？—1450年）在1450年说道，"在这一时代，法律除了为恶之外，别无所用；除了假仁假义之外，法律根本不能伸张正义。有人假法律之名，不过是或为博取封赏，或为恐吓别人，或为中饱私囊"。[3]

尽管如此，在这个国家，法律机器仍运转如常，法律人仍宣称保有从12世纪、13世纪的伟大先辈们那里继承而来的崇高理想。法学家与立法者们都试图控制日渐严重的不服从法律的现象。为打击挑拨词讼现象，他们要求法院必须严格解释法律，[4]其做法就是：尝试限制权力过大的臣子利用解释法律这一手段强化自己的权力。但由于国家的力量过于弱小，法学家与议会的所有

① Henry Maine, *Ancient Law: its Connection with the early History and its Relation to Modern Ideas*, Gloucester, Massachusetts: Peter Smith, 1861, pp. 19 – 20.

② James Gairdner, *Paston Letters*(i), London and Exeter, 1904, p. 42.

③ John Stow, *Three Fifteenth Century Chronicles* (*C. S.*), Camden Society, 1880, p. 96.

④ William Searle Holdsworth, *A History of English Law* (i), Boston: Little Brown And Company, 1922, pp. 334 – 335.

努力都付诸东流。如福特斯丘看到的,恢复国家的力量成为当时的急务,但又非唯一所需,因为中世纪的普通法有很多缺陷需要克服。由于当时的普通法具有非常严格、高度技术化的特点,人们难以设计出新的规则,适应新出现的社会与经济状况。无论普通法的法律人多么不喜欢国王的御前会议与衡平法院行使司法管辖权,但为了将新思想、新生活引入法律之中,他们又不得不接受这一做法,因为由这些机构行使司法管辖权在当时又有一定的必要性,这一点在当时已变得非常明显。在文艺复兴与宗教改革年代——在下一个世纪(即16世纪),人们用现代的理念与制度替代了中世纪的理念与制度,这一需要(即恢复国家的力量)变得更加迫在眉睫。人们不禁要问:英格兰能建立起一个足够强大的政府以恢复国家的力量吗?那一政府能将新思想与新精神引入英格兰法之中吗?它对我们这个国家在新时代的命运有指引作用并能指导人们的行为吗?对于中世纪普通法这一严格且高度技术化的体系来说,对之进行必要的改变会产生什么样的后果?英格兰的法律与体制的未来如何,有赖于对上述这些问题作出回答。关于下一个半世纪里这些问题的答案,我们将在以下三讲里予以回答。

第四讲
文艺复兴、宗教改革与罗马法的继受

《英格兰及苏格兰国王查理一世在议会》(King James Ⅰ of England and Ⅵ of Scotland in Parliament)，英格兰画家 Renold or Reginold Elstrack 创作于1608年。

戴雪(Albert V. Dicey,1835—1922年)在他的《英格兰的法律与公共舆论》(*Law and Public Opinion in England*)这一演讲录中曾说道:

> 在任何特定时代,都存在一个由信仰、信念、情感、普遍接受的原则或者根深蒂固的偏见组成的集合体,这些东西结合在一起,便构成了特定时代的公共舆论,那也可以说成特定时代的支配性观点或主流观点……我们还可以补充说,存在于任何特定时代的整体信念一般都可追溯到某些基本假设,无论这些假设实际上正确与否,在那一时代,它都会被那一社会中的大众深信不疑,以致它们似乎不只是一种假设。①

正是在“假设”的这一特点之上才产生了中世纪的公共舆论,并使中世纪的历史具有独特性。16世纪兴起的文艺复兴与宗教改革浪潮替代了其他理论“假设”,创造出了新的公共舆论,并由此拉开了欧洲现代史的序幕。文艺复兴和宗教改革运动引发了政治、经济及社会方面的巨大变化,许多欧洲国家经历的程度不

---

① Albert. V. Dicey, *Lectures on the Relation Between Law and Public Opinion in England*, Kessinger Publishing, 1920, pp. 19 - 20.

一的继受罗马法的过程不过是上述变化的后果罢了;这些变化还促生了现代以一定疆域为标志的国家的兴起。在此种情况下,迫切需要更加成熟的法律体系,以调整国家内部统治者与臣民之间的关系,及不同国家之间的相互关系。这三大运动(即文艺复兴、宗教改革和罗马法的继受)结合起来,影响了英格兰与英格兰法,但由于中世纪英格兰法律史、宪制史选取的发展路径与欧洲其他国家不同,因此,三大联合运动影响英格兰法律史与宪制史的方式有别于欧洲。故如果想了解16世纪与17世纪早期英格兰法的历史发展进程,就必须对上述三大联合运动在英格兰之外的影响有所了解。只有在对这些基础性问题进行研究之后,我们才能理解这一时期英格兰法律发展进程的突出而独有的特征。因此,我首先将简要描述这三大联合运动对英格兰之外的国家的法律和宪制的影响;其次将说明它们在英格兰产生的与众不同的影响。

一、欧洲大陆的发展状况

(一)文艺复兴和宗教改革

在《英国法律史》(*A History of Law*)一书中,我已经对文艺复兴和宗教改革的影响进行了总结,[①]此处,我将重申以前的论述。

重视对古典进行研究的文艺复兴运动于14世纪下半叶在意大利兴起。在那一世纪的最后一些年以及整个15世纪,人们在致力研究古希腊经典作品的同时,还研究了拉丁文的经典作品。古典研究的复兴很快便彻底突破了中世纪思维模式的窠臼。人们不再用经院哲学和神学的眼光看待由更古老的学问与艺术造就的不朽功业,而是如其所是地对之进行研究。由于不再受虚构的神学或其他理论的束缚,人们试图凭借理性,探寻这些作品对

① William Searle Holdsworth, *A History of English Law* (iv), London: Methuen & Co. Ltd., 1924, pp. 11-13.

其创造者（即人类）应有的意义，这必然会赋予那些古老的研究——语法研究、历史研究、文学研究——以全新的意义，并由此产生新的文学与艺术鉴赏标准。古代经典作品反映的真实世界由此被揭示了出来——对于那一时代来说，那是一个全新的思想世界，一个将人及人的理智、愿景作为中心的世界。人们不再将所有这些东西视为这一邪恶世界浮华与虚荣的代表，除非人们用它们来深化那一以教会的教义为理论前提的知识体系，希冀其能成为一个合乎逻辑的知识体系，并依据由其而来的推论审视所有的人类知识。这一世界或许是邪恶的，或许是短暂的，但它注定是人生活的世界。人被赋予了感觉与感知能力，目的是运用这些能力，而非抑制这些能力；人们无须从一个特定立场审视所有的知识。人是自己命运的主人，有责任自由地、无所畏惧地行动、思考及推理；不仅在艺术与文学方面，而且在神圣的历史与世俗的历史方面，都该如此。他还应如此看待宗教教义，甚至应如此看待自然科学知识。[①] 通过众多的演讲、学校、学术机构以及印刷的纸质载体，上述这些观念在全欧洲迅速地传播开来。数量众多的学生涌向意大利，学习这种新的学问，如同以前学生们涌到那里学习罗马法一样。我们可以从诸如马基雅维利（Niccolò Machiavelli，1469—1527 年）与托马斯·莫尔（St. Thomas More，1478—1535 年）爵士等具有反叛精神的人士的作品中看到这一盛况，它们对当时的情形有所描述。在《君主论》（*The Prince*）中，马基雅维利抛弃了那些作为中世纪思想基础的整体设计与理论，“始终如一地将归纳法或实验法用于政治科学领域”。“（当时的）人们诉诸的是历史与理性，而非别的东西；公法学家们将发现而非发明——将记录而非参与——那些似乎能调整人的行为

---

① John Emerich Dalberg Acton, *Lectures on Modern History*, London: MacMillan and Company, pp. 77 – 79.

的诸多法律。”[①]同样地,在《乌托邦》(*Utopia*)中,托马斯·莫尔爵士用批判的眼光检视社会现实,并且,通过与他心中理想的共和国进行比较,莫尔对社会现实中的问题进行了辛辣的讽刺。他心中的理想共和国赖以建立的基础完全不同于任何曾经从经院哲学陈旧的前提推论出的共和国。

正如我们在《乌托邦》中看到的,地理大发现加快了人们抛弃古老方法的速度。在《乌托邦》中,拉尔夫·希斯拉德(Ralph Hythlodaye)在叙述自己的冒险经历时曾解释道:由于“渴望发现并了解这一世界中的一些遥远的国度”,于是他“登上了亚美利加号游轮”;正是在这些航行中的某一次航程中,他才发现了那一理想的共和国。事实上,人们不只是破坏了古老哲学的基础,而且极大地拓展了物质世界的范围,并改变了其模样,于是,各式各样的新国家、新民族以及新现象涌现出来。由于旧学问、旧思维模式和推理方式无法应对这些新生事物,因此,人们必须考察这些新生事物,其结果必然导致人们抛弃旧学,而这些旧学几乎无所不包,不仅涉及物理世界的结构与宇宙安排等问题,而且涉及诸如人与物质世界、人与宇宙以及人与人之间的关系等问题。

在旧学中,神学思想与教义在所有知识部门中都居于支配性地位,因此,只要知识上的任一分支发生任何根本性的改变,都必然牵涉到对人的宗教信念的重新审视。人们能否以如此方式重新审视并重述这些宗教信念,并使之与新的秩序相协调?一些人——尤其是伊拉斯姆斯(Desiderius Erasmus of Rotterdam,约1467—1536年)——认为,这完全可能。在必须对旧神学进行改造以适应新的观念方面,如果说过去还存在智识上的困难,到了16世纪,这一困难应当迎刃而解了;人们本应如19世纪的人们那样,能千方百计、非常熟练地对旧神学进行改造;但在16世纪,

---

① L. A. Burd, *Cambridge Modern History*(i), Cambridge University Press, 1902, pp. 212 – 213.

这种智识上的困难却远比 19 世纪要大。在当时，这绝非人们遇到的唯一困难。首先，神学并非只是知识的一个独特分支，相反，几乎所有的知识都为神学观念所统治。其次，教会与国家在某种意义上几乎合二为一，因此，对教会的教义及其在国家中的地位提出任何质疑，都不只是意味着国家内部某个特殊群体的地位发生了变化，相反，它意味着整个社会基础都发生了动摇。再次，教会从维护旧秩序的活动中获得了巨大的既得利益，不肯轻易让步。最后，欧洲政治与智识状况发生的变化使教会内部曾经肆虐一时的胡作非为现象进一步凸显出来，这些胡作非为现象引起了人们对教会及神职人员的憎恨。因此，当时的人们认为，对旧观念进行平和地重塑以适应新观念是根本不可能实现的，因为对旧的知识体系进行改变的任何尝试都足以颠覆这一长久以来已变得越来越不稳定的体系，并引发宗教革命。起初，代表宗教改革直接原因的那些活动——马丁·路德（Martin Luther，1483—1546 年）发表“九十五条论纲”、焚毁教皇诏书与教会法著作，以及英格兰内部对于离婚问题的讨论——不过是星星之火，但在后来，这些星星之火遇上了大量爆炸性事物，遂成燎原之势。

由此便开启了 16 世纪的宗教改革运动。这一运动打断了一些人试图在宗教世界里进行和平变革的迷梦，一度阻止了新学逐步拓展与和平发展的势头，最终改变了文艺复兴运动影响知识界的进程，并修正了其后果。

这两大联合运动对欧洲大陆的宪制与法律的影响是：它巩固了国家的权力，形成了现代以一定领土为基础的主权国家。那一国家——人们认为其具有较多的神性特点，在中世纪时，尤其带有教会的特征——能够宣称，自己拥有超越所有人和所有事物之上的至高无上的地位。正是此种新出现的主权国家才结束了中世纪的骚乱，进而使更有序、更文明的生活成为可能。乍看之下，宗教改革似乎毫无疑问地妨碍了现代国家的成长，因为宗教差异为战争提供了借口，陈旧且混乱不堪的封建制度在此类战争中发挥着极大的作用；但从长远看，宗教改革运动却有助于现代国家的成长，因为对宗教战争的恐惧增强了人们对有效力政府的渴求，现代的、以一定领土为基础的主权国家能单独满足此种渴求；并且，随着国家的权力得到强化，民族情感开始战胜宗教仇恨。因此，中世纪盛行的"普遍教会"与"普遍国家"这一政治理论被人们摒弃，其后果就是，新学与新的思维模式得以确立起来。现代欧洲的几个独立国家为新观念的形成、新思想的产生、新发现的增加提供了良好的外部环境，因为这些国家展现出的独立性和多样性向世人昭示："国家"完全可以包容各种不同的观点。但十分明显的是，人们需要新的、更精致的法律体系，以处理国家与臣民之间以及这些国家彼此之间的新型关系，并处理臣民之间更为复杂的私人关系——这些关系是在当时的社会与经济发展基础上产生的。正是由于现代国家的兴起，社会与经济的新发展才成为可能；也正是由于这个原因，在许多国家，文艺复兴及宗教改革运动是与罗马法的继受相伴而产生的。

（二）罗马法的继受

作为 12 世纪与 13 世纪法律领域文艺复兴的结果，罗马法影响了欧洲许多国家的法律。我们已经看到，在格兰维尔与布雷克顿时代，罗马法对英格兰普通法的发展已产生过巨大影响。[①] 罗马法的规则，以及相伴而来的法律与政治理念，推动了英格兰法律与政治思想进一步向前发展；并且，由于人们需要不断调和这些思想与中世纪逐渐变化的社会生活之间的关系，因此，引发了知识上的躁动，而正是在这一躁动中，才孕育出了现代社会的法律和政治要素。对于如何调和古典的罗马法规则与中世纪生活状况之间的关系，意大利的一些法学流派，尤其是巴尔多鲁学派

---

① 前文第 20 ~ 21、26 ~ 28 页。

(the school of the Bartolists),已能驾轻就熟地予以处理;在民法与教会法的基础上,他们创造出了一套法律与政治原则,适用于14世纪与15世纪的意大利。由于意大利的情形与16世纪欧洲流行的政治和经济状况十分相似,故这些法律与政治原则可用来调整欧洲的新秩序。由此,当时的欧洲人继受的并非古代的罗马法,而是适应了那一时代需要的罗马法,是被注释法学派和巴尔多鲁学派阐释过的罗马法。人们将之说成是,“凡注释法学派不承认的法律原则”“法院都不会承认”,即未被注释的《国法大全》的一些段落根本就不是活的法律。①

经中世纪民法专家与教会法学者的努力,修补后的罗马法在欧洲取得了成功,它成了国家取得主权的外在表现与法律标志。事实上,对于那些试图回答新时代提出的政治、行政管理及法律问题的公法学家、政治家以及法学家来说,罗马法的规则与理念成了解决这些问题必不可少的工具。在寻找用以攻击或支持或评判政府所作所为的论据时,公法学家们从民法与教会法的文本及中世纪注释法学家与评论法学家的著作中,发现了一个储备充足的武器库。当时的政治家们开始管理这样的世界:一些带有资本主义性质的组织开始出现(无论是在国际贸易领域,还是在国内的工业生产领域,都是这样),它促使中世纪的行会组织开始解体,并最终使建立在封建庄园经济基础上的中世纪农业制度及维系在大地主与佃户之间的封建纽带开始松动。在当时的世界上,现代欧洲的几个国家之间展开了激烈的竞争,这激发了如此的需要:人们需要将所有的工业、农业或者商业更好地组织起来,以便增强国家的力量。这些政治家们发现,罗马法原则有助于他们主张国家的主权,组织国家机器,并调节这一机器的运行。那些试图从法律角度对这些政治、宪制及经济变化予以解释的法学家们

---

① William Searle Holdsworth, *A History of English Law* (iv), London: Methuen & Co. Ltd., 1922, pp. 242–244.

发现，他们有义务用专业术语对这些改变予以理论上的阐述和论证，这些源于罗马法这一独一无二的法律体系的术语，似乎能像满足中世纪帝国的需要那样满足现代国家的需要。那些寻求为国际交往提供新基础的法学家和政治家们诉诸了中世纪民法专家与教会法学家从罗马法、古典哲学及基督教学说中推敲出的万民法理论与自然法理论，进而提出了一套全新的国际法理论。①

罗马法的继受不但对国家的法律而且必然会对国家的运行机制、结构以及对统治者秉持的政治理论产生极大的影响。在12世纪与13世纪，借鉴查士丁尼法学典籍的法学家们赋予国王以高于普通封建领主的地位；并且，由于神圣罗马帝国的理论已变得越来越不具有现实性，因此，产生了这样一种趋势——人们喜欢将处于自己领土上的国王与以前的皇帝相提并论，②故而法兰西国王与英格兰国王都声称自己是皇帝。③ 在16世纪，罗马法的继受进一步扩大了王室的权力。人们曾详尽地设想过这一扩权的后果，并设计出了新机制，目的是使其效果变得明显起来。并且，随着宗教改革的进行，人们对教会与国家关系的观念也发生了改变，从而产生了这样的后果：作为国家的代表，国王开始将自己与神性隔绝开来，而在中世纪时，它一直带有教会的独特属性。这一做法实际上是为主权理论的产生及将主权理论应用到国王身上作准备的，对此，让·博丹（Jean Bodin，1530—1596年）在其1576年写作的《论共和国》（*The Republic*）一书中进行了评

---

① William Searle Holdsworth, *A History of English Law* (v), London: Methuen & Co. Ltd., 1924, pp. 25-60.

② William Searle Holdsworth, *A History of English Law* (iv), London: Methuen & Co. Ltd., 1924, pp. 190-191.

③ Adhémar Esmein, *Histoire du Droit Français de* 1189 *à* 1814, Paris: Le Normant, 1814, p. 384; Otto Gierke, *Political Theories of the Middle Age* (trans. by Maitland), Kessinger Publishing, 1900, xlv; 在亨利八世的《上诉法》（*Statute of Appeals*）序言中，那被说成是："英格兰是一个帝国。"参见24 Henry Ⅷ, c. 12。

述，这一著作是政治科学领域最重要的著作，据说从亚里士多德时期开始人们就一直试图写作此类著作。① 中世纪的法庭、中世纪的地方政府体系、中世纪的代表大会消失了，随之一起消失的是中世纪的这一思想：由于国王有义务为国民主持正义，因此，反抗不履行这一职责的国王就是合法的。在中世纪的这一束缚消失之后，提丘斯（Titius，泛指人们）就失去了对抗全能国家的权利，②而这个全能国家是以一位专制的国王为代表的，他只对上帝负责，并且不服从仅由人类的法律强加的义务，③如此，国王自己就成了国家的代名词。

在西欧的许多国家中，上述这些结果都是由文艺复兴、宗教改革以及罗马法的继受这三者的联合运动引起的。接下来，我们将发现，这三者的联合运动对英格兰及英格兰法同样产生了很大影响，但其影响迥异于欧洲。

二、英格兰的发展状况

英格兰与英格兰法也深受这三大联合运动的影响，但由于中世纪英格兰的宪制史和法律史有一定的独特性，因此，三大联合运动对英格兰法的影响有别于其对大陆法的影响。故在17世纪中叶，英格兰的宪法、法律与大陆国家的宪法、法律截然不同。

（一）文艺复兴与宗教改革

在亨利七世（Henry Ⅶ，1457—1509年）统治时期，新学（the

---

① 关于让·博丹及其著作，可参见 William Searle Holdsworth，*A History of English Law*（iv），London：Methuen & Co. Ltd.，1924，pp. 193－195。

② 梅特兰曾说道，“这些罗马法学家们理解的提丘斯与国家，都是由上述观念而来的，且都有一点虚构。唯有如此，才能理解整个法律领域”。参见 Otto Gierke，*Political Theories of the Middle Age*（trans. by Maitland），Kessinger Publishing，1900，xxviii。

③ Adhémar Esmein，*Histoire du Droit Français de* 1189 *à* 1814，Paris：Le Normant，1814，pp. 391－392；Lavisse et Rambaud，*Histoire Générale*（iv），Paris：A. Colin，1942，p. 139.

New Learning，特指16世纪英国宗教改革派的教义）在英格兰大行其道。当时，一些英格兰人曾到意大利求学，并且，学成归国后，他们开始在英格兰教授自己从意大利学到的知识。伊拉斯姆斯曾满腔热忱地记下了新学在英格兰的传播进程。亨利八世（Henry Ⅷ，1491—1547年）是新学的支持者，并且，伊拉斯姆斯说过，在亨利八世的法庭中学习新学的人甚至比大学里学习新学的人还要多。[1] 尽管在英格兰（如同在别的地方那样），宗教改革运动，特别是修道院的解散以及修道院图书馆的捣毁，对新学与文学是一个打击，但收获与损失同在。[2] 亨利八世对新学并无敌意，他在大学里设立了钦定教授职位，并重建了沃尔西（Thomas Wolsey，1473—1530年）当年在牛津创立的那一伟大学院。在爱德华六世（Edward Ⅵ，1537—1553年）统治时期，剑桥成了最好的人文主义家园，以致伊丽莎白（Elizebeth Ⅰ，1533—1603年）时期的许多杰出政治家都出自剑桥。伊丽莎白——安妮·博林（Anne Boleyn，1501—1536年）的女儿——自其出生时起就注定会支持宗教改革运动。伯利（William Cecil，1st Baron Burghley，1520—1598年）、培根、库克（Anthony Cooke，1504—1576年）以及托马斯·史密斯（Thomas Smith，1513—1577年）等人都是在文艺复兴的影响下以及在改造后的宗教教条下接受教育的，伊丽莎白将他们选为自己的大臣，这等于向世人宣示，她想在父兄奠定的基础上有所建树。她在内外政策上都取得了极大成功，这提升了英格兰人的民族骄傲与自豪感，其具体表现就是文学活动中的百花齐放。正是由于文学活动的百花齐放，才使伊丽莎白统治时期成为英格兰历史上真正的文艺复兴时期以及英国文学的黄金

---

① William Searle Holdsworth, *A History of English Law* (iv), London: Methuen & Co. Ltd., 1924, pp. 29 - 30, 41.

② William Searle Holdsworth, *A History of English Law* (iv), London: Methuen & Co. Ltd., 1924, p. 42.

时代。她的统治是中世纪法律、制度、思想及文学与当代法律、制度、思想及文学的真正分水岭。透过弗兰西斯·培根的作品①,我们可以看到:这一时期的人们开始坚定地摒弃中世纪的思想,并完全接受现代思维方式。

英格兰已完全接受了“文艺复兴”一词所囊括的现代理念与现代思维模式。由于亨利八世曾经让伊丽莎白参与宗教改革活动,因此,她才可以将宗教改革进行得如此彻底。但这是一场与其他国家完全不同的宗教改革。在宗教改革议会(Reformation Parliament,1529—1536年)期间,亨利逐步设计出了一套以自己为教会最高领导人的国教体制。通过巧妙的议会运作,他半带说服半带胁迫地让议会从法律上认可了这一体制。英格兰国教并非一种异教性质的教会,而是一种经过了重建、修复并带有英格兰历史特点的天主教会。亨利八世对中世纪一元制的教会进行了如此多的改变,使之满足新的主权国家的需要。比如,他用国王的权力替代了教皇曾经拥有的至高无上的权力——恰如西班牙大使所称的,英格兰国王由此成了新教皇,②停用了与新秩序相冲突的隶属于罗马天主教的教会法。除了进行这些必要的修正之外,天主教会的教义、教规及组织在英格兰几乎没有太大的改变。

对于亨利八世的宗教设计,伊丽莎白进行了部分回调,这一方面满足了许多温和派人士的胃口,因为其中包含有既吸引天主教徒又吸引带有新教倾向者的要素,由此使英格兰国教自身能涵括许多不同的教派。另一方面,伊丽莎白又以恢复英格兰古已有之的独立性为幌子,巧妙地掩盖了英格兰人对天主教教义的粗暴改变。亨利八世在他的《上诉法》(*Statute of Appeals*)的序言中首

---

① 后文第114页。

② J. S. Brewer & James Gairdner, *Letters and Papers, Foreign and Domestic, of the Reign of Henry* Ⅷ (v), His Majesty's Stationery Office, 1862, No. 114.

次提及“恢复英格兰古已有之的独立性”①,从那时起,法学家们一直将这一理论视为金科玉律而予以接受,神学家们也将其视为可靠的教义。②

现在,我们可以理解,亨利八世和伊丽莎白实施的宗教改革方案具有很多独特性;并且,如今我们更能理解这一主张,即该宗教改革并非与过去一刀两断,而是通过下列方式在过去与现代之间取得了平衡,即现代的英格兰这一国家及英格兰法正是从其中世纪的源头那里持续发展而来。

(二)罗马法的继受

欧洲国家继受罗马法的范围与程度各不相同,这与每个国家法律发展的状况有很大关系。一般地,如果某一国家的法律体系越落后,则其越不能恰当地引导处于16世纪这一新的条件下国家的发展,故其继受罗马法就越全面;并且,如果某一国家继受罗马法越全面,则其与过去的断裂就越彻底。与整个中世纪一直将罗马法作为基础的一些拉丁国家相比,德国与苏格兰这类法律一直处于习惯和不成文状态的国家更深入地继受了罗马法。③ 从这一点来看,英格兰及英格兰法的地位就很独特。尽管中世纪英格兰的制度、观念以及法律之中包含有众多的中世纪理念,但它们并非只具有中世纪的特征。与国家至上理念相适应的中央集权制及普通法是由12世纪与13世纪那些强势的君主们建立起来的。在这些世纪里,人们开始接受更加开明的法律与政治思想,这些思想是与12世纪罗马民法研究的复兴以及教会法的兴起相伴而生的。并且,这些法律、政治思想造就了英格兰这一国家,以

① 24 Henry Ⅷ, c. 12.

② William Searle Holdsworth, *A History of English Law* (i), Boston: Little Brown And Company, 1922, pp. 590 - 591, 596.

③ William Searle Holdsworth, *A History of English Law* (iv), London: Methuen & Co. Ltd., 1924, pp. 246 - 250.

及一种独特的英格兰法——它是在13世纪末期之后，由一个博学的职业阶层，依据上述法律的内在发展路径发展而来的。诚然，在15世纪的大部分时间里，以及玫瑰战争期间，处于顶峰的半封建无序状态在英格兰故态复萌，妨碍了中央政府的正常运作，且使普通法软弱无力，但英格兰的政府制度和法律却未受大的损害；并且，在秩序得到恢复、政府与法律再次运转时，其马上就能满足现代国家的众多需要。

其结果就是：16世纪的英格兰有别于许多欧陆国家，因为它并未与中世纪的制度、思想及法律完全揖别。在地方政府管辖的范围内，各种法律机关架床叠屋，如，百户区法庭、郡法庭、采邑刑事法庭以及一些市镇与郡县中拥有特许的司法管辖权的其他机构、治安法官、教区的司法机构，等等。它们一方面全都对英格兰法律体系的形成做出了贡献，另一方面也使英格兰的法律体系不太系统，因为这一体系中的不同部分具有较大的历史差异性。加之，在中世纪，存在这样或那样的陪审团——如，大陪审团与小陪审团，它们在行政与司法中仍扮演着重要的角色。众所周知，中世纪的议会曾主张，他们有权控制税收与立法，并且，在一定的范围内，有权向国王提供建议，甚至在有些时候还有权批评国王的政策。我们看到，在这一时期的英格兰，王权控制下的议会继续控制着立法与纳税，在英格兰继续充当着重要角色，其结果就是：它们能继续巩固自己的权力与特权。[①] 与此同时，中世纪的法治思想继续渗透到英格兰的整个政府体系之中，包括地方政府与中央政府。所有的政府官员都要受到法律的约束。在服从法律的情况下，他们可以在被授权的领域内自由地行动，但在当时，那些代表中央政府的人在多大的程度上有行动的自由，尚未明确。正如我们即将看到的，[②]尽管这些行动自由后来被枢密院与星室法

---

① 后文第95页。

② 后文第94～96、98页。

庭削减，但其中的大部分自由仍保留了下来，以致 17 世纪斯图亚特王朝试图建立特权政府的计划没有获得成功都与之有很大的关系。此外，英格兰法中最重要的几个分支，即土地法、有关叛国罪与重罪的法律、关于合同与侵权的法律，都起源于中世纪，并建立在中世纪的论著与先例基础之上。

都铎王朝的君主们发现，根本没有必要创建一套新的政府机制，也没必要废除普通法，他们只需要做到：首先，通过严格而明智的控制手段，使现存的政府机构及普通法恢复正常运行；其次，对那些不能充分满足时代需要的政府机构与普通法进行适当的补充。我们将从以下两点考察都铎王朝的君主们已经做过的工作：他们是如何强化现存政府机构的运作的？以及他们是以何种方式创建新的、补充性机构的？

1. 都铎王朝的君主们通过高超的技巧，完成了恢复中世纪的机构与法律正常运作的工作。通过这一整个时期实际地充当政府角色的机构——枢密院，都铎王朝的君主们严密地监督着政府的所有部门，确保政府中的行政官员与司法官员们都在履行普通法和制定法赋予的职责。枢密院、威尔士及北部地区委员会（the provincial Councils of Wales and the North）监督镇及郡的治安法官工作的方式，以及星室法庭与威尔士及北部地区委员会处理治安法官作为或不作为犯罪的方式，让治安法官成了现代国家地方治理最有效的工具。事实上，这种监督与控制使这些治安法官成了如此有效的治理工具，以致柯克这样评述他们的治理工作："从维护地方安宁的角度看，它俨然成了一种地方政府形式，在基督教世界里，从来没有哪个地方曾有过这种形式的政府。"①威尔士及北部地区委员会与星室法庭处理腐败的陪审员，并处理那些行贿和恐吓陪审员的人，这一做法又使陪审员系统恢复了正常运行，

① Edward Coke, *The Fourth Part of the Institutes of the Laws of England*, London: Printed for E. and R. Brooke, Bell-Yard, near Temple-Bar, 1797, p. 170.

那一系统在15世纪已经崩溃。如同普通法司法体制中的许多其他部分一样，在陪审案件中，枢密院和星室法庭恢复了陪审团的正常运转。他们将陪审团打造成了审判有争议的事实问题的最有效工具，那些事实争议在任何法律体系中都会出现。诚然，星室法庭有时也会惩罚那些作出令政府不快的判决的陪审员。如惩罚1554年判决斯罗克莫顿（Nicholas Throckmorton，1515—1571年）无罪开释的陪审团就是一个臭名昭著的例子，诸如此类的案例已引起了宪法史学家们的注意，他们极度重视此类案件。但在恢复陪审团体系的正常运作过程中，星室法庭的贡献要大于其对政治案件进行干涉而制造的不公正。同样地，都铎王朝的统治者们利用议会，巩固了自己的权力与特权，并使议会成为这一国家的政府不可分割的一部分。议会的成员来自于与治安法官同样的阶层，这不仅有助于人们在更广泛的政府管辖范围内对法官进行教育，而且有助于国会最先了解地方治理的问题，并找到解决这些问题的最佳方案。正如培根所说，“那些在国会制定法律时拥有话语权的人，很大一部分同时是这个国家任命的、实施法律的人。从这两个机构的角度看，如果要使一个共同体维持较高的层级，则再也找不出比它们更合适的机构了”。[①] 作为这一发展的结果，伊丽莎白时期的国务大臣托马斯·史密斯爵士才可以说，“英格兰王国内最高、最绝对的权力在议会”，[②]其意思当然是指“王在议会”。因此，通过这些方法，都铎王朝的君主们让许多中世纪的机构恢复了正常运作，并使它们成为现代国家的有效治理工具。

2. 都铎王朝的君主们弥补了普通法现有制度的缺陷。在以下几个不同方向的不同侧面，我们可探寻到他们曾经做过的一些

① James Spedding，*Letters and Life of Bacon*（vi），London：Longman et al.，1874，p. 304.

② Thomas Smith，De Republica Anglorum，London：Anno Domini，1583，p. 1.

工作。

首先,我们看到,一个适用普通法以外的法律的新式法院与委员会获得了大发展。星室法庭与威尔士及北部地区委员会在许多方面发展了刑法。例如,我们看到,诽谤法、共谋法以及与犯罪未遂有关的法律获得了大的发展。而且,星室法庭与威尔士及北部地区委员会在规范那些被授予政府职权的个人与机关的行为时,开始将类似于行政法的东西引进来。通过如此的方式,它们保护并支持地方政府官员的权威。星室法庭在1603年曾说道,"请所有人留心,看星室法庭与威尔士及北部地区委员会用什么样的语言控告肆意妄为的地方官员,因为对于这些官员来说,这两大机构是上帝;并且,这些地方官员必须有非常好的理由去说服它们,以免自己被推翻"。[①] 相反地,如果这些人和机构滥用其权威,星室法庭与威尔士及北部地区委员就会谴责、训导他们。枢密院的案卷中充斥着这类例子。例如,伦敦市发现,为了对那些不履行职责的人实施罚款,它不能再选举那些非伦敦市的居民担任市政官员。星室法庭与威尔士及北部地区委员会还要解决官员之间以及一些社群之间的争端。[②] 例如,1592年,枢密院遇到了这样一个案件:北安普敦的两个法官在庭审期间互相厮打;[③] 1597年,枢密院审判了人们对纽卡斯尔镇腐败行为的控诉。[④] 衡平法院、小额债务索赔法庭以及海事法院司法管辖权的发展将一些新兴的、补充性的法律内容加入到了普通法之中,这些法律可

---

① John Hawarde, *Les Reportes del Cases in Camera Settlata*: 1593 *to* 1609, Spottiswoode & Co., 1894, p. 177.

② John Roche Dasent, *Acts of the Privy Council of England* (xvii), Her Majesty's Stationery Office, 1890, p. 4.

③ John Roche Dasent, *Acts of the Privy Council of England* (xxii), Her Majesty's Stationery Office, 1890, pp. 286, 333, 367.

④ John Roche Dasent, *Acts of the Privy Council of England* (xxviii), Her Majesty's Stationery Office, 1890, pp. 317 – 319.

用来解决普通法之外的争议。在这些新兴的法院及其审判过程中创设的部分法律中,我们可以看到罗马法影响的蛛丝马迹。星室法庭将一些罗马法理念引入刑法及程序法中,海事法院将许多新的商事法与海事法规则引进来,衡平法院和小额债务索赔法庭引入了一些程序规则,我们可以将这些视为英格兰对罗马法中某些政治和法律思想的继受。

其次,正是由于国王与枢密院具有首创精神,才使那些影响深远且具有持久重要性的比较全面的法规得以通过,才使英格兰法满足了这一新时代的需求。此处,我将引用一到两个例子来说明问题:有关用益权与遗嘱的法律规定为现代土地法的发展确定了重要方向,伊丽莎白时期关于主仆法及济贫法的一些法律规定为这两个法律分支的发展确定了方向,并且,它们将其重要性一直延续到现代。都铎王朝有关圈地问题的立法为解决农业产业的地位做了大量工作,并有助于解决失业问题。这一旨在培育本土产业的立法对着手建立羊毛加工业和其他工业也产生了一定影响。

因此,都铎王朝的君主们创建了现代英格兰这一国家,但他们是按照中世纪的轨迹创建这一国家的。现代的英格兰是以中世纪的英格兰为基础,通过添加许多新的东西与发展成果,从而发展起来的,其中就包含了许多中世纪的制度与中世纪的思想。比如,治安法官、陪审团以及议会等制度都是中世纪的制度,“法律是至高无上的”与“政府官员可以在法律之下自由地行为”这些理念都是中世纪的理念。同时,强调代表国家的国王拥有至高无上的权力、将国王及其仆人置于一般的法律之上,这些思想当时也仍在广泛传播。事实上,都铎王朝的君主们创建的现代英格兰如同现代的英格兰法那样,自身包含着众多迥异的思想,其中既有各式各样的中世纪思想,又有现代思想,这些思想在逻辑上并非总是一致的。英格兰这一国家与英格兰法无法依据其中的任何一种理论证明自身的正当性。但在伊丽莎白时期,政府机器得以运转,且运转得非常好,因为它不仅给这个国家带来了繁荣,而且在许多领域给这个国家带来了巨大发展的荣耀。很明显的是,当这个国家的人民对它的政府或者法律越来越不满时,就会在政治与法律方面产生巨大的分歧——那在伊丽莎白时代可以看到——那将在社会上产生难以修复的裂缝。

在伊丽莎白统治末期,英格兰内部发生了严重的对立:议会与普通法院为一方,枢密院与其分支机构组成另一方,开始提出针锋相对的国家理论。建立在"议会主权"与"普通法至高无上"这一基础上的议会与普通法理论,在很多点上与枢密院一方秉持的理论发生了直接冲突,后者与欧洲大陆当时流行的学说有着千丝万缕的联系,它建立在"特权至上"这一基础之上,主张将国家的权力授予专制的国王。这一理论分歧在地方政府和中央政府随处可见。一方面,枢密院倾向于将治安法官当作自己的代理人或者仆从,要求他们服从它的管辖,并受其权威保护。另一方面,普通法院认为治安法官的权威来自普通法与制定法,并可以在这些法律授权的范围内自由、独立地行动。同样地,新出现的一些法律形式——如衡平法院的法律、星室法庭的法律以及海事法院的法律——之间的关系则是由这一时期新创设的法院与议会调整的,它们与普通法之间的关系界限不清。特别地,当时这一问题仍悬而未决,即该由谁来裁定这些相互对立的主张?是国王,还是普通法?

在伊丽莎白时代,所有这些政治与法律问题都没有得到澄清,它们有待詹姆士一世运用简洁的政治理论予以澄清。因此,我们可以这样说,尽管都铎王朝的统治在很多方面都很成功,但它却将一份有争议的遗产留给了那些不太能(且不太有能力)理解都铎王朝的君主们创建的复杂体制的王朝。在政治与宪制领域,那些支持国王以及国王创建的特权政府这一新机制的人,以及那些支持议会和普通法的人,一开始只是在议会和法院里就他们之间的分歧展开论辩，后来却转移到战场上去抗争；并且，战争中的运气因素为国会和普通法带来了胜利。在纯粹的法律领域，我们看到了与宪制之争相类似的情形，人们就“普通法及普通法院与其竞争的法院及法律机构之间，谁具有至高无上的地位”的问题，展开了争论。与普通法院展开竞争的这些法院及法律机构是在16世纪及17世纪早期发展起来的。梅特兰在其著名的里德讲座《英格兰法与文艺复兴》中提到：在16世纪，这些与普通法院竞争的法院和法律机构正威胁着普通法的存在。我不赞成这一说法，因为我们已经看到，都铎王朝的君主们一直在维持并强化英格兰这一国家在中世纪确立的制度以及它所依据的中世纪普通法。① 当时，普通法院十分忙碌；并且，在整个16世纪，普通法学家们在很多领域一直十分活跃。但我认为，在16世纪与17世纪早期，普通法至高无上的地位无疑正处于危险之中。如果国王赢得了宪制之争，所有与普通法竞争的那些法院就将繁荣发展，并侵蚀普通法院的司法管辖权，因为司法管辖权之争的最终裁决者曾经一直由国王充任。由于这些法院已继受了罗马法的规则与理念，因此，它们本应更多地将这些理念引入英格兰法律体系之中。更为重要的是，海事法院的法官亨利·马丁（Henry Martin，1562—1641年）爵士曾说道：长期议会的召开标志着特权政府的终结，那很有可能“敲响他所从事职业的丧钟”②，他的这一说法意味深长。只有在议会的胜利变得笃定之后，普通法至高无上的地位才得到保障。

在那些与普通法院展开竞争的法院及法律机构之中，衡平法院及初生的衡平法体系是唯一能证明自己在对抗普通法院与普通法方面取得了良好效果的法院；并且，由于衡平法院取得了成功，因此引起了这样的后果：英格兰法被划分为衡平法与普通法

---

① 前文第94~95、97页。

② S. P. Daw.（1640－41），197，ccccIxxiv，67.

这两个不同的法律系统。在与其他作为竞争对手的法院的斗争中，普通法取得了全面的胜利，它之所以能赢得胜利，很大程度上要归功于爱德华·柯克的贡献。但如果没有都铎王朝的统治者以及枢密院的工作，即使爱德华·柯克也无法赢得这一胜利。因为正是都铎王朝的统治者们恢复了国家的权力，让普通法的机器正常运转，并且，他们使普通法的规则现代化了。对此，梅特兰说道：

> 莫名其妙的是，英格兰很勉强地让自己卷入到了一场调和法的永恒性与社会持续进步的张力的图谋之中。古老的中世纪刑法之所以能保留下来，是因为星室法庭的一个法庭弥补了其缺陷；古老的私法得以保存下来，是因为衡平法院正为其编排一个附录；陪审团审判这一制度之所以能得以保留、发展并获得改进，是因为其他的审判模式将其限定在恰当的范围之内。因此，我们古老的法律保持了连续性……如果我们将眼光投向国外，就会为下一看法找到好的理由，即如果没有这些制度，我们这一守旧民族的法律将无法在缺乏自身资源的情况下满足新时代的需要，并最终走向崩溃；并且，由此而导致的邪恶的混乱将为罗马法学以及专制理论腾出空间。因此，我们要说的是：衡平法拯救了普通法，星室法庭拯救了宪制；即使在这一悖论之中，也存在着某些真理。①

在下一讲中，我将对建构我国现代衡平法体系的人作一些介绍。并且，在再下一讲中，我将论述爱德华·柯克爵士的事业，讨论他如何将中世纪的普通法转变成现代普通法，以及他是如何处理普通法在这个国家中的地位的。

---

① Frederic William Maitland, *The Collected Papers of Frederic William Maitland* (ii), H. A. L. Fisher, ed., Vol. I, Cambridge University Press, 1911, pp. 495 – 496.

第五讲

圣·杰曼、莫尔、埃尔斯米尔与培根

《托马斯·莫尔的肖像画》(Sir Thomas More),德国画家 Hans_ Holbein the Younger(1497/1498—1543)创作于 1727 年。

弗朗西斯·培根爵士肖像画(Francis Bacon,1561—1626 年),弗兰德画家 Paul van Somer Ⅰ或者 Frans Pourbus the Younger 创作于 1617 年。

圣・杰曼、莫尔、埃尔斯米尔与培根，这四位先生是现代英格兰衡平法制度的创始人，他们奠定了衡平法在英格兰法中的地位，确立了衡平法的运作程序，明确了衡平法与普通法及组成整个英格兰法律体系的其他法律之间的关系。

众所周知，普通法历史的典型特点是其具有连续性，但缺乏连续性却是早期衡平法历史的典型特点。毫无疑问，衡平法的最本原性思想——“法律应得到公正的实施”“应尽可能地避免疑难案件”——在许多法律体系的整个发展阶段都会出现；[①]并且，这种本原性思想自然而然地融入了中世纪的另一思想之中，即通过法律手段（甚至不管有无法律）实现正义，是所有统治者与君主都希望实现的理想。在中世纪的英格兰，人们将这一理想付诸法律实践。衡平法的发展过程大致可分为两个不同的阶段：第一阶段是在（或借助）普通法院适用衡平法，第二阶段是在（或借助）枢密院和衡平法院适用衡平法。

第一阶段结束于14世纪上半叶。在14世纪下半叶及15世纪，普通法逐渐演变成了一个固定的、僵化的法律体系，与国王的联系变得越来越不紧密，并因此与国王行使的专断权之间的联系越来越少，有时甚至与之对立。但国王的专断权却是对普通法进

① Frederick Pollock, “The Transformation of Equity”, in P. Vinogradoff (ed.), *Essays in Legal History*, Clarendon Press, 1913, pp. 287 – 289.

行衡平性修正的基础，因此，衡平法在一开始时是由与国王关系密切的枢密院与枢密大臣行使的，因为国王正是假他们之手行使自己的行政权力与特殊司法权的。

在衡平法的历史上，第二阶段与第一个阶段相比，在三个重要方面产生了很大的不同。第一，衡平法的产生是由普通法日渐僵化这一典型特点引起的，其之所以能获得发展，也是建立在这一条件基础之上。其时，普通法已不再能发展出早期曾拥有的衡平原则。普通法在实体和程序两方面存在的缺陷状态，以及英格兰当时所处的纷乱状态，一方面使普通法繁琐的程序变得毫无价值，另一方面甚至使诉讼当事人能滥用普通法的缺陷，导致不公正现象的产生，这就引起了这样一种需要：在普通法之外（甚至与普通法相对立），创制一系列衡平原则。第二，由于衡平法原则主要是在普通法院之外且主要由神职的枢密大臣发展起来的，因此，与其曾经在（且经由）普通法院获得发展的情形相比，它对普通法的妨害更直接，且更加有恃无恐。第三，这些神职的枢密大臣发展衡平法所依据的理论，与培根描述的、13 世纪和 14 世纪早期普通法学家们实施衡平法所依据的理论，以及教会法的法官们的衡平理念所依据的理论，已经或多或少地存在差异。关于这第三点差异，我们需要作一些解释。

13 世纪和 14 世纪早期的普通法学家们是在宽泛的意义上使用“衡平”一词的，其中包含有抽象正义之类的东西。而与此同时，神职的枢密大臣们却将“衡平”置于更严格的理念基础之上，即认为，法庭应强制每一个诉讼当事人履行理性与良心指示的、人们在此种情况下应承担的所有义务，他们相信，理性与良心一定能确定如何及何时矫正由法律的一般性而产生的不正义。[①] 在将神法与自然法——神职的枢密大臣认为衡平法建立在上述两

---

① Paul Vinogradoff, “Reason and Conscience in Sixteenth Century Jurisprudence”, *L. Q. R.*, xxiv, 1935, p. 379.

者基础之上——的诫命应用于每一个个案时，神职的枢密大臣认为，他们并非这些诫命的发明者，而不过是实施者。因此，他们拥有的衡平法管辖权不过是15世纪教会法学家们广泛承认的理念的一种应用：这些教会法学家们认为，在宇宙之间，只有合乎道德的政府才能实施国家的法律；神法或者自然法抑或理性法必须得到遵守，这些法以良心为中介，要求（并使得）抽象的正义在每一个个案中都得到实现，（如果有必要的话）即使以牺牲国家法为代价也在所不惜。按照这一理论，这些法到底能在多大程度上干预国家的法律，要看人们在支配国家的各种各样的法律渊源之间如何划界。按照如此划界而得到的衡平法自然是"非常松散而自由的，范围非常广泛，且很含糊"。但按照如此方式划分的、由枢密大臣实施的衡平法如此受人们欢迎，以至于在15世纪后期及16世纪，我们开始看到，不同的衡平法院如雨后春笋般地出现，这些法院拥有自己的行政人员、自己的一套独特的程序。当然，随着衡平法院的发展，这一新的法院与普通法院之间的摩擦逐渐增多，并且，这一时期的作品向我们揭示，这一摩擦在16世纪的前四分之一世纪已变得非常频繁。①

衡平法历史的第二阶段是随着亨利八世当政时期的宗教改革运动兴起而告一段落的。那一运动的间接后果之一是：它开启了衡平法发展的第三阶段，在这一阶段，此前的神职枢密大臣逐渐让位给英格兰法学家。② 然而，幸运的是，那些神职枢密大臣依据的衡平法原则已经在圣·杰曼的《神学博士与普通法学徒之间的对话》（*Dialogues between the Doctor and the Student*）一书中得到了总结，③并能够为英格兰法律人所理解，因此，第二阶段和第三阶段之间的更大的连续性得到了更好的保障。与此同时，那些在

① 后文第108～109页。

② 后文第110页。

③ 关于这本书，可参见后文第111～112页。

普通法的律师会馆中接受教育、开始主持衡平法院的英格兰法学家们倾向于让那些在衡平法院实施的衡平法与普通法的发展保持密切的关系,并试图改善两者的关系,至少试图避免两者之间的公开冲突。但由于此前两者差异的根源仍存在,在17世纪初,两者间的旧矛盾又以新的形式爆发,具体表现为柯克与埃尔斯米尔勋爵之争。詹姆士一世以有利于衡平法院的方式解决了这一冲突,其结果是:自此以后,衡平法院变成了与普通法院平起平坐的法院,在某些方面甚至压过普通法院一头。[①]

这些发展将我们引向衡平法发展史的第四阶段。在这一阶段,衡平法变得越来越不像一个以辅助、补充普通法为己任的原则(体系),为了实现个案正义,在有些时候,普通法甚至被摆到了一边;在某些案件中,衡平法变得越来越像一个以确定的方式补充普通法不足的稳定的规则体系。在17世纪上半叶,我们可以看到这一变化的出现。

培根——埃尔斯米尔的接班人——从理论上确立了衡平法院的运行程序,在19世纪法院改革之前,这一程序一直在使用。并且,衡平法院运行程序的确立是衡平法原则得以确立的前提条件。但直到17世纪后半期,这些已确立的原则在其发展过程中仍受到了议会与普通法成功的阻挠,因为议会质疑枢密大臣实施的衡平法与国王的关系过于密切,而且,普通法学家们对衡平法院曾借埃尔斯米尔和詹姆士一世之手挫败他们仍耿耿于怀。

中世纪神职的枢密大臣们实施的衡平法在很大程度上建立在教会法基础之上,在宗教改革后,由世俗的法学家担任衡平大法官实施的衡平法则很少借鉴教会法,但在论证衡平法系统存在的正当性理由及在法律体系中的地位时,人们最终仍需诉诸教会法学家们的观点,因此,衡平法史上的两个不同阶段之间的连续性得以

① 后文第111~112页。

保持下来，这要归功于英格兰衡平法体系的首要奠基者圣・杰曼的工作。

圣・杰曼[①]大约生于1460年，卒于1540年，是内殿律师会馆的出庭律师。他饱读英格兰法和教会法，并对那一时代的宗教争端感兴趣。他对英格兰法和教会法的知识与兴趣引导着他研究衡平法的发展，因为衡平法一直是在神职大法官和教会法的影响下发展起来的，并且目的是矫正和补充英格兰普通法规则之不足。他以两篇对话的形式表达了自己的观点，参与对话的一方是一位表达教会法和衡平法观点的神学博士，另一方是一位代表普通法的学徒。这本书以《神学博士与普通法学徒之间的对话》之名而广为人知。第一篇对话最初以拉丁文的形式出版于1523年，目前尚未发现有副本存世，1528年发行了第二版。第二篇对话以英文的形式出版于1530年，并且，在1531年，第一篇对话在修订之后以英文版的形式再版。1532年，圣・杰曼在这两篇对话的英文版之外又添上了附录，予以再版。而且，这两篇对话在之后的年代里有很多版本出现。

从以下事实，我们可以看出，这是一本非常重要的著作：直到布莱克斯通那一时代，它几乎被每一位研究衡平法的作者引用。这本书如此重要，原因如下：首先，在第一篇对话的英文版中，作者以教会法学家的口吻将衡平法系统存在的理由以通俗易懂的形式展现出来。根据那一学说，衡平法系统存在的主要原因是普通法的抽象程度太高——“由于法律意图调整的人的行为方式无穷，因此，无法创设任何一般性的法律规则。因为在一些情况下，这些一般性的规则经常会失效”。但这种不公正如何得到修正？教会法学家们从良心之中找到了答案。他们认为，良心一定能够确定，由普通法的高度概括性而引起的不正义如何得到矫正，及

---

① William Searle Holdsworth, *A History of English Law* (v), London: Methuen & Co. Ltd., 1924, pp. 266 – 269.

何时得到矫正,良心是引导衡平法原则应用于摆在大法官面前的疑难个案的重要中介。[①] 圣·杰曼对这一理论予以了进一步阐释,使它成了英国衡平法系统的基石和出发点。其次,这本书出版的时机恰到好处,它出版于神职的枢密大臣主导衡平法院的末期和普通法学家主导衡平法院发展的初期。因此,这本书有助于衡平法在发展过程中保持连续性。最后,这本书以一种喜闻乐见的形式将教会法的原则表达出来,对于这些原则如何作用于许多不同的英格兰法律规则,本书也作了详尽的描述,这方便了这些原则按本土化路线向前发展。圣·杰曼针对教会法原则所做的事情,就像布雷克顿针对罗马民法原则所做的事情,两者都是使外国的原则适应英格兰的环境。[②] 两者都是通过对外国法进行改造,从而推动法律的本土化发展,且两者都没有具体接受某个外国法。

圣·杰曼的著作表明,普通法与衡平法之间的关系一定非常紧密。如果衡平法要救济因普通法规则过于概括而引起的不正义现象,衡平大法官就必须确定普通法的规则是什么。事实上,亨利六世以来的年鉴已揭示,在疑难案件中,枢密大臣(衡平法院大法官)很乐意听取高级律师和法官就特定案件中如何方便地介入普通法的问题而进行的论证。[③] 在15世纪末期,尽管普通法院的法官们对衡平大法官动辄干扰普通法规则的应用存在一些职业性的反感,但从总体上看,普通法与衡平法之间的关系仍非常和谐。然而,红衣主教沃尔西(即 Thomas Wolsey)多少有些专横的做法扰乱了这一运行良好的安排。从枢密院选出的一些批判

---

① Paul Vinogradoff, "Reason and Conscience in Sixteenth Century Jurisprudence", *L. Q. R.*, xxiv, 1935, pp. 378 – 379.

② 前文第26~29页。

③ William Searle Holdsworth, *A History of English Law* (v), London: Methuen & Co. Ltd., 1924, pp. 220 – 222.

沃尔西的文章中，我们可以看到当时的人们对沃尔西侵犯普通法院司法管辖权、蔑视一些普通法院法官的投诉。① 衡平法和普通法之间的敌意日渐增强，我们可以从当时的人们因《神学博士与普通法学徒之间的对话》一书的出版而引发的口舌之争看出这一点。那本书阐述并证明了衡平性介入普通法的必要性。对此，曾有高级律师进行过回击，证明如此地介入根本没有必要。对于这一回击，又有人通过名为"浅议传唤令状"（The Little Treatise concerning Writs of Subpoena）的文章再次予以了反驳。在这篇文章中，作者对衡平性介入普通法的必要性再次予以了说明，并加以了证明。②

普通法学家是一个强大的群体，同时在下议院中有着举足轻重的影响。亨利八世清楚地知道，除非能获得下议院的支持，否则他无法推行他的婚姻和宗教政策。亨利八世为了安抚普通法学家，并且，为了赢得他们的支持，任命了英格兰衡平法体系的第二位奠基者——托马斯·莫尔爵士③——作为沃尔西的继任者，莫尔是一位杰出的普通法学家，并且是一位普通法院的法官之子。托马斯·莫尔爵士被任命为衡平法院大法官一事，成了衡平法历史上的一个重要转折点，它标志着衡平法的实施者由神职的教会法学家转向世俗的普通法学家。衡平法实施者的这一变化在普通法与衡平法之间搭建起了桥梁，恢复了它们之间的和谐关系，并确保了两者之间的关系是一种伙伴关系。除我随后将讨论

---

① William Searle Holdsworth, *A History of English Law* (v), London: Methuen & Co. Ltd., 1924, p. 219；有关这方面的文章，可参见 Edward Coke, *The Fourth Part of the Institutes of the Laws of England*, London: Printed for E. and R. Brooke, Bell-Yard, near Temple-Bar, 1797, pp. 89 – 95。

② 这些文章被哈格雷夫编入《法律论丛》，并出版。参见 Francis Hargrave, *Law Tracts*, London: Macmillan and co., 1787, pp. 323 – 355；也可参见 William Searle Holdsworth, *A History of English Law* (v), London: Methuen & Co. Ltd., 1924, pp. 269 – 271。

③ William Searle Holdsworth, *A History of English Law* (v), London: Methuen & Co. Ltd., 1924, pp. 223 – 224.

的、发生在柯克与埃尔斯米尔之间的著名争论之外,如梅特兰指出的,这两种法律之间的关系一直很和谐。[①]

托马斯·莫尔爵士高尚的人格使他在任何时候都是一位理想的衡平法院大法官,那使他特别适合担任这一极具挑战性的职位。他心地纯洁,公正严明,快刀斩乱麻般地清理了他所在法院的陈年旧案。他还很平易近人,并立下规矩:除非他认为原告提出了可信的控诉理由,否则不得轻易派发传票。当他听到普通法院的法官们仍在抱怨,禁制令签发得太频繁、因而妨碍了当事人在普通法院打官司时,他邀请这些法官共进晚餐,解释他的行事原则。他向他们解释说,如果不降低普通法僵化的特点,他就必须签发禁制令,"以便减轻人民的损失"[②]。他任职期间的主要成果是:在接下来的半个世纪里,衡平法院与普通法院之间的和谐关系得到了恢复。正是由于这些原因,我们必须将托马斯·莫尔爵士尊为英格兰衡平法体系的第二位奠基者。

在16世纪末和17世纪初,普通法院和衡平法院之间的争吵又一次兴起:部分是由于柯克声称,必须由普通法和普通法院单独确定所有与之竞争的法院的司法管辖权范围;部分是由于法学家们在宪制问题上存在分歧——普通法学家们主张普通法至上,而另外一些法学家则主张"特权至上";部分是由于这一无可辩驳的事实——除非衡平法能阻止那些试图不公正地运用自己法律权利的诉讼当事人,否则,其不能恰当地起作用;并且,部分与两位主要争论者——柯克和埃尔斯米尔——的个性特点有关。埃尔斯米尔通过战胜柯克,从而证明了衡平法有权作为一个独立的法律体系存在,并由此解决了衡平法与普通法之间的关系。正

---

① Frederic William Maitland, *Equity: A Course of Lectures* (2nd ed.), Cambridge University Press, 1909, p. 17.

② William Roper, The Life of Sir Thomas More, Kessinger Publishing, 1817, p. 31.

是由于这些原因，我们将埃尔斯米尔尊为英格兰衡平法体系的第三位奠基者。

托马斯·埃杰顿（Thomas Egerton，1540—1617 年）爵士，即埃尔斯米尔勋爵，担任枢密大臣长达 21 年（自 1596 年至 1617 年）。[①] 埃尔斯米尔远非只是一名纯粹的法学家，伊丽莎白曾向他请教内政与外交政策问题；并且，在詹姆士一世统治时期，埃尔斯米尔勋爵顽固的保皇倾向确保了他在法院拥有持续的影响力。他一直想阻止议会讨论国王的征税权问题，并想赋予出庭宣告（proclamation）很高的权威，即比普通法学家们容许的权威更高。并且，无论是基于政治方面的理由，还是基于职业方面的理由，他都坚定地反对柯克试图限制衡平法院发布禁制令的企图，因为衡平法院试图通过发布禁制令，限制诉讼当事人到普通法院打官司；纵使普通法院作出了判决，衡平法院也试图限制其判决的执行。埃尔斯米尔为完善衡平法院与星室法庭的人员配置及办案程序呕心沥血，并且，在他的法院里，他是一位严格执行纪律的人。同时代的人认为，他是一位非常伟大的法学家。富勒（Thomas Fuller，1608—1661 年）就说过："在整个基督教世界里，找不出比托马斯·埃杰顿爵士举止更严肃、庄重的人了，以至于如此多的人涌向衡平法院，目的只是一睹其庄严的法相……然而，其庄严的外表远不及其内在的能力、敏捷的才思、可靠的判断以及伶俐的口齿。"[②]正因如此，在调和普通法学家们的职业意见与国王支持衡平法院的决策之间的关系时，他感觉到人们很敬重他，这可能是非常重要的因素。

---

① William Searle Holdsworth，*A History of English Law* （v），London：Methuen & Co. Ltd.，1924，pp. 231 – 236；此处引用的内容也可参见 William Searle Holdsworth，*A History of English Law* （i），Boston：Little Brown And Company，1922，pp. 461 – 465。

② Thomas Fuller，*The History of Worthies of England* （ed. 1662），London：Hardpress Publishing，p. 176.

柯克与埃尔斯米尔就衡平法院是否有权发布禁制令以对抗普通法院的诉讼或阻止普通法院的判决得到执行展开了激烈争论，这一争论在詹姆士一世时期达到顶峰。詹姆士一世首先向培根、接着向总检察长以及其他法律顾问询及此事。这些人建议说，从亨利七世统治时起，就有一股强大的、由赞成发布禁制令的权威组成的潮流，并且，甚至在有些案件中，法官自己都建议当事人去衡平法院寻求救济。在听了这些建议之后，詹姆士一世发布了一个支持衡平法院的命令。普通法的法学家们确实想通过立法的形式推翻这一决定；并且，在爆发大叛乱（即英国内战）、英格兰的宪法体制遭到破坏时，衡平法院的存在一度确实受到了威胁。但詹姆士一世的决定显而易见非常英明，他需要衡平法院，这一点很明确，并且，直到大叛乱爆发时，普通法院与衡平法院都配合得很好，这一方面便利了诉讼当事人，另一方面也有利于法律的发展。这一事实如此明显，以至于英国进入共和体制之后，都不能完全废除衡平法。在王政复辟时期，人们悄悄地恢复了根据詹姆士一世的命令而赋予的衡平法的地位。直到 17 世纪末，虽然仍有少数普通法官一直提出异议，但这些反对不过徒具学术价值罢了。

甚至对于普通法来说，这都是很幸运的。如果普通法成功地削弱了所有竞争对手，使它们变得无关紧要起来，那么，普通法将面临相当大的危险，会像 15 世纪受威胁时那样，变得墨守成规起来，因 16 世纪的健康竞争而产生的发展也许会戛然而止。对于英格兰法这一整体来说，这同样非常幸运。因为即使普通法持续发展，也会出现许多新的所有权关系、社会关系以及商业关系，使普通法机制无法可靠地规制。我们只要考察一下信托法、抵押法、监护法、合伙关系法、资产管理法等法律的发展状况，就会明白，我的上述论断显然是正确的。如果我们只是通过普通法机制来处理上述这些法律关系，则所有这些法律分支就不可能发展起来。如果法院的运行机制仅仅只是在普通法学家们的把持之下才能运行，则这些法律分支借衡平法之手而获得发展的机会也会受到阻碍。

在当时，衡平法非常幸运地保住了自身的独立地位，与之紧密相关的是，它还非常幸运地获得了埃尔斯米尔勋爵的朋友与门徒、英格兰最具有哲学家气质的法学家——弗朗西斯・培根——的指导与支持。培根巩固了埃尔斯米尔已取得的胜利成果，在既定的道路上对衡平法的发展给予了很大的推动，并与普通法的规则协调起来。自从由法学家担任衡平大法官以来，并且在最近的争论之前，在16世纪的绝大部分时间里，衡平法一直在悄悄地发展。培根是第四位、同时也是最伟大的英格兰衡平法体系的奠基者。

弗兰西斯・培根①出生于1561年1月22日，是伊丽莎白当政（1558—1579年）的前21年担任掌玺大臣的尼古拉斯・培根（Nicholas Bacon，1510—1579年）最年幼的儿子，曾在剑桥大学三一学院和格雷律师会馆接受教育。1587年和1599年，他曾担任格雷律师会馆的讲师；他所做的用益法（the statute of uses）讲座是当时最好的讲座。1584年，他成了议会中的一名议员，但他在议会中的表现冒犯了伊丽莎白女王，因此，在伊丽莎白统治期间，培根没能得到任何实质性的晋升。尽管如此，培根在专业方面却不断取得进步，我们可从其被任命为女王的法律顾问这一事实看出这一点——他的这一任命成为英格兰任命王室法律顾问的开端。② 同时，他还受雇从事国家公诉活动，在起诉他的朋友兼恩人埃塞克斯伯爵（Earl of Essex）的诉讼中，他发挥了重要作用，这一

① William Searle Holdsworth, *A History of English Law* (v), London: Methuen & Co. Ltd., 1924, pp. 238 – 254.

② William Searle Holdsworth, *A History of English Law* (vi), London: Methuen & Co. Ltd., 1924, pp. 472 – 476.

点一直受到时人及后人的诟病。1607 年，培根被任命为副总检察长，并且在索尔兹伯里（Robert Cecil Salisbury，1563—1612 年）去世后，毛遂自荐继任财政大臣，但他没能成功地谋得这一职位。1613 年，他担任总检察长；1617 年，他被任命为掌玺大臣。在接下来的一年，他又成了衡平法院首席大法官，并被封为贵族。1622 年，他被下议院指控犯有贪污、受贿等罪行，他很快就认罪。在生命的余下时光里，培根致力于从事一生都未曾间断的哲学研究工作。1605 年，他出版了《学术的进步》（*The Advancement of Learning*）；1620 年，出版了《新工具》（*Novum Organum*）；1623 年，出版了《论进步》（*De Augmentis*）。1626 年，培根辞世。

培根素有远大抱负，立志引领同时代的人实现自己的价值。作为一个关注人类福祉的哲学家，作为一个思考如何解决那一时代政治难题的政治家，作为一个关注法律改革难题的法学家，培根从未放弃自己的这些理想，他乐观向上的气质特征也绝不允许他一遇挫折即心灰意冷。但对于当时统治这一国家的人来说，这些理想与抱负都太遥不可及了。培根给他们的善意建议通常会被拒绝，从来未被完全遵从过。但正是由于有了这些理想与抱负，培根才不仅是一位纯粹的学术探索者，他的心智中还存在非常务实的一面。他对法律的研究使他足以在律师会馆立足；并且，他希望借政治投机手段为自己在这个国家谋得一个自认为能胜任的高位。但在伊丽莎白和詹姆士一世统治时期的法院，此类职位只能通过阿谀奉承和诡计获得。为此，培根不得不屈服，他使用了一些狡诈的技巧，且未注意到这些（狡诈的技巧）对他的品格会带来致命的后果。由于培根的性格特点中有冷血的一面，因此，这些后果更为致命。其结果是：由于他不太在乎个人的名声，因此，他很快沾染了他所处社会的不良习气。众所周知，伊丽莎白时期的法院道德水准低下，詹姆士一世时期的法院道德水准更低。由于没有名声之累，且全身心地追求自己的理想，培根实施了一些没有远大志向但却非常在乎个人名誉者力图避免的行为。那是他实施那些在他的记忆里有很重的分量却导致他走向毁灭的行动的深层次原因。在他的眼中,为国家服务远比对埃塞克斯忠诚重要,故他启动了对好友兼恩人的叛国罪的起诉。他没有意识到,詹姆士一世时期的普通法院和衡平法院腐败透顶,他似乎也未认识到,他与他的法院中的其他官员收受礼物、任由白金汉公爵(Gerge Villiers,1st Duke of Buckingham,1592—1628 年)干涉法院审理的某些案件等做法都是非常丑陋的。他身不由己地陷入了那些后来饱受非议的活动之中,直至倾覆。在下议院对衡平法院的一些官员进行调查期间,作为衡平法院大法官的培根被指控犯有贪污罪,因而受到弹劾,培根很快认罪,最终被判处罚金和监禁——后来,国王赦免了其刑罚。他承认,对他的判决是公正的,但即使在作出该承认时,他仍对当初导致他倾覆的行为表现得麻木不仁。他认为,自己一直是一名公正的法官;他也没有认识到,他被定罪会成为未来谋取公职的障碍,他自信自己的名字将“流芳百世”。

纵使如此,培根最好的一面还是留在了他的作品之中,留在了他担任衡平法院大法官的成就之中,这使他成为英格兰法的塑造者之一。在一个法律人能够触及的所有领域——(1)作为律师,(2)担任大法官,(3)成为法律思想家,他都表现得非常出色。

1. 作为一名律师,培根将两种极其罕见的品格融合到了一起,即他不仅是一个雄辩的语言大师,也是精通法律的大师。培根的辩才毋庸置疑。无论是在下议院,还是在法院,他都是一个很受欢迎的人——那非同寻常。鉴于上议院有权运用召唤令(writ of assistance)召集他到上议院,下议院也曾考虑,是否应将总检察长纳入下议院的议员之列。最后,他们竟置未来的规定于不顾,决心吸纳培根为他们中的一员。本·琼森(Ben Jonson,1572—1637 年)曾谈及,作为一名律师,培根具有雄辩的口才,这一证言应当非常可信。本·琼森曾说过："为了毫无遗漏地听他的发言，听众们甚至都不敢大声咳嗽，更不敢心有旁骛。只要他一开口，即能抓住听众，法官的喜怒甚至为其所左右。每一个听他发言的听众都担心他的发言结束得太早，自己尚未过足耳瘾。"①作为一个熟练掌握法律的大师，培根的一系列论证是其熟练运用法律的充分证据。他对年鉴——白纸黑字的学问——非常熟悉；他以逻辑的力量与文学的风格统帅自己的论据和例证，这一点为同时代的法学家无法企及。培根有关英格兰法的论述以及其他方面的作品都被收录于斯佩丁（James Spedding，1808—1881年）汇编的《培根作品集》的第七卷之中。

2. 至于培根担任衡平法院大法官时的判决，约翰·里奇（John Ritchie）先生收集的培根判决可以告诉我们一些东西。② 这些判决说明，在当时，社会需要一个具有衡平性司法管辖权的法院存在，它能阻止普通法院作出的邪恶审判。这些判决同时还说明，衡平法是紧紧伴随着普通法发展起来的，如果用非常正式的术语表达就是：它非常适合对人之诉——在一个案件中，培根修正了普通法院的判决，因为撇开本案其他情况不谈，这一案件的被告是"一个抚养了八个孩子的寡妇"。同时，从培根的一些判决中还可看出，在当时，衡平法院开始遵循先例，因此，一些独特的衡平法学说开始涌现。培根的这些判决取自官方记录，具有官方记录常见的非个人性特点。如这一时期的其他衡平大法官审理的案件一样，在培根审理的案件中，没有可以向大家报告的、用以支撑判决的理由。但通过培根自己的作品，我们确实对培根的

① 引自 Richard William Church, *Life of Bacon*, New York: Harper & Brothers, 1884, pp. 265 - 266；另外可参见 James Spedding, *Letters and Life of Bacon* (i), London: Longman et al., 1860, p. 268。

② 有关培根断案的案件报告来自于法院的记录，参见 W. S. Holdsworth, "Francis Bacon's Decisions", *L. Q. R.*, 1933(49): 61 - 69。

成就有了更多的了解，比对定期法律报告出现之前的其他大法官的成就了解得更加深入。

首先，培根在一定程度上恢复了普通法与衡平法院之间的和谐关系。毫无疑问的是，他为衡平法院成功战胜普通法院做出了贡献，这让普通法学家们大为光火。在担任衡平法院大法官的就职演讲中，培根承诺，将严格规制禁制令。他仿效托马斯·莫尔爵士的做法，邀请普通法院的法官们共进晚餐，并讨论这一问题。在讨论的过程中，他向在座的法官们指出，柯克与埃尔斯米尔之间的争论在很大程度上是个人之争。他说道："以前的争斗不过是唇齿之争，既然当事人都不在了，事情当然就过去了。"[①]而且，他承诺，要重新审查普通法官们认为发布禁制令不当的那些案件。他说话算话，在之后的命令中，他禁止诉讼当事人滥用取得禁制令的权利，并且，他的措施明显获得了成功，因为普通法院和衡平法院之间停止了争吵。

其次，培根还承诺，要改革衡平法院程序上的一些问题，他通过发布一系列经过整理的命令，实现了这一诺言，这在很大程度上为衡平法院的活动设置了规则，到19世纪法院改革时止，这些规则一直都在应用。

最后，他还兑现了自己承诺的快速处理案件的诺言。在到衡平法院任职一个月之后，他便写信给白金汉公爵："在这些日子里，为了实现普遍的正义，我一直为王国的事务奔走，没有什么案子未得到审理。律师们也使出了浑身解数，所有的请愿书都得到了回应。"[②]同年十二月，他做了同样的夸口。[③] 没有任何证据显

---

① James Spedding, *Letters and Life of Bacon* (vi), London: Longman et al., 1874, p. 198.

② James Spedding, *Letters and Life of Bacon* (vi), London: Longman et al., 1874, p. 208.

③ James Spedding, *Letters and Life of Bacon* (vi), London: Longman et al., 1874, p. 283.

示,经他处理的案件在质量上有不令人满意之处。如培根自己承认的,他也确实准备从起诉人那里获取礼金,并且,至少在一起案件中,他也曾允许白金汉公爵对案件施加影响。[①] 但他收受礼金这件事可能没有妨碍他公正地作出判决。至少我们并未听说,经他判决的大量案件被继任大法官推翻。

因此,可以公允地说,培根在衡平法院中留下了自己的印记。作为总检察长,他在维护衡平法院的独立性方面起到了很大的作用,因此,保障了衡平法院的自由发展。作为衡平法院大法官,他帮助恢复了衡平法院和普通法院之间的和谐关系;并且,他依据前任发布的、散乱的命令创制了一套关于程序的法典,那构成了衡平法体系发展的先决条件。因此,培根巩固并完成了由托马斯·莫尔爵士开启的、由世俗的律师担任衡平大法官的工作。直到王政复辟之后,衡平法体系才得到迅速发展,这完全是由于政治方面的原因造成的。

3. 如《论进步》一书第八卷中的法律格言显示的,培根还是一位伟大的法律思想家。那些格言是人们曾经作出的、有关英格兰法最重要且最具法理意蕴的评价。我认为,作为法律思想家,培根的影响力主要体现在以下两个重要方面。首先,他为重塑英格兰法规则提出了一些宝贵的意见,虽说其中的一些设想在当时流行甚广,但在当时的政治背景下,它们不可能得到实现。即便如此,培根的意见仍显示出了不凡的预见力。他提议,对制定法进行重塑——他在这一问题上的一些想法很大程度上受到了成文法修订法案的影响;他建议编一本判例法的摘要——该建议未被人们采纳;他还建议为学习法律者编一本《法学阶梯》式的教材,这形成了一个类似于一个世纪之后、布莱克斯通编《英国法释义》的计划。他还提议创作另三本著作:一本叫作《古代法》(*de*

① 有关 Mr Heath 对 Dr Steward 案的详尽分析可参见 James Spedding, *Letters and Life of Bacon*(vii), London: Longman et al., 1874, pp. 579–588。

antiquitatibus juris)——从众多的法院审判记录中选择一些判例，汇编成法律史著作；一本叫作《法律规则大全》(*de regulis juris*)，解释潜于法律规则之下的一般性原则；还有一本叫作《法律术语大全》(*Terms of the law*)，即法律词典。其次，他还是一位伟大的法律教师，曾在格雷律师会馆担任讲师。由此，我们认识到，在一些老牌的律师会馆中，讲解法律的讲师水平很高，他们通过对不同的法律部门进行系统研究，总结出了一些原则，弥补了判例法系统的缺陷，这是一种非常有效的方式。培根关于"用益法"尚未完成的讲稿显示，他是一位伟大的法律教师。在我看来，唯一能与培根比肩的法律教师当属梅特兰——他们两人都是顶级的法学家，都通过文学和哲学方式阐明自己的法律思想。

培根曾说道，如果他提出的重塑法律的建议能得到实施，后人会把他看成是比柯克更优秀的法学家——他的这一自我评价也许是真的，但在当时，那些改革措施不可能得到实施，此外，由于他在当时的政治斗争中选择站在落败的一方，而且，那一斗争的影响范围一直非常广泛而持久，因此，培根作为法律思想家的优点在很长的时间里未得到人们的赏识。培根站在失败者一方，并不能说明他政治上无能，或者智力上有问题。毫无疑问的是，我们可以轻易地得出这样的结论——将詹姆士一世理想化为一个爱国君主是非常荒谬的；毫无疑问的是，我们同样很容易得出这样的结论——培根低估了议会的权力和能力。对于我们这些知道故事结局的人来说，得出如此的结论非常容易，但对于那些在都铎王朝的传统下成长起来的人来说，如此的结论并不容易得出。这一事实长期以来未得到人们的承认，造成了这样的结果：从上一世纪辉格党历史学家的角度看，那些站在17世纪政治活动中落败一方的人是不太正义的。我有时会想，在培根和麦考利勋爵(Thomas Babington Macaulay，1800—1859年)——他与培根一样，都是剑桥三一学院的成员——之间，也许可以组织一场有趣的“阴间对话”。但只有我们这些借助17世纪的多棱镜详尽无疑地探视17世纪政治的人，我们这些将那一世纪伟大的宪制之争视为法律问题的人，我们这些承认法律经常存在问题的人，以及我们这些同样能干且同样诚实的人，才可能站在培根的对立面——因此，我们最终能公正地将培根评价为一位政治家、一位法学家以及一位法律思想家。

如果伊丽莎白的继任者是一位赏识培根的国王，并且，如果他又采纳了培根的建议，则17世纪的宪制之争与司法权之争的结果如何，将是一个非常难以预测的问题。对于很多人来说，普通法学家和议会拒绝君主主权学说，试图缩减国王的权力，似乎是在拒绝两个伟大的、产生了现代国家并由此结束了中世纪无政府状态的文明机构——在很多人看来，议会和普通法学家似乎想回到他们提取先例的无政府时代。如果詹姆士是一位政治家，并且容许培根这样的人指导他，人们也许可以得出上述论断；但詹姆士并不是一位政治家，除了极端的保皇党人和范围狭窄的神职人员这一小圈子之外，他遇到了所有阶层的反抗。议会的反对派变成了一种国家性的反对派，这在都铎王朝时期从未出现过。它能把握住如此大好的良机吗？答案是：它可以并且也确实抓住了这一机会——议会和普通法学家能够揭示，现代国家可以按照“让议会分享权力”并“承认法律至高无上”这一路径来建构——这在很大程度上要归功于培根的伟大对手柯克。关于柯克其人及其在英格兰法未来历史中的巨大影响，我将在下一讲中探讨。

第六讲
爱德华·柯克爵士

威廉和玛丽签署了《权利法案》,稍早前威廉正式成为英格兰国王威廉三世,玛丽成为英格兰女王玛丽二世。英国画家 Samuel Wale (1721—1786)创作于 1783 年。

《英格兰王座法院首席大法官爱德华·柯克爵士》(Sir Edward Coke Lord Chief Justice),绘画创作于 1741 年,画家不详。

17 世纪前半叶是英格兰宪制史和法律史的转折点,因为当时已确定,英格兰政府由国王和议会构成,而不像大多数欧洲大陆国家那样,政府由国王单独构成。这是英格兰议会斗争的结果,它逐渐使议会成为这一国家的政府不可分割、永久的一部分,迫使国王承认对其特权进行的限制,并使议会可以自由地行使其通过斗争赢得的权力。因此,在随后的年代里,那些旨在影响宪法的修改、目的是最大限度地保障社会大众对执政的政府予以约束的政党,将他们自己的奋斗目标与 17 世纪的议会斗争联系起来,并宣称,那些反对斯图亚特王朝君主们的议会领袖是他们的先驱。19 世纪上半叶的辉格历史学家总是喜欢将那些争取议会改革的斗争与由 1832 年的改革法案引起的形形色色的其他改革看成是 17 世纪宪制之争的余绪。他们将议会党视为进步政党,将保皇党视为反对改革的政党。这一理解其实是一种误导。在 17 世纪上半叶,保皇党才是进步政党,并且是现代政治理念的代表;议会党才是抵制改革的,因为其灵感来自于已经逝去的中世纪,是以中世纪的法治概念作为其政治理念核心的。在当时的英格兰之外,中世纪的代表大会和中世纪的政府概念早已不知所终,并且,当时的经验似乎证明,由一个以军队为后盾、拥有最高统治权的君主所主导,加上训练有素的文职官员组成的政府是打击违法犯罪、促进贸易、鼓励研究——所有这些进步都促进了一种有序的文明向前发展——的最有效手段。那些支持国王扩张特权、赞成议会臣服于国王的人自以为是地将自己看成开明的思想家，他们宣称自己支持最现代、最新式的政治理论，批判那些拥护中世纪国家理念的人。他们认为，历史经验已经表明，中世纪的国家理念易导致无政府状态。正是由于有了国王的特权，都铎王朝才能控制这种无政府状态，并使英格兰成为一个秩序井然的现代国家。由此，人们得出结论：如果英格兰想要跻身欧洲文明国家之列，就必须增强英格兰国王的特权，因为在欧洲大陆的一些国家，国王的特权已得到加强。

议会的支持者持有中世纪的政治理念，与国王的支持者拥有现代的政治理念，两者之间形成了鲜明的对照；就像普通法的支持者拥有中世纪的法律理念，那些在新近设立、与普通法院竞争的法院里创设新法的法学家却拥有现代的法律理念，两者之间也形成了鲜明的对照；同时，普通法与普通法院的支持者拥有中世纪的理念，文艺复兴时代的人却拥有更为现代的理念，这两者之间也形成了鲜明的对照。梅特兰以其惯用的敏锐而辛辣的笔调第一次明确地指出了上述事实，他说道：

> 如果我们第一次被告知，在詹姆士一世统治时期，一个与莎士比亚、培根同时代的人，一个同样特别能干、学识渊博、在英格兰历史上留下了深刻印记的人，以特别认真而非反讽的方式说道（并且是反复强调与建议），某一以已经式微的殖民地法语写作的彻头彻尾的中世纪著作是“人们曾经写作的、关于人文科学最完美、最伟大的作品”，我们或许根本不会相信这是真的。然而，这正是爱德华·柯克爵士对托马斯·利特尔顿爵士写作的一本小书的评价。利特尔顿在1481年之前就已去世，他确非“文艺复兴之子”。我确信，一个值得如此颂扬的

> 演讲者一定能说服你，使你相信，在柯克的语言所暗示的下述问题上，一定存在人类的利益，尤其是对于说英语的人有价值的人类的利益。柯克的问题是：在一个众多的古老信条摇摇欲坠、所有的知识都发生了动摇的年代，在一个人们开始反抗（并且是有意识地反抗）前人的时代，这一学说（即普通法学说）是怎样的？为什么是这样的？这一学说体系，一个与我们所有人密切相关的学说体系，真的如此完美无缺，以至于柯克爆出了这一惊人之语，并向质疑这一学说体系的整个世界发出了挑战。①

柯克不仅"爆出了这一惊人之语"，而且在整个职业生涯中，通过自己的作品，成功地向未来的法学家们隐藏了自己"惊人的"成就：他使中世纪的普通法在与竞争对手的斗争中获得了胜利，不仅没有牺牲普通法包含的中世纪法律和政治理念，而且使其适于支撑现代国家的统治。正是由于这一原因，在所有英格兰法的塑造者中，柯克才是最重要的塑造者。

在这一讲，②我准备首先简要地介绍柯克的生平；其次，将对他的作品作一些评论；最后，对柯克的一生及其作品对英格兰法未来发展的巨大影响作一些说明。

一、柯克的生平事迹

柯克的职业生涯可分为三个明显不同的阶段。第一个阶段一直延续到1606年柯克被任命为法官；第二个阶段到1616年柯克被解除法官之职时为止；第三个阶段一直到1634年柯克辞世。

① Frederic William Maitland, *English Law and the Renaissance*, Kessinger Publishing, 1901, pp. 3–5.

② 这一讲的大多数陈述都可以在我的《英国法律史》第5卷中看到，参见 William Searle Holdsworth, *A History of English Law* (v), London: Methuen & Co. Ltd., 1924, pp. 425–493。

柯克生于1552年2月1日，曾在剑桥三一学院和内殿律师会馆接受教育，1578年4月20日获律师资格。由于勤勉与好学，他获得了伯利的青睐，这使他平步青云。1592年6月12日，柯克被任命为副总检察长；1593年2月19日，柯克担任下议院议长；并且，从1594年5月24日到1606年，他一直担任总检察长之职。作为皇家法律官员，他具有双重身份：既是这一国家的官员，又是一名律师。“他曾是这一时期的国家官员”这一事实对他的知识视野产生了持久的影响。憎恨罗马天主教徒，尊崇王权，对叛国或煽动叛乱的人冷酷无情，是经历国家处于非常时期的英格兰人自然而然的特点。那些由于自己的官职而知晓女王和国家始终暴露于危险之中的人，上述特点尤为鲜明。柯克有着充满激情的性格，这使他在思想上和行动上经常走极端。这些个性特征常以夸张的形式表现出来，导致他对被控诉的囚犯特别凶狠，以致同时代者对他的行径都看不下去。在审判沃尔特·雷利(Walter Raleigh，1554—1618年)的过程中，塞西尔(即Robert Cecil)就曾经忍不住插话，打断柯克的发言，他说道：“好心的检察官先生，请不要过于不耐烦，让他把话说完。”对此，柯克回击说，塞西尔是在鼓励叛徒，然后“愤然坐下，不再说话，直到特派员敦促并恳请他发言①”。柯克还是一名法律官员，他的这一经历使他批准了一些后来被自己谴责为违宪的法案与学说——如有关实施酷刑的法案，②诸如捐赠与征收、③枢密院的承诺、④要求

① (1603)2 S. T. at p. 26.

② 作为总检察长，对于这些法案与学说是如何得到批准应用的，柯克作了记载。具体参见James Spedding, *Letters and Life of Bacon*(v), London: Longman et al., 1873, p. 93；也可参见William Searle Holdsworth, *A History of English Law* (v), London: Methuen & Co. Ltd., 1924, p. 185。

③ William Searle Holdsworth, *A History of English Law* (v), London: Methuen & Co. Ltd., 1924, p. 427.

④ William Searle Holdsworth, *A History of English Law* (v), London: Methuen & Co. Ltd., 1924, p. 450.

法官给出职权外的司法意见的习惯[1]等是否具有效力的学说。但在生命的任何时期里——无论在当时，还是在其他时期，他都认为普通法几乎是一个完美的体系，不仅英格兰人的公共权力和私人权利建立于其上，而且，英格兰国家的存在也依赖于它。

因此，当1606年被任命为民事上诉法院的首席大法官时，柯克获得了一个完全适合他的职位，因为他能借皇家法院大法官的身份贯彻他对普通法地位的一些看法。但在这些看法之中，非常糟糕地混杂着与普通法院具有竞争关系的众多法院——如星室法庭、衡平法院以及海事法院——的主张，并且，更糟糕的是，甚至混入了詹姆士一世关于解决管辖权冲突的主张，以及詹姆士一世关于他在这个国家享有特权地位的主张。按照柯克的观点，普通法是国家最高的法律；并且，法官应当不受法律之外的任何东西的约束和控制，是这一最高法律的唯一阐释者。但按照詹姆士一世的观点，法官与其他公务员一样，是从属于君主的官员；如有必要，君主可取代法官，可自己断案，因为国王的特权是当时的人们最终诉诸的手段。因此，作为司法官员，柯克的任期不可避免地打上了与国王发生一系列冲突的印记。他们在上述观点上的分歧决定了他们之间发生冲突的问题范围，并为柯克与议会中的反对派结盟铺平了道路。在1606年至1610年，在“教会法院与威尔士及北部地区委员会之间的司法管辖权的范围有多大”、“国王是否可以撤销普通法院的案件并亲自审判案件”以及“国王的诏书的恰当范围是什么”之类的问题上，柯克与詹姆士一世一直发生着冲突。

詹姆士一世不待见柯克，但他意识到，在如何处理柯克这一问题上，他必须小心谨慎。因为从个性特点看，柯克并非法院中的不受欢迎者——据说查尔斯王子就以与他交谈为乐。并且，很

① William Searle Holdsworth, *A History of English Law* (v), London: Methuen & Co. Ltd., 1924, p. 428.

明显的是,柯克对普通法的狂热崇拜是一种深刻的民族情感的反映。议会中的反对派领导人使用的论证使人们相信,在普通法中,存在丰富的原则,可证明诸如征收额外的关税、依据国王的命令将人投入监狱之类滥用权力的行为是非法的。作为一名法官,柯克的很多行为似乎印证了这一理念的真实性。柯克,这位最伟大的普通法大师,已从法官的角度证明,普通法是防止权力专断的最好手段,这为他赢得了巨大的声誉。

1613 年,根据培根的建议,詹姆士一世将柯克从民事上诉法院首席大法官的职位上调到王座法院任大法官。大概培根认为,如果将柯克从一个主要关心如何保障人民权利的法院调到一个主要关心如何照看好国王权力的法院,就可以减弱他的破坏力。从培根的这一建议可以看出,他对柯克的个性特点有一定的洞察。柯克具有律师性格,会全身心地投入到被聘任的、为之辩护的事业之中。但培根不了解这一事情:“普通法至高无上”的观念已成为柯克心中非常狂热的坚定信念,因此,柯克虽调任王座法院首席大法官,但结果却与培根的预想大相径庭。他三年的任期是以与国王的三场争执为标志的,其中最著名的争论是他与埃尔斯米尔爵士有关平衡法院管辖权的争论。如我们已知的,[①]在这场争论中,由于詹姆士一世的帮助,埃尔斯米尔爵士获得了胜利。1616 年 6 月 26 日,柯克被枢密院停职,枢密院禁止他继续从事巡回审判工作,命令他利用闲暇时间修改和纠正他的法律报告;1616 年 11 月 14 日,柯克被解职。

从 1616 到 1620 年,柯克一直希望自己能重新得宠。他的女儿和约翰·维利尔斯(John Villiers,1591—1658 年)爵士结婚,似乎为他的前途带来了转机,他有望获得维利尔斯的弟弟——权势熏天的白金汉伯爵——的奥援。但詹姆士一世意识到,自己与柯

① 前文第 111 ~ 112 页。

克在政治观点上存在巨大的分歧,因此,难以再次信任他,并授予他重要的职位。在1620年的议会中,柯克与议会中的反对派结盟,那是非常重要的一步棋,无论对议会,还是对普通法,都产生了巨大的影响:它巩固了议会与普通法之间由来已久的盟友关系,有助于议会支持人们狂热崇拜的普通法,并突出了17世纪宪制之争时的法律保守主义基调,那正是17世纪宪制之争的典型特点,也是它们取得成功的秘密。在1620年、1624年、1625年及1628年的议会中,柯克都担任议会中的反对派领袖。在他担任议员的最后一年——1628年的议会中,他实施了对英格兰宪法至关重要的工作;因为正是在这一次的会期中,在构思并通过"权利请愿书"——《自由大宪章》以来的诸多重要宪法性文件中首要的文件——的过程中,他起到了中流砥柱的作用。这一文件通过确保普通法至高无上的地位,从而保障了人民的自由。终其一生,柯克都认为,普通法是至高无上的,只需要明确地向所有人宣布,就足以保障英格兰人的权利。柯克职业生涯最恰当的顶点是将体现这一思想的宣言性措施植入到《法律全书》(*The Statute Book*)之中。

在生命中的最后六年里,柯克都是在退休状态下度过的。他自然仍是查理一世的怀疑对象,后者开始着手实施其特权政府计划。1631年,查理一世听说柯克准备出版一本书,于是命令掌玺大臣阻止其出版。查理一世为自己的这一行为给出的理由是,"他已被人民看成最伟大的神谕者,人民会被拥有如此权威者所做的任何事情(包括他所说的与所写的)误导",[1]这是柯克拥有巨大声誉的最好证据。

乍看之下,柯克的职业生涯似乎存在很大的不一致性:在柯克担任伊丽莎白和詹姆士一世时期的总检察长与后来担任首席

---

① S. P. Dom(1629 - 31),490,clxxxiii,18.

大法官这两段时期之间，似乎只有很少的共同点。在前一时期，他狂热地为特权辩护；在后一时期，他却试图限制国王的特权，因而失去了首席大法官的职位，使他在詹姆士一世和查理一世的议会中充当起了反对派的领袖。我认为，如果我们认识到，在柯克的整个职业生涯中，柯克一方面带有都铎王朝法学家兼政治家的特点，另一方面又以都铎王朝法学家与伊丽莎白时期政治家的眼光看问题，就很容易理解这种不一致性。加德纳大主教（Bishop Gardiner，1637—1705 年）告诉我们，托马斯·克伦威尔（Thomas Cromwell，1600—1666 年）曾当着亨利八世的面问柯克："君主决定之事具有法律的效力"（*quod principi placuit*）这句格言是否不适用于英格兰国王？——在这种场合，这是一个令人尴尬的问题。柯克回答说："的确，我知道，国王总是试图让别人将自己的意志当成法律，但我告诉他，应这样统治：为了让自己的意志变成法律，必须使自己的意志更加安定与平和；并且，以如此方式建立的政府必须与国民的特点相适应。"[①]这正是亨利八世和伊丽莎白女王的行事原则；并且，其政府承认法律的至高无上性。当然，一个承认这一原则的君王仍有非常大的权力空间，国家处于紧急状态时尤甚。但同样明显的是，在柯克的《自由君主制的真正法律》（*The True Law of Free Monarchies*）一书中，我们可以发现，他并没有给君主留下如此的活动余地。如菲格吉斯（John Neville Figgis，1866—1919 年）所言，这本书对君权神授学说"做了非常详尽的描述"[②]。但柯克一定会抵制国王试图实施这一理论的任何尝试，并用"普通法至高无上"取代"王权至上"，而且，他的这一抵制立场会不可避免地导致他与议会中的反对派结盟。

柯克本人及其所处时代的特点充分地解释了他在 17 世纪的

---

① 1 S. T. 588.

② John Neville Figgis, *Divine Right of Kings*, Cambridge University Press, 1914, p. 136.

法律和政治方面产生了巨大影响的原因,但不能说明柯克对英格兰法律的未来发展为何具有持久的影响。这一影响之所以持久,是由于这样的事实:柯克忠诚于普通法,那使他认为自己有义务忙里偷闲地重述普通法的主要学说。[①] 因此,要了解柯克爵士对英格兰法的未来发展具有持久影响力的原因,就必须详细地考察他的作品及其特点。

二、柯克的著作

无论从已经出版的作品还是从未出版的手稿看,柯克都是一位法律文学大师,他的阅读范围并不限于法律书籍。在中世纪历史问题上,他能引用巴黎的马修的作品;[②]他还曾读过威廉·卡姆登(William Camden,1551—1623 年)、兰巴德(William Lambard,1536—1601 年)——他那一时代重要的历史学家——的作品。[③]他能将民法、教会法与普通民法进行比较;[④]还能通过引用维吉尔[⑤](Virgil,即 Publius Vergilius Maro,约前 70—前 19 年)、贺拉

① 8 Co. Rep. Pref. xxxiv,引自 William Searle Holdsworth,*A History of English Law* (v),London:Methuen & Co. Ltd. ,1924,p. 456。

② Thomas Coventry,*Coke on Littleton*, London:Saunders and Benning,1830,43a; Edward Coke, *The Second Part of the Institutes of the Laws of England*,E. and R. Brooke, Bell-Yard,1797,p. 15.

③ 10 Co. Rep. Pref. xx; Thomas Coventry,*Coke on Littleton*,London:Saunders and Benning,1830,p. 168; Edward Coke, *The Fourth Part of the Institutes of the Laws of England*,London:Printed for E. and R. Brooke,Bell – Yard,1797,p. 63.

④ Thomas Coventry,*Coke on Littleton*,London:Saunders and Benning,1830,102a, 262a,352a,368a; 10 Co. Rep. Pref. xvii.

⑤ Thomas Coventry,*Coke on Littleton*,London:Saunders and Benning,1830,165; Edward Coke, *The Fourth Part of the Institutes of the Laws of England*,London:Printed for E. and R. Brooke,Bell-Yard,1797,p. 289.

斯[①](Horace,即 Quintus Horatius Flaccus,前 65—前 8 年)和乔叟[②](Geoffrey Chaucer,约 1343—1400 年)等人的诗句而使自己的作品变得活泼起来;同时,他还可以引用塔西佗[③](Publius Cornelius Tacitus,55—120 年)、西塞罗[④](Marcus Tullius Cicero,前 106—前 43 年)或武加大译本的《圣经》(*The Vulgate*)[⑤]等说明自己的观点。必须承认的是,对于这些非法律专业书籍和非法律专业的知识系统,他并不能形成批判性的认识。与他接受的法律一样,他接受的知识是他过于自信地从中世纪的知识之中获得的。他倾向于全盘接受布吕特(Brut)的传说,认为古代不列颠人说的是希腊语;[⑥]并且,他接受《正义宝鉴》的作者讲述的所有传说。[⑦] 毫无疑问,柯克的轻信对法律史来说一直非常有害,因为其后的法律人无法区分,他的著作哪些是建立在法规、纪录、年鉴或法律报告等可靠的权威性资料基础之上,哪些是建立在他对历史传说不加批判地接受的基础之上。

没有人会试图证明,柯克的作品是文学作品,但其作品确实具有一些文学性特点。柯克是一名有着高超技巧的状师(pleader),众所周知,要成为一名高超的状师,表达的精确性非常重要;同时,他还是一个拥有高超技巧的辩护律师(advocate),而

① Thomas Coventry, *Coke on Littleton*, London: Saunders and Benning, 1830, p. 141.

② Edward Coke, *The Second Part of the Institutes of the Laws of England*, E. and R. Brooke, Bell-Yard, 1797, p. 123.

③ Edward Coke, *The Fourth Part of the Institutes of the Laws of England*, London: Printed for E. and R. Brooke, Bell-Yard, 1797, pp. 129, 244.

④ Edward Coke, *The Fourth Part of the Institutes of the Laws of England*, London: Printed for E. and R. Brooke, Bell-Yard, 1797, p. 129; Foster's Case(1615) 11 Co. Rep. 60a.

⑤ Edward Coke, *The Second Part of the Institutes of the Laws of England*, E. and R. Brooke, Bell-Yard, 1797, p. 53. 此外还可见其他段落。

⑥ 3 Co. Rep. Pref. viii-x

⑦ 9 Co. Rep. Pref. i-v;前文第 47 ~48 页。

要成为一名具有高超技巧的辩护律师,则需要表达的清晰性。他能通过隽永的话语——如“好的辩护能拨动普通人的心弦”、[①]辞藻华丽的短语——如“令人愉悦的法理学之光”、[②]令人心潮澎湃的隐喻——如“英格兰法律好比金色的魔杖,所有的人类事业都必须经受其平等而公正的裁判”,[③]抓住听众的心。尽管他的叙事风格经常拖沓冗长,但从不模糊不清;并且,当他受到好的演讲主题激励时,常常会激发雄辩的口才——一个恰当的例子就是他对都铎王朝的政治家们解决公簿持有地产者的法律地位这一复杂问题的方式进行的总结:

> 但现在,公簿持有地产者站在一个可靠的基础上;他们既不用考虑封建领主是否不高兴,也不用随他人起舞,而是可以安全地吃、喝、睡。首先,他们只需特别留心如何寻找到一个重要的机会,以便切实履行其占有土地必需的义务与服务;接着,需要考虑客户的要求是什么;然后才是封建领主的喜好。由于公簿持有地产者知道自己是安全的,其持有的地产也没有危险,因此,他们不用顾忌封建主是否高兴。因为如果封建主对其的不满与日俱增,试图驱逐他,法律将为其提供多种救济手段:他可以选择要求法庭传唤封建主,也可以针对封建主提起请求赔偿之诉。在当时,人们已经能从不同的方面非常顺利地解决公簿持有地产者的法律地位问题。[④]

---

① Thomas Coventry, *Coke on Littleton*, London: Saunders and Benning, 1830, Pref.

② Thomas Coventry, *Coke on Littleton*, London: Saunders and Benning, 1830, Epilogue.

③ Edward Coke, *The Fourth Part of the Institutes of the Laws of England*, E. and R. Brooke, Bell-Yard, 1797, p. 240.

④ Edward Coke, *Compleate Copy-Holder*, London: Matthew Walbanck and Richard Best, 1644, p. 59.

柯克写了许多著作,如《制定法讲稿》(*Readings*)就是一本内容非常广博的入门性著作,一本关于保释和保释令状的著作;在他的全部短篇作品中,最好的作品无疑是《完全的依公簿持有地产者》(*Compleate Copy-Holder*)一书。到目前为止,在他的著作中,最重要的著作是他的《法律报告》和《法学阶梯》,因为它们对英格兰法律未来发展的全过程都有影响。柯克编辑的《法律报告》第一部分出版于1600年,第二和第三部分稍后出版。其余的八个部分出版于1603年和1615年之间,中间有短暂的时间间隔。第十二和第十三部分则是在他去世后的1655年和1658年出版的。在他在世时,这两部分尚未完全编好,因为其中的大部分内容不过是对案件的一些说明以及他所做的一些处理。这些东西对证明柯克毕生从事的工作及他的政治理念的演变过程非常有价值。尽管《法律报告》的后两部分包含一些重要的宪法案例,如"敕令案"(*Case of Proclamations*),但它们并不像柯克自己出版的《法律报告》前十一部分那样拥有权威性。

在柯克那一时代,关于法律报告应采取何种样式,人们尚未形成一致的看法。柯克汇编的报告形式多样。有时,他不过是将案例当作一个铆钉,以便将他对法律的概要性论述与某个特定的话题联系起来;[①]有时,他又会以精确的方式报告某个特定主题上的一系列案件。[②] 对于一些重大案件,他的报告介绍得非常详尽且充分;[③]而且,他经常会停下来插入一些评论,或提出自己的建议。毫无疑问,他有时会在自己阅读的作品中插入太多的东西。

---

① 例如,"阿瑟·布莱克摩尔案",参见 Arthur Blackamore's case(1611) 8Co. Rep. 156a; 又如"贝切尔案",参见 Beecher's Case(1609) 8 Co. Rep. 58a。

② 例如,4 Co. Rep. 21a – 32a(与公簿持有地产有关的案件); 4 Co. Rep. 39b – 48a(与上诉、控告这一主题有关的案件)。

③ 例如,"谢莉案",参见 Shelley's Case(1579 – 1581)1 Co. Rep. 88b。

培根曾说道，在柯克的报告中，有太多的属于自己的东西。① 写作《对柯克法律报告的评论》（*The Observations on Coke's Reports*）一书的作者发现这种情形非常严重。② 柯克报告的案例几乎成了普通法大全，既包括民法，又包括刑法。他对法律的所有部分都进行了审查，对古老的法律知识进行了重述，并且运用最近的法规和案例对古老的法律知识进行了修正。对于修正的方式，他还作了说明。因此，对诸如争取终身年金（perpetuity）之类的普通法规则的发展、对有关简约之诉（the action of assumpsit）的发展，以及对如何审理在国外签订的合同等新出现的诉讼形式，他都有所提及，且进行了论证。③

柯克的《法律报告》一方面向人们展示了普通法的伟大发展，另一方面向当时的人提出了这样的问题：如何运用这种在中世纪普通法基础上发展起来的现代普通法去教导学徒？由于一些较为陈旧的著作已变得不合时宜，柯克决定写作四本《法学阶梯》，以满足人们对现代著作的需要。

《法学阶梯Ⅰ》（*The First Institute*）——柯克在利特尔顿的理论基础上写作出来的——在风格上与另外三本明显不同，它等于将利特尔顿的理论引入现代，但其意义远不止如此。对利特尔顿提到的所有事情，柯克都予以了解释与评论，但很多思想并非利特尔顿原有的，因为柯克将自己读过的所有东西与他担任律师与法官时的所有经历都融入了这一著作之中。除了利特尔顿的语言提示的东西以外，本书实际上堪称一本事先没有规划好的法律百科全书。它显然不适合作学生的教科书——正如罗杰·诺斯

---

① James Spedding, *Letters and Life of Bacon*（v）, London：Longman et al., 1873, p. 86.

② 参见 William Searle Holdsworth, *A History of English Law*（iv）, London：Methuen & Co. Ltd., 1924, p. 478. n. 1。

③ William Searle Holdsworth, *A History of English Law*（v）, London：Methuen & Co. Ltd., 1924, p. 465.

(Roger North,1653—1734年)所说的,其中的评论"比待评论的语词更晦涩难懂"①。《法学阶梯Ⅱ》(*The Second Institute*)是对大约三十九部法规的评论,主要处理的是公法问题。《法学阶梯Ⅲ》(*The Third Institute*)处理的是刑法问题,《法学阶梯Ⅳ》(*The Forth Institute*)讨论的是法院管辖权问题。《法学阶梯Ⅲ》与《法学阶梯Ⅳ》的论述比斯坦福德(William Staunford,1509—1558年)、兰巴德(William Lambard)和克朗普顿(Thomas Crompton,1600—1660年)等人的著作——当时有关这些问题的教科书——要详尽得多。

《法学阶梯Ⅰ》出版于1628年,是四本《法学阶梯》中唯一一本柯克在世时出版的,直到1641年,其他三本《法学阶梯》才出版。我认为,原因很明显。《法学阶梯Ⅰ》处理的主题与当时宪制之争的关系非常遥远,而另三本在许多点上都触及了宪制之争这一主题。1628年,当《法学阶梯Ⅱ》与《法学阶梯Ⅲ》完稿时,柯克非常活跃的职业生涯行将结束;当《法学阶梯Ⅳ》完稿时,议会已解散,国家陷入了特权的控制之下。我们不能因为柯克被监禁在伦敦塔时苟且偷生而指责柯克。在当时,他仍将自己的所思所想记录了下来:直到拨云见日之日,这些东西才发表出来。这些《法学阶梯》在1641年出版之日,正是议会和普通法获得胜利之时,因此,人们将《法学阶梯》系列和《法律报告》一股脑地接受下来,视为对普通法的准确描述。但在上一世纪(19世纪),柯克的著作一直受到两个相互对立的法律思想流派——历史法学派和分析法学派——的攻击。

善恶到头终有报,只争来早与来迟。柯克过去常提醒历史学家,在进入法律领域时,应小心谨慎;②现在,历史学家们调转矛头指向柯克,他们认为,柯克对历史的理解经常不准确,歪曲了中

---

① Roger North, *Lives of the Norths*, London: Henry Colburn, 1826, I, p. 17.

② 3 Co. Rep. Pref. xiii.

世纪的法律。在这些批评中，自有一些真理性成分存在。柯克涉足历史领域的目的全都是要证明一些理论；毫无疑问，从这一目的出发而书写的历史毫无价值。但在批判柯克之前，我们首先必须分清：他是如何对待政治或半政治性案件的，以及他是如何对待其他类型案件的；其次，我们需要记住，柯克的目的是对他那一时代的法律（而非中世纪的法律）作出准确的说明。

1. 毫无疑问，在政治或半政治性案件中，柯克有时会表现得前后不一致；[①]并且，在有些时候，他急于证明自己手头的案件，会严重歪曲法律的权威。因此，在《法学阶梯Ⅱ》和《法学阶梯Ⅲ》中[②]，他陈述道，在指控沃尔西的起诉书中，包含这样一项指控：沃尔西企图颠覆普通法，并用民法和教会法替代它。事实是：受到质疑的起诉书根本不是指向沃尔西的，并且，在有关颠覆普通法的段落中，也采用了蔑视王权罪等法规规定的、所有起诉书使用的常见形式。柯克在攻击海事法院时犯了很多错误，这是众所周知的，因为普林（William Prynne，1600—1669年）在17世纪、马斯登（Marsden）在我们这一世纪（20世纪）一直在揭露这一错误。但在那些政治无涉的案件中，我认为，我们不能证明柯克的论述是不准确的。最具才干的反对柯克者——培根和埃尔斯米尔——虽然得到了国王的赏识，但却未能在柯克的报告中发现太严重的错误（当然，应排除那些政治或半政治的案件），应当说，他们比我们更了解他们那一时代的法律。培根承认，虽然柯克的法律报告“可能存在错误，并且，一些专断的、法律外的解决方案

① 前文第126页。

② 可参见 Edward Coke, *The Second Part of the Institutes of the Laws of England*, E. and R. Brooke, Bell-Yard, 1797, p. 626；以及 *The Third Part of the Institutes of the Laws of England*, p. 208；William Searle Holdsworth, *A History of English Law* (iv), London: Methuen & Co. Ltd., 1924, pp. 257 - 258。

需要更多的授权，但其中也包含有很多好的法律判决与裁定”；[①]《对柯克法律报告的评论》的作者作出了大致类似的评价。他说道：在柯克的《法律报告》中，一些报告非常糟糕，一些非常平庸，但更多的报告是非常好的报告。

2. 柯克不是在书写法律史，而是在阐述现代法。毫无疑问，在一些案件中，他的陈述与中世纪的权威论述不同，但对于随后的案件，他的论述却成为了权威。派克（Luke Owen Pike，1835—1915 年）曾指责柯克，说他歪曲了利特尔顿的文本，[②]但事实上，在利特尔顿的论述之后，柯克附上了托马斯·布莱恩（Thomas Bryan，？—1500 年）和威维瑟（J. Vavisor）的判决，以证明他的论述具有权威性。[③] 毋庸置疑的是，我们不能用这种方式证明他的所有论述，但在考察培根和埃尔斯米尔的评判之后，我们发现，柯克的很多论述可能都能证明。

现在，我们转向分析法学家们对柯克的质疑。尽管柯克运用的历史资料经常是非历史性的，但他仍是一个历史学派的法学家，他以夸张的形式将历史学派法学家的所有缺陷展现了出来。他对丑化法律的所有异常现象都作出了说明，这使他很少能想起，此说明与彼证明之间存在差异。另外，柯克具有历史学派法学家的所有优点。分析法学家们主要（或只是）看到了他们自己所处时代的一些理念，并倾向于拒绝所有与这些理念不一致的东西，视它们为无价值的。由于他们只是将自己的思想建立在为当代人提供便利这一基础之上，因此，这些分析法学家们的观点易于表面化。但历史学派的法学家们将过去出现的一些思想保留

---

① James Spedding, *Letters and Life of Bacon* (vi), London: Longman et al, 1874, p. 65.

② Howard W. Elphinstone, "Notes on the English Law of Marriage", *L. Q. R.*, 1889(5): 36.

③ Y. B. 5 Henry Vii, Pasch. Pl. 5, p. 3.

了下来，这些思想及建立于其上的规则与制度在未来的某一时刻有时又会展现新的价值。在政治投机分子倾向于肯定“拥有特权的个人或机构具有至高无上的地位、并高于普通法”之时，柯克仍坚持中世纪的“普通法至上”理念，并且，他论述的一些中世纪规则带有含糊性、不确定性特点，这又使普通法保持了一定的灵活性。

霍布斯，与柯克同时代的年轻人之一，是我们这一时代所有分析法学家中最伟大的一个。在《哲学家与英格兰普通法学者的对话》一书中，霍布斯运用了边沁和奥斯丁使用的、现代法律人熟悉的那些分析性武器攻击柯克。他们认为，法律不过是主权者的命令，并非虚构的理性之产物；法律应该清楚明白，以使每一个有一定理解力的外行人都能理解它。霍布斯的批评得到了菲兹詹姆斯·斯蒂芬的认可①——尽管没有完全得到奥斯丁的认可，但奥斯丁非常公允地说，对于柯克这一英格兰法律制度的大师来说，只有那些伟大的罗马法学家可与之相提并论。② 正如奥斯丁和边沁的理论得到了梅因的回应一样，霍布斯对柯克的批评也得到了黑尔的回应，后者非常熟悉英格兰法律史，这使他能恰如其分地质疑分析哲学家们的简单推理。

事实上，霍布斯只是看到了部分真理，而非全部真理。在17世纪初，许多法学家与政治家都赞成，需要对英格兰法进行一些重述。但这一重述应采取何种形式？培根是最适合回答这一问题的人，他发现，建构一个逻辑自洽的英格兰法典是不可能的。如我们已看到的，③培根提出了一个更加保守的改革方案——编纂一个判例法摘要与制定法摘要，再辅以其他形式的法律书籍，

---

① James Fitzjames Stephen, *History of Criminal Law of England* (ii), London: Macmillan and Co.: Kessinger Publishing, 1883, p. 206.

② John Austin, *Lectures on Jurisprudence* (ii), John Murry, 1911, p. 1130.

③ 前文第118页。

以便进行法律研究。但一系列政治事件的发生使培根的计划变得不可能实现;并且,柯克著作具有的显著优点使法律重述工作显得不那么迫切。正是柯克著作的这些显著优点才使柯克对英格兰法律未来的发展产生了巨大而深远的影响。现在,我们将尝试对这一影响的程度和特点进行总结。

三、柯克对英格兰法律发展的影响

柯克的影响首先显现在我国私法的发展方面,其次体现在法律形式方面,再次体现在我国的商法发展方面,最后表现在我国的刑法和宪法方面。

1. 在 16 世纪——处于中世纪与现代之间的转换世纪,我们可以看到,私法的所有分支都发生了众多的变化,因此,需进行大量重述工作,以便使中世纪的法律规则与现代法律规则相协调。事实上,在社会状况发生根本改变的任何时期,都需要重新考察、阐释法律;并且,那并非我们的判例法制度独有的优点,它使法学家们能对普通法进行调整,从而适应新的环境。在上一世纪(即 16 世纪),很多杰出的法学家为普通法做了大量的工作,柯克同样为他这一世纪(即 17 世纪)的普通法做了很多工作。我认为,他影响普通法重述与调整工作的方式可总结如下:

首先,他从年鉴收录的散乱且常常不一致的判决随附意见中推导出了一些实在的、与现代法律报告发布的规则一致的法律规则;他如此好地完成了这一工作,以至于随后的法律人满足于接受他对年鉴及年鉴概要的解读。其次,他通过同样的方式,将中世纪的普通法作品与现代普通法作品协调起来。他用《格兰维尔》、《布雷克顿》、《布里顿》及《弗莱塔》来解释、说明珀金斯(Perkins)、菲兹赫伯特、斯坦福德、兰巴德等人的作品。最后,他的报告提供了一些信息,告诉人们普通法院之外的法院(如衡平法院、星室法庭和海事法院)做了哪些工作,使普通法学家开始了解源自这些法院的一些新观念，从而使普通法获得了新的发展。因此，他的法律报告使普通法比较轻松地担负起了被要求的、由17世纪的宪法冲突而赋予的重要责任。

在上述三个方面，柯克的著作使英格兰法在这一世纪（即17世纪）迭经文艺复兴、宗教改革和罗马法继受等巨大变化之后仍能保持发展的连续性。柯克的著作具有的这一优点在当时即得到了培根的认可，培根写道："如果没有爱德华·柯克爵士的法律报告，这一时期的法律似乎就成了一艘没有压舱石的船，现代人们经历的一些案件都是从以前判决和裁决的案件发展而来的。"[①]在本世纪（即20世纪），梅特兰也承认柯克著作的重要性，他在写给我的一封信中说道："柯克的著作是英格兰法律史上的巨大分水岭，在他清楚地阐述其研究成果之前，我们几乎没能走出中世纪。"因此，18世纪最伟大的专门从事不动产转让业务的律师查尔斯·巴特勒（Charles Butler，1750—1832年）——他与哈格雷夫（Francis Hargrave，1741—1821年）一起出版了一本非常经典的、柯克论利特尔顿的著作——恰如其分地评价说："谈及爱德华·柯克爵士及其著作的优点与贡献，我认为，最恰当的做法是将他视为古今转换过程中的关键人物。"[②]

2. 我现在转向柯克爵士对我国法律形式的影响。16世纪是那些在不同法院实施的众多法律与普通法争雄的世纪，这些法律在这一时期获得了飞速的发展。在那一世纪末期，衡平法院、海事法院、星室法庭、教会法院纷纷主张，要行使更大的司法管辖权。在这些法院中，唯一成功地实现了自己所有诉求的法院是衡平法院，它成功地获得了独立的、某些方面甚至优于普通法院的司法管辖权。其成功的后果就是：英格兰法律系统被一分为二。

---

① James Spedding, *Letters and Life of Bacon* (vi), London: Longman et al., 1874, p. 65.

② Charles Butler, *Reminiscences* (i), London, J. Murray, 1821, p. 118.

如果所有与普通法院竞争的其他法院都取得了同样的成功,那么,英格兰的法律体系将被肢解为许多细小的碎片。柯克使英格兰法避免了这一厄运,他成功地宣称普通法的至高无上性,并成功地重述、调整了普通法原则,使之适应了现代需要,并使英格兰法律体系变成了一个比可能的情形更统一的体系。正如霍尔特大法官曾经说过的,柯克使普通法"在法律领域获得了压倒性的司法管辖权"[①]。如果没有柯克的努力,普通法就会成为众多具有同等地位的法律之一员,而非"在法律领域获得了压倒性的司法管辖权";并且,如果这种情况真的发生了,我们的商法、刑法以及宪法将会变得完全不同。

3. 柯克对海事法院的成功攻击使普通法能掌控商法的发展,在他为普通法所做的所有事情中,这是最有价值的事情,因为它为普通法院提供了新的、不断拓展的司法管辖权,保证了普通法的崇高地位,巩固了普通法在17世纪宪制之争中赢得的胜利。如果柯克对海事法院的攻击没有获得成功,英格兰的商法就会在适用罗马法规则的法院里获得发展,并因此会变成一种有别于普通法的法律体系。

4. 爱德华·柯克对我国刑法和宪法的影响一直特别巨大。星室法庭对我国的刑法进行了许多补充——在星室法庭被撤以后,普通法院继续沿用了其中的许多东西,但同时也从那一时代大陆国家的刑事程序中借鉴了很多东西,其中之一便是防止刑讯逼供的规定。我认为,任何熟悉大陆国家刑事程序令人作呕的特点的人都会赞成说,应减少我国刑事程序中的刑讯逼供现象,那是普通法优于其他法律的地方,仅凭这一点,就超过了因普通法的胜利而带来的不便,[②]它使英格兰的刑事程序成了法国大革命

① *Shermoulin v. sands*(1697) 1 Ld. Raym. at p. 272.

② William Searle Holdsworth, *A History of English Law* (v), London: Methuen & Co. Ltd., 1924, pp. 170 – 176, 185 – 187.

后的法国与其他欧洲国家争相仿效的对象。如埃斯曼(Adhémar Esmein,1848—1913年)告诉我们的,在17世纪和18世纪,纠问式诉讼——与刑讯逼供紧密相关的诉讼程序——一度非常盛行,但有一个欧洲国家——英格兰——摆脱了这一桎梏,它成为法国大革命后立法的楷模。①

我们已知,我国宪制史上最具有决定性意义的事件是:在免除法官职务之后,柯克摇身一变,成了议会中的反对派领袖。② 这之所以能称作决定性事件,是因为它巩固了议会与普通法之间的长期盟友关系。在中世纪及16世纪,法学家们已使英格兰议会成了一个富有效率的代议机构。③ 到17世纪时,英格兰议会开始投桃报李,帮助柯克维持住了"普通法至上"这一中世纪的理念,并用它来建构现代国家的政府。在这方面,英格兰不仅成了起草美国宪法者学习的对象,而且成了欧洲大陆其他国家起草宪法者效法的楷模。美国联邦最高法院是一个比世界上任何法院更有效地捍卫柯克的"法律至上"这一理念的机构,埃斯曼再一次见证了这一点。在指出"法律至上"是伏尔泰(Voltaire,1694—1778年)最欣赏英国政府的地方之后,埃斯曼告诉我们,1791年起草法国宪法的那些人便是以"法律至上"这一理念为中心的。④

这些成就——包括废除刑事程序中的刑讯逼供、确立法治的地位——全都应主要归功于柯克对"普通法至上"这一理念的坚持,这一做法为随后的法律人所接受,成为英格兰法的基本原则。之所以如此,与柯克在自己的作品中不断重复并强调"法律至

① Adhémar Esmein, *History of Continental Criminal Procedure*, translated by John Simpson, Boston: Little Brown & Co., 1913, pp. 322 - 332.

② 前文第128~129页。

③ William Searle Holdsworth, *A History of English Law* (ii), London: Methuen & Co. Ltd., 1924, pp. 430 - 434;前文第65~66、95页。

④ Adhémar Esmein, *Essays in Legal History*, ed. by P. Vinogradoff, Oxford University Press, 1913, p. 214.

上”这一观念有直接关系。伊丽莎白女王曾夸耀说，她是“纯粹的英格兰人”，她的治国才能在欧洲历史进程中有着巨大的影响。同样地，在我国伟大的普通法学家中，柯克是最伟大的英格兰人。柯克的上述两大成就使人们觉得，无论何时何地，人们都有建立宪制政府的权力和愿望，因此，我们可以宣称，柯克的著作对后世产生了巨大影响，这为他在世界伟大法学家中赢得了一席之地。

这确实是极高的赞誉，但我认为，那并不为过。如果理智地进行评价，我们可以说，柯克是一名都铎王朝的政治家，他的作品带有都铎王朝政治家作品的全部特点。实际上，这也是一种赞誉，因为正如都铎王朝的政治家们成功地对中世纪英格兰的政治制度进行了调整，使之适应了现代需要，且没有较大地牺牲潜在这些制度之下的中世纪理念之本义，柯克同样巧妙地重塑了中世纪的普通法，使之适于容纳现代的英格兰法律规则。作为一个法学家与政治家，柯克生活在都铎王朝最伟大的时期——伊丽莎白时期，因此，如那一时期许多伟大的思想界领袖和行动派领导人一样，他堪称对我国的国计民生做出了重大贡献者，至今仍值得我们景仰。柯克之于英格兰私法和公法，正如莎士比亚之于英格兰文学、培根之于英国哲学、钦定圣经的翻译者之于英格兰宗教，他们的地位与作用基本相类。正如吉卜林（Joseph Rudyard Kiplin，1865—1936 年）在他的伊丽莎白系列诗歌中忠实描述的那样，柯克是伊丽莎白时期最伟大的人物之一，他们的天才与热忱成就了他们自己。吉卜林赞道：

> 在不经意间，他们建立了一个新世界；
> 在不经意间，他们解放了一个新世界；
> 他们的片言只语都将震撼并型塑身后的所有事物。

第七讲

黑尔与诺丁汉

《王座法庭首席大法官马修·黑尔爵士》(Sr. Matthew Hale Kt. Lord Chief Justice of His Majesty's Court of King's Bench),英格兰画家 John Michael Wright(1617—1694)创作。

《第一代诺丁汉勋爵赫尼奇·芬奇的肖像画》(Heneage Finch, 1st Earl of Nottingham, 1621—1682)。英格兰画家 Sir Godfrey Kneller 创作于 1680 年。

柯克开启了普通法现代化的工作，在整个 17 世纪，这一工作一直在进行，我们可以从亨利·罗尔（Henry Rolle，1589—1656 年）的《普通法判决与案例汇编》看出这一点，该汇编可能编于 1640 年之前。[①] 在 1688 年黑尔将之出版之前，这一汇编一直处于不断改进之中，黑尔撰写的序言揭示了这一点。《1660 年法案》废除了军役土地保有制（militaty tenures），[②]取消了佃农的身份，停止使用返还土地之诉，并引入了逐出土地之诉（the action of ejectment），这些措施促进了土地法的现代化。类案诉讼（actions on the case）的发展推动了合同法与侵权法的现代化，许多旧法被摒弃，程序法得以简化。在共和国时期，人们倡议对普通法进行更多的改革，其中的一些改革非常有价值，并且，在 19 世纪，这些改革措施被进一步细化。例如，在土地法领域，人们提议简化阻却限嗣继承（barring entails）的条件，简化不动产转让登记制度，并废除普通占用制（general occupancy）；在刑事法领域，人们提议废除神职人员的特权、废除酷刑（peine forte et dure），废除"不得

① William Searle Holdsworth, *A History of English Law* (v), London: Methuen & Co. Ltd., 1924, p. 376.

② I 2 Chas. Ⅱ, c. 24.

为被指控犯有重罪者提供辩护”的规则。[①] 人们还提议，应允许对权利动产(choses in action)进行转让；[②]在程序法与诉答领域，人们也提议进行一些改革，以便尽可能多地保护由《令状统一法》(*Uniformity of Process Act*)、《普通法程序法》(*Common Law Procedure Acts*)和《司法法》(*Judicature Act*)之类的法令庇护的臣民。[③] 在共和国时期，这些影响深远的变革几乎都没有成为法律；在王政复辟之后，人们对其更是知之甚少。但实际上，在共和国时期，仍有大量的法令被制定了出来，这表明，在17世纪下半叶，立法机关推行了数量众多的变革，[④]他们的这些做法在当时是大势所趋。大叛乱(the Great Rebellion)为法律和政治带来了现代氛围和现代观念，因此，无论是立法机关的立法，还是被报告的判决，都揭示出以现代方式阐释的法律规则和学说开始出现。

黑尔与诺丁汉是查理二世当政早期的两位伟大法学家，他们对英格兰法的现代化发挥了至关重要的作用：马修·黑尔爵士的工作对普通法的诸多部门产生了巨大影响；诺丁汉勋爵则开始将衡平法的实体规则系统化，并理顺了其与普通法的关系。黑尔被视为我国首位伟大的现代普通法学家，诺丁汉则一直被称为(并且是恰如其分地称为)“现代衡平法之父”。

一、马修·黑尔爵士

黑尔出生于1609年，是查理一世时期总检察长诺伊(William

---

① William Searle Holdsworth, *A History of English Law* (vi), London: Methuen & Co. Ltd., 1924, pp. 416 - 417.

② William Searle Holdsworth, *A History of English Law* (vi), London: Methuen & Co. Ltd., 1924, p. 418.

③ William Searle Holdsworth, *A History of English Law* (vi), London: Methuen & Co. Ltd., 1924, p. 419.

④ William Searle Holdsworth, *A History of English Law* (vi), London: Methuen & Co. Ltd., 1924, pp. 426 - 427.

Noy，1577—1634 年）的学生，因受塞尔登（John Seldon，1584—1654 年）的影响而对历史研究萌生了兴趣。伯内特（Gilbert Burnet，1643—1715 年）告诉我们，与塞尔登的友谊“让他（黑尔）很早就树立了远大的学术目标”。① 事实上，黑尔不仅学习了与英格兰法紧密相关的一些科目，如罗马法和英格兰史，而且还研习了数学、自然科学和哲学；他诚笃的宗教信仰甚至引导着他学习了神学。黑尔很早就获得了律师资格。虽然他曾为斯特拉福德（Thomas Wentworth，1st Earl of Strafford，1593—1641 年）、劳德（William Laud，1573—1645 年）和查理一世建言献策，但他与共和派的关系也很融洽，并于 1654 年被任命为民事上诉法院的法官（由于保皇派友人的建议），但他拒绝了理查德·克伦威尔（Richard Cromwell，1626—1712 年）的委任状，并积极推动复辟。1660 年，他成为财税法院首席大法官（chief baron of the Exchequer）；1671 年，他又被任命为王座法院首席大法官。1676 年，欠佳的健康状况迫使他辞职。同年，黑尔与世长辞。

同时代者对黑尔的评价清楚地表明，黑尔诚笃的宗教信仰为其极高的天赋提供了指引，使其品德高尚，在英格兰法官中，只有托马斯·莫尔爵士能与之相提并论。那是一个职业荣誉标准不高的时代，但对于黑尔，人们这样评价：

> 在辩论过程中，他特别讨厌两种常见的错误：一是不当引用证据，错误地引用主审法官（的判决）或典籍；二是武断地断定某些事情。无知的陪审团或弱势的法官经常被这两种错误误导。与生活中的其他方面一样，他总是抱着同样真诚的态度与人辩论，他曾说过：如果某人为贪图一点点金钱，被别人驱使着去说（或做）自己不

① Gilbert Burnet, *Life and Death of Sir Matthew Hale*, London：W. Baynes, 1805, p. 23.

相信之事,则是极大的耻辱。[①]

黑尔为人敦厚——我是从这一词最广泛的意义上说的。因为尽管他曾在律师会馆执业,并曾任高级司法官员,但却只留下了一块小的庄园。巴克斯特(Richard Baxter,1615—1691年)告诉我们,他从未见过像黑尔那样"从不在背后说别人坏话"[②]的人。虽然黑尔对神学问题思考良多,且撰写过诸多著作,但他从未表现出不宽容的倾向。在共和国时期,他被保皇党人视为朋友,在查理二世时期,(又)与信仰新教的持不同政见者关系良好。

但金无足赤,人无完人。黑尔敦厚的性格易于让他不分青红皂白。由于担心收受礼金会影响判决,因此,他特别谨慎,在有些时候,他的谨慎甚至达至荒谬的程度。例如,出于对铺张摆阔和贪慕虚荣的顾忌,他的穿着破旧不堪,以致巴克斯特都曾向他提过建议;同时,虔诚的宗教信仰使他无法看到判处两名女巫死刑这一行为的危害性[该行为受到后世尤其是上个世纪(19世纪)辉格历史学家们的强烈谴责],在当时,理性精神和怀疑精神开始使那些特别开明的人怀疑巫术的真实性。对此,我们应记住,一方面,该判决是依据当时的法律作出的;另一方面,女巫的存在得到了《圣经》的认可。因此,我们几乎不能期许一个拥有黑尔这般心智和性格的人会对此产生怀疑。归根结底,这些都是小事。如果我们作出全面的总结,那就是:黑尔无疑是一位真正的品行高洁者,他善良的心地赢得了所有人——甚至包括那些与他仅有一面之交者——的好感。

---

① Gilbert Burnet, *Life and Death of Sir Matthew Hale*, London: W. Baynes, 1805, pp. 144 – 145.

② Richard Baxter, *Additional Notes on the Life and Death of Sir Matthew Hale*, London: Richard Janeway, 1682, p. 36.

黑尔的品格和才能使他成为当时最伟大的英格兰法学家。他与塞尔登学派中那些具有历史情怀的法学家们过从甚密，这使他成为英格兰历史上迄今为止最具科学主义精神的法学家（弗朗西斯·培根除外）。同时，在大叛乱那一动荡不堪的时期及共和国时期，无论是作为出庭律师，还是担任法官，他都十分活跃，这使他成了一名敏锐的政治思想家。正是因为这一原因，他才能写出一些一直被后人奉为权威的著作，这些著作在历史上具有特别重要的价值。我们还是从四个不同的角度——律师、法学家、政治思想家以及法律经典著作家——来理解他吧！

1. 作为一名出庭律师，没有人比黑尔更出类拔萃。伯内特评价说："黑尔可能一直按照自己的喜好执业。"[①]作为一名法官，曾有一位杰出的法学家（可能是诺丁汉勋爵）这样评价黑尔："他在所有类型的法院都担任过法官，并在其中的两个法院担任过首席大法官。无论他在哪里当法官，随后的一切事务都会按照他的意思去办。并且，在将案件摆在他的面前、了解他是否得出同样的结论之前，没有人愿意依据任何其他法院的判决解决纠纷。一旦他的意见公之于众，人们就会默然接受。"[②]作为财税法院的首席大法官，黑尔拥有衡平管辖权；作为衡平法院的法官，他同样拥有很高的权威——的确，有些人宣称他是诺丁汉勋爵的老师。罗杰·诺斯在为其哥哥的政治生涯辩解时曾说道，尽管黑尔的个性特点存在可指摘之处，但他仍承认，在黑尔担任首席大法官期间，王座法院几乎成了名副其实的法学院。[③] 诺斯说：

---

① Gilbert Burnet, *Life and Death of Sir Matthew Hale*, London: W. Baynes, 1805, p. 179.

② Gilbert Burnet, *Life and Death of Sir Matthew Hale*, London: W. Baynes, 1805, p. 174.

③ Roger North, *Lives of the Norths*, London: Henry Colburn, 1826, i, 79 – 91; iii, 93 – 102.

> 我知道，王座法院每天都坐着八至十二位法官，首席大法官黑尔以尽可能有利于学徒的方式处理法律事务，他从中也获得了乐趣，确切地说，获得了自豪感。他鼓励人们进行中肯的辩论，并常常与出庭律师辩论，因为他认为，法院理所当然地是追求正义的地方，同时还是科学研究的学园。[①]

2. 作为一名英格兰法学家，黑尔的表现十分出色。这是因为他涉猎的法学研究领域非常广博。黑尔曾研读过罗马法，并且“经常说道，《学说汇纂》如此完美地表达了法律的真正基础和理由，以致如果某个人不研读《学说汇纂》，就根本不可能理解作为科学的法律，并如其所是地探究它”。[②] 他还研究过宪法和法律史；并且，他是通过研读原典而研究这些科目的。他在遗嘱中告诉我们，他耗费四十年左右的时间整理了卷帙浩繁的手稿，目的是为自己的研究提供助力；他的论文（无论是否公开发表）表明，他知道如何运用这些资料。他对罗马法的研究及对宪法和法律史的钻研，使他有能力审视作为整体的英格兰法，并以有条理的形式阐释它，批判其中的一些规则。

3. 作为一名英格兰律师兼法学家，黑尔掌握了广博的知识，这使他成了敏锐的政治思想家。首先，对于支撑英格兰政府合法性的理论，他提出了明确的见解；其次，对英格兰政府机制中的某些部分，他提出了一些合情合理的批判；最后，他能洞察极端激进的政治思想家和极端保守的政治思想家在思想上的谬误。

首先，他就支撑英格兰政府合法性的理论提出了明确的见

① Roger North, *A Discourse on the Study of the Laws*, London: White, 1824, pp. 32 – 33.

② Gilbert Burnet, *Life and Death of Sir Matthew Hale*, London : W. Baynes, 1805, p. 24.

解，主要体现在他对霍布斯（Thomas Hobbes，1588—1679 年）《哲学家与英格兰普通法学者的对话》（*Dialogue of the Common Laws*）一书的回应中。① 在第一部分，对霍布斯依靠演绎方法对普通法进行的分析性批判，他作出了回应，他的回应方式在某种程度上与梅因依靠演绎方法对边沁和奥斯丁进行分析性批判类似。他指出，法律旨在解决形形色色的人类事务，因此，要成为一个好的律师，除了需要掌握可靠的一般原理和正确推理的能力之外，还需要掌握其他东西，其中，经验和训练是最重要的资质；由长期经验所认可的规则比哲学家未经检验的幻想更可能实现公正。在回应的第二部分，他开始反驳霍布斯的主权理论。然而，从他对霍布斯的批判可以看出，他并没有理解霍布斯的理论。在黑尔看来，国王是主权者，但并非霍布斯所说的那种意义上的主权者，因为黑尔主张，作为主权者，国王的权力应当受到限制。实际上，黑尔意图利用"国王是主权者"这一概念说明，政府在某些方面具有至高无上性，国会或普通法在另外的方面具有至高无上性，两者是不相容的。② 在考察了 17 世纪下半叶英格兰的宪制与法律状况之后，我们很难明白黑尔还能得出另外的结论。其次，黑尔对英格兰政府机制的某些部分提出了恰如其分的批判。在《普通法的历史》（*History of the Common Law*）这一小书和《论法律的修正或变更》（*The Amendment or Alteration of Lawes*）这一小册子中，③黑尔针对诉讼和证据法的改革、征税机制改革以及民事上诉法院职位设置的改革等问题，提出了宝贵的建议，他提议建立高效的郡法院体系。最后，黑尔能洞察极端激进的政治思想家和极

① William Searle Holdsworth, *A History of English Law* (vi), London: Methuen & Co. Ltd., 1924, pp. 500 – 513.

② William Searle Holdsworth, *A History of English Law* (vi), London: Methuen & Co. Ltd., 1924, pp. 204 – 207.

③ Francis Hargrave, *Law Tracts*, London: Macmillan and Co., 1787, pp. 253 – 289.

端保守的政治思想家思想上的谬误。在黑尔生活的动荡年代,他对上述两种倾向有着迥异的体验。关于前者,黑尔认为,其中的一些激进主义者是出于个人的不满而批判普通法,而另一些激进主义者觉得普通法的规定很愚蠢,则是因为他们搞不懂普通法;①关于后者,他认为,许多保守的政治思想家,特别是那些年迈的法律从业者,对普通法古老的形式抱盲目的崇信态度。② 黑尔对历史的了解告诉他,除非普通法能随着时代的改变而改变,否则,在不断变幻的新环境中,普通法将不能对国家及臣民的活动起到指引作用。③

4. 具备如黑尔那般资历的法律人十分适于写作法律经典著作。黑尔最重要的著作是关于宪法和刑法问题的。

黑尔最重要的宪法学著作是《论上议院的管辖权》(*Jurisdiction of the Lords' House*),由哈格雷夫出版于1796年,并附有一篇详细的序言。该著作的主题涉及当时最具争议的一些政治问题,并且,该著作的很多内容写作于长期议会早期(共和国期间及王政复辟之后)。其中的一篇论文——王政复辟后写作的三篇论文中的最后一篇——代表了他在该问题上的最终看法。黑尔告诉我们,手稿已初步完成,只需进行最后的修订。在某些问题上,黑尔的观点并不被人们普遍接受——例如,他认为上议院无权审理衡平法院的上诉,错案管辖权的归属取决于国王的授权,而非上议院固有的权利。总而言之,黑尔制定了一些后来通行的法律规则。整本书充分印证了黑尔对案件记录的熟悉以及

---

① Francis Hargrave, *Law Tracts*, London: Macmillan and co., 1787, pp. 257, 261.

② Francis Hargrave, *Law Tracts*, London: Macmillan and co., 1787, p. 264.

③ “很多事情导致了习惯的改变,合同的形式改变了商业习惯,气质教育改变了人们的心性,并且会在很长的时间里引起社会的变化;因此,在一定的程度上说,他们的法律也必须做出很大的改变,否则将不能适应国家的需要,也不符合已经改变了的社会状况。”参见 Francis Hargrave, *Law Tracts*, London: Macmillan and Co., 1787, pp. 269–270。

他的公正与政治家般的品质。

另一部多处触及宪法问题的重要论著发表在哈格雷夫的《法律论丛》(*Law Tracts*)上,[①]由三个部分组成。第一部分讨论国王和私人对河流和滨海的权利问题,第二部分涉及海港的权利,第三部分(最长一部分)涉及进出口货物的关税问题。这是第一部有关上述问题的系统论著;黑尔尤其适合处理这些问题,这既是因为他熟悉各类案件记录,又是因为他具备相关法律实践知识——作为财税法院的首席大法官,他具备这些知识。这篇论文的第三部分特别有意思,因为国王的征税权问题不久前才得到解决。征税权是当时最具争议的政治问题之一,身处这一时期的人们能对该法律部门做毫无偏见的叙述,难能可贵。在他为首席财政大臣(the Lord Treasurer)和财政署执行大臣(the Chancellor of the Exchequer)编写的"郡县往来账目"(*Sheriffs' Accounts*)这一短篇作品中,他探讨了与税收的另一分支(即以郡县为代表的地方税收)相关的问题。该作品表明,黑尔十分熟悉英格兰财政署的早期历史、郡长与王室的财政关系史以及17世纪的一些惯常做法;并且,他还提出了一些改进现有做法的宝贵建议。发表在哈格雷夫《法律论丛》中的另一篇论文讨论的是王座法院和民事上诉法院之间的竞争关系问题,[②]它描述了王座法院的诉讼程序、组织机构和司法管辖权,以及民事上诉法院与王座法院在竞争时使用的计谋,该部分十分有趣。所有这些著述和文章都展示了黑尔渊博的历史、法律知识以及政治智慧。

黑尔最重要的刑法学著作是他尚未完成的《王之诉讼的历史》(*History of the Pleas of the Crown*)。黑尔本打算将本书分为

---

① Francis Hargrave, *Law Tracts*, London: Macmillan and co., 1787, pp. 1 – 248.

② 可参见 Francis Hargrave, *Law Tracts*, London: Macmillan and co., 1787, pp. 359 – 376; 也可参见 William Searle Holdsworth, *A History of English Law* (i), Boston: Little Brown And Company, 1924, pp. 200, 221 – 222。

三册。第一册主要探讨与死刑有关的犯罪问题——包括叛逆罪(treasons)和重罪(felonies),共分为两部分——一是叛逆罪和重罪的种类,二是与之相关的诉讼方法;第二册的主题是非死刑犯罪问题;第三册的主题为特权与自由。黑尔只完成了第一册的写作。然而,它是黑尔作品中保存得最完善的。整本书已被转录下来,并且,其中的很大一部分已由作者进行了最后的修订。1680年,下议院下令印刷该著作,但其初版直到1736年才出版,索洛姆·埃姆林(Sollom Emlyn,1697—1754年)对之进行了精心的校订。黑尔在其整个职业生涯中一直悉心研究这一主题,我们看到,他很早就对该主题作了总结。就该书涉及的内容而言,它完整地呈现了该法律部门的整体状况,不仅包含其发展脉络,而且包含其在黑尔时代的现实状况。如果对该法律部门的历史没有充分的了解,就无法对其进行如此详尽的描述;这一方面是因为它包含了非常古老的思想和规则,另一方面是因为它为诸多法规所补充,并且在很多细节上被后人修改,因此,非常需要对之进行系统的论述。柯克、斯道恩福特(William Staunford,1509—1558年)和普尔顿(Ferdinando Pulton,1536—1618年)都曾以某种不系统的形式对之进行过总结。由于黑尔是一名出色的历史学家、法学家和律师,因此,与前三人努力完成的成果相比,黑尔的作品要优秀得多。该书自从第一次出版以来,就一直被奉为最高权威。

黑尔还撰写了另一些更简短的著作和论文——例如,《对普通法中民事部分的分析》(*Analysis of the Civil Part of the Law*),布莱克斯通誉之为当时最科学、最全面的著述;《王之诉讼概述》(*Summary of the Pleas of the Crown*),首次尝试将国王的命令融入法律之中;此外还有他谈论菲兹赫伯特《令状选编》(*Natura Brevium*)的笔记以及对柯克的《法学阶梯Ⅰ》的评注。在这些书籍中,唯一值得特别关注的是《普通法的历史》(*History of the*

Common Law)一书，这是首部关于普通法历史的著作，可惜只保留了一个残缺不全的框架，并且，黑尔并不打算将其出版。该书由十二章组成，由其标题即可看出该书包含哪些内容，并印证了其内容的不完整性。[①] 虽然它残缺不全，但却颇有价值。因为它清晰地描述了一些与普通法紧密相关的重要外部问题的发展历程——如普通法和制定法之间的区别，普通法与其承认的其他法律体系(如教会法、商法、海事法和军事管制法)之间的关系，陪审团审判的特点和优点，普通法在不同时期认可的诉答制度的主要特点，英格兰法律与威尔士、爱尔兰及苏格兰法律的关系，以及其与在海峡群岛和曼恩岛所用的法律的关系等问题。作者自始至终将自己的文本建立在他能获取的最权威资料的基础之上。该书最薄弱的部分是诺曼征服前的历史，但那并非他的过错。该书显示，黑尔对诺曼征服以后的主要原创性权威作品及其作者都非常熟悉。该书有关诺曼人法律的章节及其他部分表明，[②]他对外国法律体系也有相当程度的了解，他能将英格兰法的发展状况与外国法进行比较，如梅特兰所说的，如果不具备这一能力，就不可能写出完整的或批判性的法律史。毫无疑问，当时的争论使黑尔花费了过多的篇幅阐述一个问题，一个在我们看来属于纯学术争鸣的问题——在何种意义上(如果可以这样说)，我们可以将威

---

① 该书主要涉及如何将英格兰的法律区分为普通法与制定法。第一部分谈及制定法，即议会颁布的法律；第二部分涉及成文法，即英格兰王国的地方性法律；第三部分是关于英格兰的普通法及其用处、长处，以及其名称由来；第四部分触及英格兰普通法的起源问题；第五部分解释了威廉一世征服之后，英格兰的普通法如何站稳了脚跟；第六部分探讨了英格兰法与诺曼人的法律之间的相似性，并分析了其原因；第七部分介绍了自威廉一世到爱德华二世之间英格兰法所取得的进步；第八部分对自爱德华二世当政到黑尔所处时代英格兰法取得的持续进步作了简短的说明；第九部分解释了威尔士与爱尔兰是如何对待英格兰普通法的，并对英格兰法在曼恩、泽西以及格恩西等群岛地区执行情况进行了考察；第十部分探讨了英格兰法与苏格兰王国法律之间的联系；第十一部分探讨了普通法在全英格兰的传播过程；第十二部分介绍了陪审团制度。

② 例如，在该书第九章至第十二章的很多地方都谈到了诺曼人的法律。

廉一世看成征服者?① 黑尔同样很少论述法律学说的历史——继承法的历史是唯一得到了充分论述的法律学说;并且,他对自爱德华二世到他所处时代的历史处理得非常简略,以至于连概述都算不上。实际上,这本书由一系列文章组成,其中的一些内容是以时间为线索而与其他部分发生联系的。然而,即便如此,在我看来,在1895年波洛克和梅特兰的著述出版之前,在已问世的作品中,本书也是对英格兰法律史最出色的介绍。

黑尔是柯克之后最伟大的普通法学家。尽管他在英格兰法律史上的影响不及柯克,但作为法学家,他略胜一筹。他们二人在英格兰法律史上占据的地位截然不同,正如他们在性格和思想观念上差异如此巨大一样。正如我们看到的,柯克正好处于中世纪和现代法律的交叉点上。黑尔是我国历史上第一位伟大的现代普通法学家,而柯克本质上是一位斗士,无论是在法律领域,还是在政治领域,都是如此。当黑尔在法院任职时,有关法院管辖权的法律纷争已告一段落,政治纷争也归于沉寂。黑尔是真正的历史学家,而柯克从来不曾是;并且,像培根一样,除了英格兰普通法之外,黑尔还研究过其他法律体系以及法律之外的其他事物。他拥有柯克不具备的公正司法的品格。即使在处理公法问题时,黑尔也能够做到这一点。当时任何其他法学家或“光荣革命”后的法学家都没能表现出这种公正的品格,“光荣革命”后的法学家们不加批判、照单全收地接受了那些以革命期间大行其道、但后来被推翻了的公法为基础的法学和历史观点。几乎直到现在,我们才认识到官方记录的历史价值,通过这些记录我们才

① 梅特兰在《论文集》第二卷第五章“研究英国法律史史料”这一部分谈道,“很遗憾的是,黑尔被迫花费大量精力解决他那一时代不可能得到永久解决的问题,如英格兰法与诺曼人法律之间的关系问题,苏格兰人是否应效忠英格兰王国这一复杂的问题”。参见 Frederic William Maitland, *The Collected Papers of Frederic William Maitland* (ii), ed. H. A. L. Fisher, Cambridge University Press, 1911, p. 5。

达到了黑尔用于阐释17世纪公法的知识水平；也只有在17世纪的政治影响结束之后，我们才能达到他那样的公正水平。因此，直到相当晚近时，人们才能彻底地理解黑尔作为历史学家和法学家的真正伟大之处。

二、赫尼奇·芬奇（即诺丁汉勋爵）

赫尼奇·芬奇（Heneage Finch）出身于著名的法律世家，生于1621年，并且，在共和国时期，他因作为律师和演说家而声名鹊起。在王政复辟期间，他曾被任命为副总检察长，并以该身份审判了“弑君党人”（the regicides）。1670年，他担任总检察长，1673年，成了掌玺大臣（Lord Keeper）。1675年，他成为衡平法院大法官（Lord Chancellor），并于1681年被封为诺丁汉伯爵，1682年辞世。在政治上，诺丁汉伯爵是一名保皇党人；但由于他是一名温和的保皇党人，因此，他拒绝加入明显违宪的一方。例如，他拒绝在丹比（Lord Danby，即 Thomas Osborne，1st Duke of Leeds，1632—1712年）为避免受弹劾而获得的特赦令上盖章。在那一年代，法官经常在法庭上偏袒自己支持的政党，但诺丁汉并没有这样做，这为当时的政治注入了些许公正性因素——那是法官应具备的品质。他几乎是当时唯一的、在整个职业生涯中同时得到了国王与议会信赖的政治家。

作为一名律师，诺丁汉在英格兰法方面有专攻，这完全没有窄化他的知识视野，只是在这一点上，他尤为出类拔萃。他资助并结交了许多持有不同政见的博学多才之士，[①]并在推动当时的法律改革方面发挥了显著的作用——在担任副总检察长期间，他

① 参见 Edward Foss, *The Judges of England*：*with Sketches of Their Lives*（vii），Oxford University press，1874，pp. 96－97；Gilbert Burnet，*History of the Reformation of the Church of England*（ii），Oxford：Clarendon Press，1843，Pref. p. 4。诺丁汉对于博学多才之士的帮助既包括金钱方面的，又包括文学方面的。

提议废除军役土地保有制;[1]在担任衡平法院大法官时,他草拟了《反欺诈法》(*The Statute of Frauds*),并在通过该法案时发挥了不可或缺的作用。[2] 他开阔的知识视野使他不仅成了一名出色的律师,而且成了一名杰出的法官。如果可以杜撰一个术语,我宁愿称他为"法律政治家"(legal statesman)。作为一名律师,诺丁汉一方面精通技术性的法律知识,另一方面又没有被这些知识所束缚;作为一名政治家,他与当时的政治环境保持着密切的联系,同时密切关注那一时代知识观念的变化。因此,对于那些分散的、模糊的衡平法规则和概念的技术发展方向,他能进行有效的型塑,以便获得精确的定义,并在英格兰法律制度中获得明确的定位,进而确定这些规则与概念的具体内容,使其与当时的政治背景和思想观念相协调。他总是迫切地希望,他的判决不仅在技术上是合理的,而且符合国内外法律门外汉们的常识;[3]并且,在公法问题上,符合当时的政治状况。这是因为他特别在乎使法律规则与当时的民意保持一致,以至于在他的很多判决中,大家熟悉的一些现代私法规则首次采用了现代形式。当一些案件摆在作为衡平法院大法官的诺丁汉的面前时,他依据国际法或宪法作出的一些裁判同样印证了上一特征。因此,他制定的一些规则——有关英格兰法院是否应赋予外国判决以效力、英格兰法院是否应

---

① 参见 D. N. B.(即 Dictionary of National Biography)。

② William Searle Holdsworth, *A History of English Law* (vi), London: Methuen & Co. Ltd., 1924, pp. 380 – 384.

③ 因此,甚至在考虑如何解释自己的判决之类的问题时,诺丁汉都特别留意门外汉们的看法——"如此严格的解释有悖于自然正义与普遍正义,会受到世界上其他国家的嘲笑。"参见 *Nurse v. Terworth* (1674) 3 Swanst. at p. 620。

承认外国法赋予的权利等问题[①]——包含了现代国际私法原则的萌芽。同样,他是最早(即使不是第一个)明确承认下述两类权利存在区别的英格兰法学家之一,即他认为,根据条约赋予某个国家的权利(完全超出了国内法和国内法院的管辖范围)与依据国内法赋予某个人的权利(国内法院可以处理)之间存在区别。[②]

诺丁汉的判决表明,他具备杰出法官的所有品质,能够对复杂的事实进行十分透彻的分析,这不仅因为其分析精细入微,而且因为他对分析结果的陈述让人一目了然。[③] 他可以清晰而准确地阐释一个原则,并由此进行严密而合乎逻辑的推理;这一能力使他能区分不同的原则,并界定其适用范围。对于诺丁汉这一品质的最好说明,我们可以在"诺福克公爵案"[④](*Duke of Norfolk's Case*)和"库克诉方丹案"[⑤](*Cook v. Fountain*)这两个案件中看到。在第一个案子中,他确立了一个正确的原则,以规制"防止时效过宽"(against remoteness of limitation)这一规则,这使他清楚地阐明了一项规则,这一规则不仅确定了哪些时效是非法的(因为其违反了该规则),而且确定了哪些时效是被允许的。在第二个案件中,他分析了不同种类的信托,并阐明了法院允许推定信托(constructive trusts)的条件,他的这些观点实际上已为我国现代法律所采纳。由于诺丁汉拥有这些非凡的才能,所以他能成功地处理那些关涉对普通法规则进行衡平性介入的限制性因素的案件。

---

① 诺丁汉认为:"'不承认外国的判决与裁决'违背了国际法原则,后来,这一做法被那些承认外国判决的国家法律所推翻。人们会问,某个王国是否有权推翻另一个国家的判决?在外国的判决被推翻之前,我们应如何拒绝外国判决的效力呢?如果外国的判决能够约束我们在国外的行为,而该国同时又不承认我们的判决,那在基督教国家会引起什么样的困惑?"参见 2 Swanst. at p. 326。

② *Blad v. Bamfield* (1674) 3 Swanst. 605.

③ 可参见 *Salsbury v. Bagott* (1677) 2 Swanst. 603; *Cook v. Fountain* (1672) 3 Swanst. 586。

④ *Howard v. Duke of Norfolk* (1681) 2 Swanst. 454.

⑤ (1672) 3 Swanst. 586.

Nurse v. Terworth 案[①]就是最好的说明，在该案中，诺丁汉仔细地思考了“衡平法应以何种方式处理合法的‘并购学说’（doctrine of merger）”这一问题，最终规范了附带条款的运用。

诺丁汉的以上判决以及许多其他判决已经开始确立并发展衡平法学说。诺丁汉如此处理衡平法学说，修正了衡平法的一些特质，并将衡平法及其与普通法的关系置于现代基础之上。

在整个17世纪，尤其从王政复辟时期开始，衡平法一直在发展，并最终发展成了一种常规的法律体系。但这一进程一直在悄无声息地进行，以至于法学家们有时仍认为，衡平法似乎依靠的是大法官的良心，并与16世纪早期一样，依旧依赖于大法官的良心。在“诺福克公爵案”中，当诺丁汉勋爵与一些法官意见相左时，他可以宣称，“我必须诉诸我自己的信仰，不能违背自己的良心和理性而进行判决”[②]；并且，该案表明，由于一些古老的观念在当时复活了，因此，衡平法保留的弹性有时可以让优秀大法官有更多的机会塑造他所在的衡平法院的规则，以满足现代的需要，普通法院的法官却鲜有这样的机会。在黑尔看来，一个技术能力不太强的人适合在衡平法院执业，相对而言，在普通法院执业就必须有较强的技术能力。[③] 但人们用来形容衡平法的上述传统说法正变得越来越不妥当，诺丁汉大法官是这样评价黑尔的：

> 他将衡平法视为普通法的一部分，是普通法的基础之一；因此，他总是尽其所能地把衡平法概括为某些规则和原则，以至于人们可以将它当作一门科学而进行研

---

① （1674）3 Swanst. 608.

② The *Duke of Norfolk's Case*（1681）3 Ch. Cases at p. 47.

③ 朗宁顿在《黑尔的一生》一文（被置于黑尔的《普通法史》的前面）中告诉我们，据说黑尔曾说过这样的话：“任何一个人只要稍通法律，有一副好嗓子，加上好记性，就适合在衡平法院工作。”参见 Mathew Hale, *History of the Common Law of England*, ed. By Runnington, G. G. and J. Robinson, 1794, p. 10。

究,同时不认为其实施具有任何随意性。①

并且,诺丁汉自己还宣称:

> 如果此种良心是固有的、内在的(*naturalis et interna*)东西,则法院将无所事事;我接下来论述的良心不过是公民的良心、政治上的良心,并与某些具体的措施联系在一起;对于公众而言,与其仅仅因大法官的喜好和想象而失去他们的财产,不如依靠完全秘密的信托担保或协议,后者的后果要好得多。②

衡平法特征的上述变化一方面是普通法和衡平法的关系发生变化的原因,另一方面也是普通法和衡平法的关系发生变化的结果。显然,普通法和衡平法都必须承认这一事实,即它们并非完全对立,而是相互补充的两种制度。因此,普通法学家和衡平法学家必须像伙伴一样合作,就像在柯克与埃尔斯米尔发生冲突之前、普通法学家和衡平法学家在大多数时候所做的那样。由于许多衡平大法官曾担任普通法院的首席大法官,并且普通法和衡平法之间也没有不可逾越的障碍,因此,它们之间关系的向前发展很容易做到。并且,普通法学家在思想和思维模式上的转变比衡平法学家更为明显。最后,普通法和衡平法都发展成了稳定的体系;17 世纪末,衡平法接受了普通法"先例具有约束力"的观念,并且,衡平案件的法律报告开始大量出现,其系统化进程同样十分迅速。现在,衡平法正通过类似于普通法的方法而获得发展,因此,在这两大体系之间,增加了新的重要纽带。

---

① Gilbert Burnet, *Life and Death of Sir Matthew Hale*, London: W. Baynes, 1805, p. 176.

② *Cook v. Fountain* (1672) 3 Swanst. at p. 600.

诺丁汉获得了与两位伟大的前辈——埃尔斯米尔和培根——同样的地位。虽说诺丁汉所做的工作与他们截然不同,但却是他们工作的延续。他们共同使衡平法院及其实践、程序条理化、系统化。诺丁汉开始了使衡平法院办事原则条理化和系统化的工作;其结果就是衡平法开始以最终的面目示人。诺丁汉的成功部分应归因于其自身的勤奋和天赋,部分则由于解决这些问题的时机此时已比较成熟。人与时机因缘际会,促成了诺丁汉的成功。因此,无论是考察诺丁汉对衡平法原则的影响,还是考察他对衡平法特质的影响,我们都必须承认,“现代衡平法之父”这一传统的称号名副其实。

在接下来的两讲中,我将展示两位伟大的普通法法官和两位伟大的衡平法大法官是如何完成这一由黑尔和诺丁汉开启的工作的,即如何使普通法和衡平法现代化,并最终处理好两者之间的关系。

第八讲

霍尔特与曼斯菲尔德

《约翰·霍尔特的肖像画》(Sir John Holt),荷兰画家 Richard Van Bleeck 创作于 1700 年。

《曼斯菲尔德勋爵威廉·墨菲的肖像画》(William Murray, 1st Earl of Mansfield),美国画家 John Singleton Copley(1738—1815) 创作于 1783 年。

在查理二世统治末期及詹姆士二世统治的整个时期，政治斗争都非常激烈，这给法院造成了灾难性后果，并阻碍了英格兰法的发展。斯克罗格斯（William Scroggs，1623—1683 年）、杰弗里斯（George Jeffreys，1645—1689 年）之流的首席大法官降低了法官群体的格调，他们获得任命的政治原因让情况变得更糟，因为这牵扯到数量众多的其他法官被解职的问题，并且那些取而代之的法官昏聩无能、臭名昭著，有些甚至是浪荡无行之人。尽管遭到了掌玺大臣吉尔福德（Francis North，1st Baron Guilford，1637—1685 年）的强烈反对，但杰弗里斯仍奏请查理二世任命罗伯特·赖特（Robert Wright，1634—1689 年）为法官。赖特不仅是一位无能的律师，而且行为不端，犯有欺诈和伪证罪。[①] 詹姆士二世一意孤行地按照自己的意愿任命了十二名大法官，这进一步败坏了法官群体的风气。在当时，只要略微拂逆国王的心意，便是解职的前兆。哈利法克斯侯爵（Marquess of Halifax，1633—1695 年）在《机会主义者的特点》（*Character of a Trimmer*）[②]一书中描述了法官群体在当时受到的影响，他说：

---

① Roger North, *Lives of the Norths* (*i*), London: Henry Colburn, 1826, pp. 324 - 327.

② Printed by Helen Charlotte Foxcroft, *Life and Works of Halifax*, ii, 280 - 342.

> 当法律的清流被混蛋搅浑或者由不洁的器具传递给人民时,作为法律的领导者,国王的权威就会降低,公共正义的尊严会受到贬损。我们的机会主义者终将恢复其本来面目,并会悲伤地看到这样的日子:他们将从隔离栏的后边发出类似于希望得到拯救的囚徒一般的哀嚎,而非坐在法官的位子上发出充满权威的声音。机会主义者希望,法官应处于一种天然的、法律上优于律师的地位;并且,他还认为,一旦辩护律师的推理能力比那些审判案件并作出判决的人还要强时,人类的理性就发生了很大的错位……如果此种不自然的方法尚能得到人们的推崇,则可以说,那将是威斯敏斯特大厅沦陷之时。

如为七主教辩护的律师名单所示,威斯敏斯特大厅确实“沦陷”了。该案的辩护律师包括:前首席大法官彭伯顿(Francis Pemberton,1624—1697 年),前法官莱维兹(Creswell Levinz,1627—1701 年)、前总检察长罗伯特·索耶尔(Robert Sawyer,1633—1692 年),前副总检察长赫尼奇·芬奇(Heneage Finch,1649—1719 年,诺丁汉勋爵的儿子),波利克斯芬(Henry Pollexfen,1632—1691 年,威廉三世时期的第一任民事上诉法院首席大法官)、乔治·泰比爵士(George Treby,1643—1700 年,波利克斯芬的继任者),以及后来的衡平大法官萨默斯(John Somers,1st Baron Somers,1651—1716 年)。在这份名单中,并没有包括后来的王座法院首席大法官约翰·霍尔特爵士,这是因为他当时仍是国王的高级律师之一,不能出庭与国王抗辩。

“光荣革命”将法官从糟糕的状况中拯救出来,并由此使普通法现代化起来,恢复了适应社会不断变化的功能。实际上,在查理二世当政早期,黑尔与诺丁汉就已经开始了此项工作。

从威廉三世当政开始,法官的任命就不再以“国王的满意”为依归;《王位继承法》(*The Act of Settlement*)从制定法的角度赋予了法官稳定的任期。从我国宪法史和法律史的角度来看，这种新兴的法官独立是“光荣革命”最重要的成果之一。从宪法史的角度看，它产生了这样的后果：柯克一直为之辩护、奔走的法治制度最终在英格兰确立起来。虽然法官们仍出席白厅（指政府）的会议，接受政府关于巡回审判工作的指示，但现在，政府完全不可能如 17 世纪那样利用法官为政府政策的合法性背书。从法律史的观点看，其后果是：它确保普通法能有序发展，免受任何政府部门的干预，并提升了法律职业群体的格调。自此以后，正如福斯（Edward Foss，1787—1870 年）所说，“法官们默默地以非常独立的方式相互接任，除了因疾病丧失法官资格或因死亡而免职之外，他们几乎不会离开自己的职位”。①

在威廉三世当政时期的所有法官中，声名最显赫者当属约翰·霍尔特爵士。他在 17 世纪末和 18 世纪初所做的一些工作，以及曼斯菲尔德勋爵（William Murray，1st Earl of Mansfield，1705—1793 年）于 18 世纪下半叶所做的工作，不仅将普通法置于现代基础之上，而且使之适于处理 18 世纪末 19 世纪初因广泛的经济、社会和政治变迁引发的问题。政治、经济及社会的这一变迁是与工业革命相伴而生的，是由法国大革命传播的思想及边沁倡导的理念引起的。

一、约翰·霍尔特爵士

霍尔特②出生于 1642 年，于 1663 年获得律师资格。在查理

---

① Edward Foss，*The Judges of England：with Sketches of Their Lives*（vii），Oxford University Press，1874，p. 291.

② 可参见 Edward Foss，*The judges of England：with Sketches of Their Lives*（vii），Oxford University Press，1874，pp. 386 – 395；也可参见 John Campbell Campbell，*Lives of the Chief Justices of England*（ii），London：John Murray，1849，pp. 118 – 178；还可参见 William Searle Holdsworth，*A History of English Law*（vi），London：Methuen & Co. Ltd.，1924，pp. 516 – 522。

二世统治后期,他已有了丰富的实践经验。在这一时期的国家审判(the state trials)中,他总是代表国王出庭;但在查理二世统治末期,他更多地是以辩护人的身份出庭的。他是一名辉格党人——但却是一位如此温和的辉格党人,以至于1686年他被詹姆士二世封为爵士,并被任命为伦敦司法官(recorder of London),同时兼任国王的高级律师。由于反对将一名被判擅离军职的士兵定为重罪,霍尔特被免去伦敦司法官一职。1689年,霍尔特被任命为王座法院首席大法官;1700年,他被任命为衡平法院大法官,但他拒绝接受这一职位。后来,安妮女王(Queen Anne,1665—1714年)恢复了他的王座法院首席大法官的职位,他担任该职直到1710年辞世。

"光荣革命"造就了新的政治氛围,不断发展的贸易也营造了新的商业环境。在此情况下,普通法呼唤这样一位法官:他应对现代社会的需求和现代思想了如指掌,对于待解决的难题的特性洞若观火;他应有足够的政治才能,能找到解决问题的最佳方案;他应是一位多谋善断的法学家,能将这些解决方案变成与普通法原则和技术性规则协调一致的形式。霍尔特满足上述所有要求。他是一位学识渊博的普通法学家,完全了解自己领导的法院所处的现代政治和商业环境。因此,他能如此熟练地运用自己的法律知识发展普通法规则,以使这些普通法规则能在新的环境下实现实质正义。他继承了黑尔的衣钵,创制并发展了现代普通法。

霍尔特从事的最重要工作主要集中在三个法律部门,即宪法、刑法和商法。

(一)宪法

在很多现代宪法规则中,最基本的一些规则建立在"光荣革命"后判决的案件基础之上。在霍尔特所作的判决中,我们能看出一些规则最初的权威性渊源。但是,由于当时至关重要的宪法问题——国王和议会之间的关系——才刚刚得到解决,因此,我们不能指望这一解决办法立刻尽如人意。尽管霍尔特在许多案件的判决中确立了一些现代规则，但在某些案件中，这些现代规则要么被立法机关推翻，要么遭继任者否决。

霍尔特针对下述五个宪法主题作出的一些判决堪称典型判决，这五个主题分别是：国王或其雇员对臣民实施不法行为该如何救济，议会特权与普通法的关系，人身自由权，议论（政府）的自由权，以及殖民地宪法。

1. 国王或其雇员对臣民实施不法行为该如何救济

在 *Bankers' Case* 案①中，霍尔特和上议院判决，臣民可依据《权利请愿书》起诉国王违反契约的行为。这一判决非常重要，因为它极大地推动了《权利请愿书》规定的中世纪救济措施满足现代的需要。在 *Lane v. Cotton* 案②中，霍尔特与同人意见相左，他认为，政府部门的负责人——邮政总长（the Postmaster-General）——应对下属的不当行为负责。但在该案中，霍尔特的这一意见没能获得其他法官的支持。③ 因为其他法官认为，无论是出于技术上的原因，还是基于公共政策的考量，“雇主责任原则”都不能适用于此类案件。他们认为，由于技术上的原因，这些雇员不是政府部门负责人的雇员，而是国王的雇员；基于公共政策的考量，让部门负责人承担满足如此请求的责任是不公正的。霍尔特认为，既然郡长或监狱长需对下属的不当行为负责，邮政总长与他们的情形大致相同，并且，由于他从事的是类似于邮差那样的公共事务，因此，他应当像邮差一样，对任何不履行职责的行为承担责任。霍尔特的推理具有法律保守主义风格，这一风格同时还反映在其他一些判决和意见书（dicta）之中。

---

① （1700）14 S. T. at pp. 32 – 39；关于这一案子在人们依据《权利请愿书》救济权利的历史中的重要性，可参见 William Searle Holdsworth, *A History of English Law*（ix），London：Methuen & Co. Ltd.，1926，pp. 32 – 39。

② （1701）1 Ld. Raym. 646.

③ *Whitfield v. Lord le Despencer*（1778）2 Cowp. 754；*Bainbriige v. Postmaster-General*［1906］I K. B. 178.

2. 议会特权与普通法的关系

这是一个饱受争议的问题,法院和议会在17世纪的大部分时间里一直围绕这一问题展开争论。霍尔特在下述三个案件——*R. v. Knottys* 案、[①] *Ashby v. White* 案[②]和 *Paty's Case* 案[③]——中确立了现代法则。在第一个案件中,霍尔特认为,上议院不能随意扩张其特权的范围,而在另两个案件中,他否决了下议院提出的类似请求。这些案件实际上确立了下一观点:如果争议的焦点是特权存在与否的问题,法院就必须视其为法律问题而予以判决,因为议会的特权问题属普通法管辖范围之一部分;而且,纵使议会就此问题作出了决议,也必须排除使用,因为议会的决议不能改变普通法。在后两个案件中,霍尔特对普通法的理解与其他法官相悖。但在 *Ashby v. White* 案中,他的观点得到了上议院的支持,并且1839年的 *Stockdale v. Hansard* 案[④]也遵从了他的意见。此外,如果人们对特权存在与否的问题并无异议,而只是质疑其行使的方式,则法院就不能介入此类问题,因为在此问题上,议会才是唯一的法官。[⑤]

3. 人身自由权

霍尔特在一些案件中(的观点)[⑥]与曼斯菲尔德勋爵在 *Sommersetft's Case* 案[⑦]中的判决不谋而合,如他认为,奴隶身份并非英格兰普通法承认的法律身份。在一宗案件中,霍尔特说道,

---

① (1695) 1 Ld. Raym. 10.

② (1705)2 Ld. Raym. 938.

③ (1705) 2 Ld. Raym. 1105.

④ 9 Ad. and E. 1.

⑤ *Case of the Sheriff of Middlesex* (1840) 11 Ad. and E. 273; *Bradlaugh v. Gosset* (1884) 12 Q. B. D. 271.

⑥ *Chamberlain v. Harvey* (1698) 1 Ld. Raym. 146; *Smith v. Browne* (1701) Holt K. B. 495; *Smith v. Gould* (1707) 2 Ld. Raym. 1274.

⑦ (1771) 20 S. T. I.

“根据普通法，没有哪个人可以将另外的人当作自己的财产”①；在另一起案件中，他又说道，“一旦某个黑人到了英格兰，他便成为自由人；在英格兰，某个人可以是佃农，但不可以是奴隶”②。此外，他认为，枢密院成员可以在任何控诉案件中监禁他人③——该判决后来被卡姆登勋爵（Charles Pratt，1st Earl Camden，1714—1794 年）推翻，因为卡姆登勋爵认为，这一权力只限于对重叛国罪的行使。④

4. 议论政府的自由权

这一主题至今仍没有在现代的基础上得到解决。1694 年，议会拒绝更新《许可法》（*The Licensing Act*），这就将“议论政府自由权的范围到底有多大”的问题留给了普通法去解决。根据普通法规则，议论政府是一项自由权，除非它受到了普通法院实施的诽谤法的限制。但同时，普通法院又沿袭了星室法庭的诽谤法。星室法庭认为，任何批评政府的行为均构成诽谤，因为政府高于臣民，应得到尊重；该思想在整个 17 世纪一直非常流行。正是出于这一原因，在 *R. v. Tutchin* 案⑤中，霍尔特判决，任何对政府的批评都构成煽动性诽谤。众多的先例表明，这项判决在霍尔特时代属良法，但它所依据的观念在 17 世纪日渐过时，因为“光荣革命”引入了新的政治思想。在当时，对于统治者与臣民之间的关系，人们的思想观念发生了根本性改变。人们不再认为政府优先于臣民，反而将之视为臣民的代理人或雇员，因此，批评政府不仅是合法的，而且是值得称道的。

---

① 2 Ld. Raym. 1274.

② *Edleston v. Speake* 90 E. R. 1021；（1689）Holt K. B. 495.

③ *R. v. Kendal and Row*（1696）ILd. Raym. 65.

④ *Entick v. Carrington*（1765）19 S. T,1030.

⑤ （1704）14S. T. 1095.

5. 殖民地宪法问题

英格兰殖民地的拓展引发了一系列根本性问题,比如,居住于殖民地的英格兰臣民的法律地位如何?他们与国王的关系为何?他们能否主张拥有英格兰臣民在英格兰享有的所有权利?在 *Blankard v. Galdy* 案①中,霍尔特通过区分"被拓殖的殖民地"与"被征服的殖民地"解决了这一问题。他认为,在被拓殖的殖民地,"凡在英格兰生效的所有法律在那里都具有效力";在被征服的殖民地,"除非征服者宣布某一法律生效,否则英格兰法律不能在那里自然生效"。如果一个异教国家被征服,"他们的法律不会因为被征服而完全停止适用,除非其违反了上帝的律法;并且,在此情况下,如果他们的法律被摒弃使用,或出现了法无明文规定的情形,那么,应根据自然正义的规则来管理被征服的国家"。因此,霍尔特(的上述观点)实质上与曼斯菲尔德勋爵在 *Campbell v. Hall* 案②中更著名的判决不谋而合。

(二)刑法

在刑法领域,霍尔特将"法官应公正地对待刑事被告"这一现代态度引了进来。他的法官前辈们经常为这样的规则辩护,即否认应为那些被指控犯有叛国罪或重罪的被告提供法律上的帮助,他们认为,法官已经是这些被告的律师。霍尔特不赞成这一观点,他是首位将现代理论付诸英格兰审判实践的法官。在他审理的案件中,如果被告认为他未能公正地陈述案件,他就会允许甚至鼓励被告打断他的陈述;③并且,他停用了在审判期间用镣铐锁住被告的做法。④ 该变革影响了刑事审判的进程,并深深地打动

---

① (1694) 2 Salk. 411.

② (1774) 20 S. T. 239.

③ John Campbell Campbell, *Lives of the Chief Justices of England*(ii), London: John Murray, 1849, pp. 143, 145.

④ *Trial of Cranbume* (1696) 13 S. T. 222.

了公众。斯蒂尔（Richard Steele，1672—1729年）在《闲话》（*The Tatler*）[①]一书中这样描述霍尔特：

> 无论他在哪里担任法官，都从未忘记自己同时是辩护律师。站在他面前的罪犯总是相信自己面对的是国家，并且，在某种程度上面对的是国父。这些刑事被告知道，虽然他的精神因犯罪而破产，且不能用语言来为犯罪辩护，但从他那里收集到的一切信息都可能有助于保障他的安全；并且，审判他的法官不会歪曲法律以毁灭他，也不会隐匿任何能够拯救他的证据。

（三）商法

在16世纪，海事法院似乎成了发展英格兰商法的特殊法院。但柯克对海事法院的成功攻击，与因大叛乱而产生的一系列宪法后果，都使该法院受到了重创，并赋予了普通法院宽泛的商业管辖权。[②] 其结果是：商业案件越来越频繁地由普通法院审理。霍尔特是首位对现代贸易环境有深入了解的法官，并看到了构建与贸易环境相适应的普通法规则的重要性。他发展普通法学说的实例如下：他发明了"雇主为其雇员的侵权行为承担责任"这一现代原则；[③]确立了诸多与可转让票据有关的规则；[④]在*Coggs v. Bernard*案[⑤]中，解决了各式各样的委托合同的形式问题。霍尔特不像曼斯菲尔德勋爵那样精通外国商法体系。在当时，相对于英

---

① No. 14（May 12，1709）.

② 前文第137、142页；后文第236、244~245页。

③ William Searle Holdsworth，*A History of English Law*（viii），London：Methuen & Co. Ltd.，1925，pp. 474 – 477.

④ William Searle Holdsworth，*A History of English Law*（viii），London：Methuen & Co. Ltd.，1925，pp. 161 – 170.

⑤ （1704）Ld. Raym. 909.

格兰法而言,很多外国商法体系更为先进。在发展英格兰商法以适应现代需要的过程中,霍尔特主要依靠商人自己提供佐证。霍尔特本质上仍是一名普通法学家,存在普通法学家常有的诸多保守特性。例如,他反对通过强制执行准合同的方式扩大损害赔偿之诉(the action of assumpsit)的适用范围;①他曾经将古老的控告谋杀之诉(appeal of murder)描述为"一种崇高的救济措施";②他还拒绝承认本票(promissory notes)的可转让性。③ 霍尔特的法律保守主义倾向妨碍了他将英格兰商法尽快地发展到其本该达到的水平。但是,缓慢的发展是否意味着能将这些新的原则更彻底地融入普通法之中呢?这是值得怀疑的。毫无疑问,要完全解决这一问题,需要拥有如曼斯菲尔德勋爵那样的法学家才有的世界视野。④ 但是,如霍尔特之流的法学家,将自己对现代商业环境的理解与几乎为普通法独有的训练结合了起来,拉开了解决现代商法问题的序幕,有助于稍迟一些的曼斯菲尔德勋爵彻底地将商法原则并入普通法。如果没有霍尔特前期所做的这些工作,就不可能有曼斯菲尔德后来所做的那些工作。

二、曼斯菲尔德勋爵

18 世纪上半叶,普通法的发展十分缓慢。普通法的程序非常技术化,诉答规则变得越来越精细,且越来越僵化。与并行的衡平法体系相比,普通法的发展和扩张速度已不是那么迅捷。尽管这一时期的普通法存在严重不足,但我们不应对之横加指责。正如沃尔波尔(Robert Walpole,1st Earl of Orford,1676—1745 年)奉

---

① William Searle Holdsworth, *A History of English Law* (viii), London: Methuen & Co. Ltd., 1925, pp. 93 - 96.

② *R. v. Toler* (1701) I Ld. Raym. at p. 557.

③ William Searle Holdsworth, *A History of English Law* (viii), London: Methuen & Co. Ltd., 1925, pp. 172 - 176.

④ 后文第 178、183 ~ 184 页。

行的“不要妨害已确定的事物”(*quieta non movere*)这一政策对国家做出了巨大贡献一样,这一时期的普通法也并非一无所成,它巩固了“光荣革命”达成的和解,普通法院的日常工作即便没能迅速地推动普通法向前发展,但对国家也做出了一定的贡献。首先,普通法院的日常工作牢固地确立了现代普通法的原则,这些原则在17世纪早期就已出现,自王政复辟和“光荣革命”以来仍一直在发展。其次,它赋予了普通法原则以稳定性和一致性。

但从18世纪下半叶开始,在(社会生活的)诸多方面,变革与发展已初见端倪。当时,殖民地不断扩张,工商业蓬勃发展,这些新变化引发了新的问题,呼唤普通法进一步向前发展,要求法学家们提出新的解决方法。1756年,新任的王座法院首席大法官不仅是18世纪最伟大的法学家,而且还是一位法律政治家,对于普通法而言,这真是一件幸事。曼斯菲尔德充分地认识到,如果试图让普通法继续顺利地解决因日新月异的工商业发展而提出的新问题,就有必要将新思想融入普通法的施行和原则之中。曼斯菲尔德担任这一职位达三十二年之久,这同样是普通法的幸事。由于曼斯菲尔德大法官谙熟英格兰法之外的其他法律体系,因此,他能活学活用地将一些舶来的原则用以批判英格兰的普通法规则。他丰富的执业经验也使他不单单是一位普通法学家,而且是一位出色的衡平法学家;他对衡平法表现出的扩张能力印象深刻,并深信需要将衡平法的某些原则纳入普通法之中。由于他是王座法院的首席大法官,该法院行使的管辖权比其他两个普通法院更为广泛,因此,他的影响能通达普通法的全部领域。我们看到,虽然他未能说服同时代者及继任者采纳他的所有观点——例如,关于发展英格兰法某些分支的可能且可取的方式,①尤其是他对普通法与衡平法的关系的观点,②但他成功地将英格兰商法

---

① 后文第183、189~190页。

② 后文第189页。

置于现代基础之上；同样重要的是，他成功地将新思想融入了普通法之中——包括实体法和程序法，这使其影响超出了他所在的王座法院。

威廉·莫里（William Murray），即未来的曼斯菲尔德勋爵，①1705 年 3 月 2 日出生在苏格兰的司康（Scone）。1718 年，他离开苏格兰，求学于威斯敏斯特公学（Westminster School）和牛津大学基督教会学院（Christ Church）。1730 年，他被林肯律师会馆授予律师资格。在学徒期间，他打下了良好的法律知识基础。他曾学习过罗马法、国际法和苏格兰法；而对苏格兰法的学习又引导着他研究法国、荷兰等国的法学权威著作，一些著名学者也是依据这些权威性资料研究这些国家的法律的。他在律师界迅速蹿升，这并不令人惊讶。从他作为王座法院首席大法官时的判决中可以清楚地看出，他对英格兰法的规则和原则了如指掌；并且，同时代者评价说，无论是作为讲演者、律师，还是作为法学家，他都表现得非常出色。1742 年，莫里成为副总检察长和下议院议员。与在法院时一样，他在下议院也取得了成功。他唯一的对手是老皮特（William Pitt，1st Earl of Chatham，1708—1778 年）。1756 年，王座法院首席大法官莱德（Dudley Ryder，1691—1756 年）去世，这使曼斯菲尔德跃跃欲试，试图凭借自己为政府做出的贡献，谋求继任这一职位。虽然政府开出了诱人的条件，希望他继续留在下议院为政府辩护，但他拒绝了，他想获得王座法院首席大法官这一职位和贵族爵位。

曼斯菲尔德一直在政府供职，直到 1763 年。1757 年，他为

---

① 参见 Cecil Fifoot, *Lord Mansfield*, Clarendon Press, 1936; John Campbell Campbell, *Lives of the Chief Justices of England* (ii), London: John Murray, 1849, pp. 302 - 58; Edward Foss, *The Judges of England: with Sketches of Their Lives* (viii), Oxford University Press, 1874, pp. 335 - 348; John Holliday, *The Life of William Late Earl of Mansfield*, London: J. Butterworth, 1797; William Searle Holdsworth, *A History of English Law* (xii), London: Methuen & Co. Ltd., 1938, pp. 464 - 560。

英格兰做出的最为重大的贡献是：他说服国王不要任命亨利·福克斯（Henry Fox，1st Baron Holland，1705—1774年）为首相，从而使哈德威克（Philip Yorke，1st Earl of Hardwicke，1690—1764年）能以谈判的方式促成老皮特与纽卡斯尔（Thomas Pelham-Holles，1st Duke of Newcastle，1693—1768年）的结盟，这改写了欧洲的历史进程。多年以来，他一直担任上议院的领导成员，但随着年龄的增长，他将所有的时间和才干都投入到王座法院和议会的法律工作之中。他从事的这些工作不仅得到了英格兰法学家们的高度评价，而且得到了其他国家法学家们的高度赞赏。布莱克斯通告诉我们，曼斯菲尔德对捕获案件（prize cases）的处理"为欧洲各国所知晓和推崇"；[①]帕克（James Alan Park，1763—1838年）在他探讨保险法的著作的致谢词中说到，曼斯菲尔德对商业案件的处理使其大名"不仅为不列颠人所夸耀，而且为欧洲人所钦佩"。1788年，曼斯菲尔德辞去首席大法官一职，旋即退休。此后，他回到肯伍德的家中，在那里度过余生。在退休期间，曼斯菲尔德运用自己非凡的能力，经营自己的地产，一有闲暇便阅读经典，自娱自乐；这使他声名远扬，由于具有独特的社交魅力，他新老朋友众多。1793年，曼斯菲尔德辞世，葬于威斯敏斯特大教堂。弗拉克斯曼（John Flaxman，1755—1826年）为其立碑，费用则是以贝利先生（Mr Baillie）的遗产支付的。贝利先生是一位知恩图报的委托人，曼斯菲尔德曾为他追回了一座大的庄园。

曼斯菲尔德拥有广博的法律知识，能洞察瞬息万变的经济环境，相较于当时其他的法学家或政治家，他更敏锐地意识到普通法的不足。同时，与所有普通法学家一样，他十分尊重普通法传统，保持着"普通法至高无上"这一传统信念，并具有司法职务神圣性的传统意识与责任感。由于曼斯菲尔德已意识到普通法存

---

① William M. Blackstone, *Commentaries on the Law of England* (iii), Portland: Thomas B. Wait & Co., 1807, p. 70.

在不足,且具备探知恰当救济方式的学识和政治才能,并保持着普通法至高无上的传统意识,因此,他很自然地认为,要使普通法适应变革时代的需要,最佳的方式就是以法院的判决为手段。曼斯菲尔德让普通法适应新的需要的尝试取得了很大成功,这不足为奇。因为他很愿意引入新思想,同时具备使新思想适应普通法技术环境的本领,而且对法律思想的未来发展趋势具有惊人的洞察力。但在努力实现这一目标的过程中,他有时会无视既定的原则,超越自己的权限,并实际地僭越了立法机关的权能。那些做法当然是错误的,但却是值得称赞的错误;因为这意味着,他旨在使普通法适于直面未来的问题。他成功地实现了这一目标,从而使普通法自身具备了适应新环境的能力,使普通法能成功地应对肇始于18世纪末的改革年代出现的各种问题。因此,为了全面理解曼斯菲尔德对普通法未来发展的影响程度与特点,我们必须从不同的视角审视他的工作。

关于普通法发展与改革的条件问题,18世纪的法学家和政治家与19世纪的法学家和政治家持截然不同的观点。当时,边沁仍只是一个早慧的年轻人,并且,立法机关根据先验的原则实施广泛法律改革的时代尚未到来。而且,在当时,旨在解释(有时甚至是为了证明)显然不合理的旧规则具有合理性的纯历史的法学流派尚未出现。这些18世纪的法学家和政治家同时兼备这两个学派的一些特征。一方面,他们与信奉边沁主义的改革者有一些相似之处,即他们坚信自己所处的时代比过去更加优越,非常愿意根据自然理性和正义原则,依据自己引以为傲的发现,去改革陈旧而野蛮的规则。正是出于这一原因,他们欣然赞成对已被证实的陈规陋习予以废除和变革,前提是保持普通法和宪法基本原则的不变。“虽然布莱克斯通是一个乐观主义者,但他从不反对进行合理的变革;小皮特(William Pitt the Younger,1759—1806年)、伯克(Edmund Burke,1729—1797年)和福克斯(Charles

James Fox，1749—1806年）则是以不同方式推行改革的人。”①另一方面，这些人与历史学派的思想家也有一些相似之处，即他们之中的许多人意识到保护过去传统的迫切性，并坚持认为，为了适应新的情况而进行发展是应当的，但不应依靠彻底的立法变革这一手段，而应在必要时对现行的法律进行调整或微调。这是伯克、布莱克斯通及曼斯菲尔德的看法。他们都反对在普通法领域进行大规模的法律改革；都支持对已证实的陈规陋习从立法的角度进行改革；都赞成通过司法手段对旧的规则和原则进行处理，以便其适应新的情况，并由此使普通法适应当前的需要。

相较于曼斯菲尔德，伯克和布莱克斯通在立法改革这条道路上走得更远。曼斯菲尔德确实支持废除苏格兰高地世袭的司法管辖权，支持废除哈德威克的婚姻法，赞成废除贵族仆从的权利以捍卫议会的特权，主张废除救济罗马天主教徒的法案。但在总体上，他反对通过立法的方式在普通法领域进行变革。在他最重要的一次演讲中，他曾反对1758年的《人身保护法案》；在他担任副总检察长时，在 *Omychurd v. Barker* 案中，他曾说道，“一部法规很少能考虑到所有的情况，而普通法纯粹是依靠从正义之泉汲取的规则运行的，因此，普通法优于议会的立法”。② 但他乐于——比当时任何一位伟大的法学家都更乐于——改革普通法，他希望通过法院这一机构之手，使普通法适应当前的需要。

尽管诸多的诱惑使曼斯菲尔德投身于政治领域，但他仍对普通法忠贞不渝。他之所以对普通法推崇备至，是建立在如此深刻认识的基础之上：公正而开明地实施普通法，对保障国家与人民的福祉至关重要。因此，对于法官的职责及行为，曼斯菲尔德怀

---

① A. V. Dicey, *Law and Opinion in England*, The University of Chicago Press, 1906, p. 123.

② (1744) I Atk. at p. 33. 这一陈述自然惹怒了边沁，参见 John Bowring (ed.), *The Works of Jeremy Bentham* (vii), Edinburgh: William Tait, 1843, p. 311。

有崇高的理想。在这方面，他的确遵循了从中世纪以降直至现代的普通法传统。关于他自己对普通法的尊崇以及对法官职责与行为的崇高理想，最生动的阐述要数他在推翻威尔克斯(John Wilkes,1725—1797 年)被剥夺法律资格的判决①中的说明了。

一个如此理解法官行为与司法工作的人，一个同时充分认识到应根据时代需要发展普通法的人，肯定会认为，促进普通法发展的最佳方式是以法院的判决为手段。曼斯菲尔德总是坚称，必须按照普通法的原则解释案件；他认为，尽管经由一系列案例确立的普通法规则不能被推翻，但我们必须尽可能地将这些案件解释为与这些普通法原则相一致。此外，他还认为，如果由时间上更早的判例确立的规则所依据的理由不再适应现代的环境，那么，这些规则可以(并且应当)不予考虑。在 *Taylor v. Horde* 案中，曼斯菲尔德遵循了这一原则，当时，他试图证明，由于“依法占有”(seisin)与“非法侵占”(disseisin)、“土地持有”(tenure)、“自由持有地产”(freehold)和“让与自由持有地产”(feoffment)等术语已失去了旧时的意义，支持“赠与自由保有地产会产生侵权的效力”的古老理由已不复存在，因此，它们现在已不具有效力。② 在 *Perrin v. Blake* 案中，他同样遵循了该原则，当时，他试图将 *Shelley's Case* 案中的规则降低到解释规则的层次。③ 在 *Corbett v. Poelnitz* 案中，他如法炮制，认为，一名与丈夫分居且领受分居抚养费的已婚妇女可以按单身妇女的身份起诉。④

---

① (1768) 19 S.T. at pp. 1111 - 1114；鲍林说：“他斜靠在自己的椅子上，发表演讲，时而会为自己赢得很多掌声与赞美。”参见 John Bowring(ed.), *The Works of Jeremy Bentham*(x), Edinburgh: William Tait, 1843, p. 45。

② (1757) 1 Burr. at pp. 107 - 108, 113 - 114；亦可参见 William Searle Holdsworth, *A History of English Law* (viii), London: Methuen & Co. Ltd., 1925, pp. 43 - 44。

③ (1770) Collect. Jurid. i, 283 - 322.

④ 3 (1785) I T.R. 5.

由于曼斯菲尔德对普通法规则和原则有深刻的理解,并将这些原则适用于普通法的诸多分支,于是曼斯菲尔德借此发展英格兰法,并使之与现代环境相协调。通过按照这些原则行事,曼斯菲尔德对他所在法院的诉讼程序进行了较大而有益的变革。他总是乐意创造诉讼和诉答规则,以便节省诉讼人的时间和费用;他在塑造指导法院诉讼程序的拟制(fictions)和惯例(conventions)方面技巧高超——尤其在以"逐出租地之诉"为中心而进行的拟制中,表现出了高超的技巧,维护了实质正义。他按照理性的路线促进了证据法的发展。他针对宪法——尤其是殖民地宪法——问题作出的一些判决,确立了我国现代法律的一些基本原则。他针对刑法、土地法、合同和侵权法作出的判决有助于现行法律的发展或精确化。然而,他对英格兰法最大的贡献在于:他确立了我国现代商法和海事法体系的一些主要原则。上述最后一项成就正是他在发展普通法方面做出的最突出贡献,弗朗西斯·布勒法官(Francis Buller,1746—1800 年)对该成就的著名评价[①]已得到坎贝尔(John Campbell,1779—1861 年)、[②]福斯(即 Edward Foss)[③]以及所有研究商法史者的赞同。与同时代者所作的工作相比,曼斯菲尔德在完成这一伟大工作时表现得更加

---

① "在 *Snee v. Prescott* 案[(1743) I Atk. 245]中,我们发现,哈德威克勋爵自己非常谨慎,没有确立任何一般性原则,而是依据这一案件的所有情形作出决定。在那一时期之前,我们发现,在普通法院,商业案件的所有证据都被抛掉了,都被抛给了陪审团,并且,普通法院没有就解决此类案件提出确定的原则。但从那时起,我们知道,一些伟大的研究都试图找到某些一般性的原则——它为所有的人所知晓,不仅是为了规制正在考虑之中的特定案件,而且是为了指导未来。我们大多数人都听说过这些已阐明的、经过了论证的原则。并且,我们将非常遗憾地发现,我们有必要将这一主题上的案件与那些已经为曼斯菲尔德勋爵判决的案件区别开来。老实说,曼斯菲尔德才是英国商法的奠基者。"参见 *Lickbarrow v. Mason* (1787) 2 T. R. at p. 73。

② John Campbell Campbell, *Lives of the Chief Justices of England*(ii), London: John Murray, 1849, pp. 403 – 405.

③ John Campbell Campbell, *Lives of the Chief Justices of England*(ii), London: John Murray, 1849, p. 342.

高明,这得益于他对大陆法学家学说的精通。正是由于这一原因,首先,他才能批判性地审视其前辈已作的判决;其次,与前辈相比,他能凭借更渊博的知识在更大限度上遵循这样的原则:要使欧洲大陆的法律规则适应英格兰的环境。正是由于这些原因,他才能将自己的判决置于那些既能为英格兰法学家、又能为大陆法学家接受的原则这一坚实的基础之上。

曼斯菲尔德乐于通过这些方法改革并发展英格兰法的众多分支,正是这一点使他赢得了诸如伯克、查尔斯·巴特勒和年轻的边沁这三个风格迥异者的称赞。在 *Omychund v. Barkery* 案中,伯克间接地论述了自己的观点:

> 通过使普通法崇尚的自由与人们对正义的渴求、对世界的实际关切相适应,曼斯菲尔德的一些思想与行为促进了普通法的逐步改善,且同时没有限制千姿百态的人类事务,没有改变自然正义的规则,而且没有超越人为的限度,但却使我们的法学顺应了商业和帝国发展的潮流。①

查尔斯·巴特勒说:

> 如果综合考察曼斯菲尔德的判决,就会发现,在一些最重要的法律部门,他的判决确立了一些独特的法学准则。那是一个同时建立在自由和公正原则基础上的体系,与他那一时代的天才人物和客观环境完全契合,它将历史悠久的古老法律学说与现代知识及需求恰当地

---

① 这一段话摘自调查上议院弹劾黑斯廷斯的案卷记录的委员会所做的报告,具体可参见 Edmund Burke,*Works of Edmund Burke*(vi),ed. By Bohn's Standard Library,George Bell & Sons Publication,1902,p. 481。

融合起来。[1]

边沁告诉我们：

> 从我坐在受雇的委员会的位子——该座位位于王座法院官员座位的下方——的第一天上午开始……在我崇拜的神明的前面，坐着首席大法官先生……日复一日地，我每天早晨的朝圣之旅都是从拜谒这一活着的偶像之位开始的。[2]

边沁非常钦佩曼斯菲尔德，他甚至为此撰写过一首诗，但在写好起首两句之后，却再也未能继续下去：

> 致敬尊贵的曼斯菲尔德！法官中的首席；
> 他令恶人惧怕，让善人信任。[3]

由于曼斯菲尔德在普通法之外还精通其他法律体系，因此，他能通过自己的判决发展普通法规则和原则，并使之现代化。他对其他法律体系的了解有助于他得出正确的结论，以便将正确的法律原则应用于摆在他面前的案件中；他对英格兰法的掌握非常精熟，这有助于他让那些法律原则保持与英格兰法权威相一致的技术形式。在缺乏相关的权威或者与权威相冲突时，能够做到这一点并不太困难；但当判决的理由完全为权威性资料所涵括时，

---

① Charles Butler, *Reminiscences*(i), London, J. Murray, 1821, pp. 130 – 131.

② John Bowring(ed.), *The Works of Jeremy Bentham*(i), Edinburgh: William Tait, 1838, p. 247.

③ John Bowring(ed.), *The Works of Jeremy Bentham*(x), Edinburgh: William Tait, 1843, p. 46.

做到这一点就比较困难了。并且,我们很难区分以下两种类型的案件:一是缺乏权威性根据且法官们对“理想的正确规则是什么”意见相左,而且法官们有完全的自由裁量权的案件;二是权威性根据不仅充分而且一致,尽管这些根据与法官们的意见相冲突,但法官也必须服从这些根据的案件。曼斯菲尔德认识到了这一困难——他曾经说,“亲爱的加里克(David Garrick,1717—1779年)先生,现任的法官经常处于与你一样的尴尬境地中——处于悲剧与喜剧之间;个人的喜好为他勾勒了一条前进的路径,而一系列先例却指向了另一条路径”。[①] 曼斯菲尔德希望能依据理想的正确原则对案件作出判决,但他同时承认,既定的规则不应被随意推翻。正如我们所料,他并非总是能够在这些相互冲突的理想之间成功地实现平衡。他熟悉普通法之外的其他法律体系,对普通法的历史和权威也有全面的了解,并且他认为,如果支撑旧规则的理由不复存在,那么,这些旧规则就可以弃之不顾,他的这一观念使他更难找到平衡。因此,在一些情况下,虽然权威性根据足以支持截然相反的结论,但他会根据自己认为正确、合理且不悖于正义的原则作出判决。他的这一做法并不令人惊讶。他对普通法之外的其他法律体系足够了解,这使他能对“什么是正确且合理的原则”作出判断。他对普通法历史和权威也非常了解,这使他能如此地解释这些案件,并说服自己:这些判决并没有违背正确而合理的原则。他认为,如果支撑旧规则的理由已不复存在,那么,这些旧规则就可以被抛弃,这使他能将这些规则所依据的权威视为毫无价值的东西,进而予以摒弃。

我认为,大家可能会发现,在上述情况下,曼斯菲尔德在两种法律体系——苏格兰法和衡平法原则——中,找到了自认为正确且合理的原则。

---

① John Holliday, *The Life of William Late Earl of Mansfield*, London: J. Butterworth, 1797, p. 21.

曼斯菲尔德是一位知识渊博的苏格兰法学家。他早期从事的法律实践活动是在苏格兰审理人们向上议院提出的上诉；通过在上议院审理这些上诉案件，他对苏格兰法的了解渐趋成熟。他是一位知识渊博的苏格兰法学家，这一事实通过两种方式影响了他的思想。第一，这使他熟悉某些时候显得更为合理的苏格兰法律规则。第二，这有助于他在法律问题上形成独特的苏格兰人视角——正如麦克米伦（Hugh Pattison Macmillan，1873—1952 年）爵士指出的，从这一视角出发，苏格兰的律师们通常寻找的不是恰当的令状，而是适当的法律原则；这导致他们习惯于借助逻辑与演绎方法构建系统，而非运用英格兰式的、从既决案件中进行经验归纳的方法。① 曼斯菲尔德总是试图找到适合他判决案件的原则，他认为，与其关注任何特定案例的实际判决，还不如关注判决所依据的原则。一个具有如此心智、视野的人有时会禁不住忽略那些在他看来发布了不合理原则的案件，有时也会禁不住歪曲案件的意义，以证明确立合理的原则具有正当性。因此，他在苏格兰法中找到了一种合同理论，并认为，这一合同理论比英格兰的、建立在对价基础上的合同理论更合理。在 *Pillans v. Van Mierop* 案②中，他不顾英格兰的判决，提出了一种实质上与苏格兰法律理论相同的合同理论；而在另外的案件中，他歪曲了过去判例的意义，以证明自己的这一观点，即道德义务是一种够格的对价。在 *Taylor v. Horde* 案③中，他给出了“合法占有”（seisin）和“非法侵占”（disseisin）的定义，该定义与苏格兰法律学说相似，但显然不是英格兰法的定义。

曼斯菲尔德还是一位博学的衡平法学家。尽管他是皇家法

① Hugh Pattison Macmillan，“Scots Law as a Subject of Comparative Study”，*L. Q. R.*，1932(48)：482.

② (1765) 3 Burr. 1663.

③ (1757) 1 Burr. 60；前文第 183 页。

律官员，但他在衡平法院也从事过一些重要的法律活动。我们看到，在18世纪的大部分时间里，普通法与衡平法之间的关系仍是一个悬而未决的问题。[①] 大多数法学家赞同哈德威克的观点，即普通法与衡平法必须相互区别、相互独立，并且，尽管普通法院和衡平法院同时必须相互协作，但应当分别从不同的路径进行合作。另外，曼斯菲尔德与另一些法学家们认为，如果人们能尽可能地打破这种区隔，进而实现普通法与衡平法原则之间的某种融合，那将有助于减轻诉讼当事人的负担。在这一点上，他可能又一次在一定程度上受到了苏格兰法的影响——在苏格兰，普通法与衡平法是由相同的法院实施的。事实上，英格兰两大法院分立的制度与苏格兰统一法院制度何者更优的问题，一直是哈德威克和凯姆斯（Lord Kames，即 Henry Home，1696—1782 年）[②]通过书信讨论的主题，曼斯菲尔德可能对此一无所知。在 *Burgess v. Wheate* 案中，曼斯菲尔德就这一问题发表了自己的看法，明确了这两大思想流派（即认为普通法与衡平法应相互独立的一派，另一派则主张二者应融合）在这一问题上的分界线；不仅在处理准合同时，而且在承认并赋予衡平权利法律效力的案件中，他都试图贯彻这一划分。正是这些判决为朱尼厄斯（Junius）[③]恶意谩骂曼斯菲尔德提供了口实，并导致曼斯菲尔德的继任者肯尼恩（Lloyd Kenyon，1732—1802 年）和埃尔顿贬低曼斯菲尔德对英格兰法的贡献。事实上，在这些案件中，曼斯菲尔德超越了法官的权限，篡夺了立法机关的权力，这是毫无疑问的。关于这一问题，当时年纪尚轻的边沁——曼斯菲尔德的崇拜者——在《〈释义〉之评论》（*Comment on the Commentaries*）中非常客观地说道：

---

① 后文第 222 ~ 231 页。

② 后文第 221 ~ 223 页。

③ 朱尼厄斯（Junius），1769 年至 1772 年在伦敦一家报纸上发表一系列抨击英内阁信件的不知名作者的笔名。——译者注

> 如果有一个法官受天赋指引,为改革热忱所激励,并厌倦妄为、延误、偏见、无知、恶意、易变以及平民会议可疑的忘恩负义之举;如果他试图用唯一的手段,努力消除传统的低能行为的进一步蔓延,并在他的房间里写下单纯而天真的司法命令,那么,请他反思:以牺牲普遍的确定性为代价而进行的部分修正是否值得? 由此换得的"部分善"实际上是一种普遍的恶,而且,出自法庭的修正最终带来的只能是混乱。

毫无疑问,曼斯菲尔德让自己暴露在这一合理批判的炮火之下。但在评价他对英格兰法的贡献时,我们不应过分强调他担任法官时行为上的缺陷。首先,我们应记住,与他曾经成功作出的、获得了普遍认可并使英格兰法获得了发展与现代化的大量判决相比,遭受批评的判决可谓九牛一毛。其次,我们要记住,19 世纪、20 世纪的立法机关与后世的法学家已认可潜在其(即曼斯菲尔德)"异端邪说"之下的一些原则——如"让与自由保有的地产行为不会产生侵权的效力"[①],废除 *Shelley's Case* 案[②]确立的规则——具有合理性。并且,许多法学家宁愿选择他在 *Pillans v. Van Mierop* 案中概括出来的合同理论,而不愿接受现代英国法中的合同理论。[③] 再次,我们应记住,尽管他未能使普通法与衡平法原则相融合(幸亏他失败了),但他成功地将某些衡平法原则纳入了普通法之中。他或他的同事们促使普通法引入了三个重要

① 8 and 9 Vict. c. 106, § 4.

② The Law of Property Act,1925,15 Geo. 5,c. 20, § 131.

③ William Searle Holdsworth,*A History of English Law* (viii),London:Methuen & Co. Ltd. ,1925,pp. 47 – 48; 也可参见 Lord Wright,"Ought the Doctrine of Consideration to be Abolished from the Common Law? ",*Harv. Law Rev.* ,1935(49):1225 – 1253。

学说,它们是:“因先前的行为而不容反悔学说”(estoppel by conduct)[①]、“中途留置权学说”(stoppage *in transitu*)[②]以及“不得对收货人的委托人行使中途留置权学说”[③]。曼斯菲尔德又将“双方当事人的过失相等时,被告人的地位更有利”(*in pari delicto potior est conditio defendentis*)这一原则普遍适用时的一些限制引入普通法之中,从根源上讲,这是合乎衡平原则的。[④] 最后,我们应记住,曼斯菲尔德曾试图扩张“债务人承诺偿还或履行债务”(*indebitatus assumpsit*)这一学说的适用范围,以救济那些带有衡平性与道德性特点的权利,尽管他的努力最终失败了,[⑤]但他的判决有助于准合同法的发展;并且,他非常熟悉衡平法原则,这有助于他建立现代商法体系。一方面,曼斯菲尔德具有一些独特而非凡的品质;另一方面,他又难免兼有这些独特品质的先天不足,这使他能为普通法及其施行做出如此巨大而持久的贡献。

在历史的重要转折关头,英格兰法幸运地遇到了一些伟大的法官,他们型塑了英格兰法,使之适于解决新时代提出的难题,同时没有明显抛弃这些原则的连续性。对于英格兰与普通法而言,这种连续性并非不重要。对英格兰这一国家而言,这种连续性有助于保持英格兰人对法律传统的尊重,那成为人们养成守法习惯的先决条件。对于普通法而言,这一连续性确保了普通法原则按照合乎逻辑且科学的方式向前发展,这是创建我国稳定而持久的法律体系的先决条件。正如在文艺复兴、宗教改革和罗马法继受

---

① William Searle Holdsworth, *A History of English Law* (ix), London: Methuen & Co. Ltd., 1926, pp. 161 – 162.

② *Lickbarrow v. Mason* (1787) 2 T. R. at p. 75.

③ *Lickbarrow v. Mason* (1793) 6 East. at p. 36.

④ 具体可参见 *Smith v. Bromley* (1760) 2 Dough. at p. 697;亦可参见 *Bosanquet v. Dashwood* Cases 2 Dougl. at p. 698;还可参见 *Ward v. Lant* (1701) Prec. in Chy. 182,以及 *Hastelow v. Jackson* (1828) 8 B. and C. at pp. 226 – 227。

⑤ 参见 *Sinclair v. Brougham* [1914] A. C. at pp. 455 – 456,根据萨默尔勋爵(Lord Summer)的判决意见。

时代的巨大变革中,柯克的判决和著作确保了普通法发展的连续性;在由工业革命及法国大革命传播的思想、边沁倡导的理念引发的巨大变革中,曼斯菲尔德的判决同样确保了普通法发展的连续性。英格兰法能调整自己的原则以适应新的改革时代的需要,同时保持其在国家生活中具有稳定而持久的影响,这主要归功于曼斯菲尔德。

开会期的英国议会平民院(House of Commons in Session),弗兰德裔英格兰画家 Peter Tillemans(1684—1734)创作于1710年。

第九讲

哈德威克和埃尔顿

《第一代哈德威克勋爵菲利普·约克的肖像画》(Philip Yorke, 1st Earl of Hardwicke,1690—1764),英格兰画家 William Hoare of Bath 创作。

《第一代埃尔顿勋爵约翰·斯科特大法官的肖像画》(John Scott,1st Earl of Eldon),英格兰画家 Sir Thomas Lawrence 创作于 1830 年以前。

自1682年诺丁汉勋爵去世到1737年哈德威克勋爵被任命为大法官的这段时间，衡平法的原则和规则获得了飞速发展，巴洛（Henry Ballow，1707—1782年）的《衡平法论丛》（*Treatise of Equity*）一书对此进行了总结，这本书于1737年以匿名的形式出版。① 在18世纪乃至于19世纪的前30年，这些衡平法原则和规则仍在快速发展之中。但由于巴洛的《衡平法论丛》出版于衡平法快速发展的早期行将结束之时，因此，在这本书中，我们既可以看到后来已确定的衡平法原则、规则与对普通法进行衡平性补充时依赖的最初基础之间的联系，也可以看到依据公平、正义原则对特殊案件中的普通法进行个别性修改和补充的方式。巴洛熟悉所有的权威性资料（包括古代资料与现代资料），并经历过哲学转向，这使他尝试着去简化一些分散的原则与那些经常模糊不清的衡平法原则和规则，进而使他在衡平法学说获得快速发展的时期成了一个令人钦佩的代表性人物。

首先，巴洛解释了人们需要衡平法的原因。他认为，这一原因扎根于圣·杰曼的《神学博士与普通法学徒之间的对话》一书

① 虽然这本书是匿名出版的，但已能确定巴洛（其时担任财政部官员）是其作者。参见 William Searle Holdsworth，*A History of English Law*（xii），London：Methuen & Co. Ltd.，1938，pp. 191 – 192。

阐明的、埃尔斯米尔①接受的理论基础之上，即由于普通法规则带有抽象的一般性特点，因此，在有些时候，在特殊的案件中，对于特殊的人，可能造成不公正。② 由此可以推出，除非这一类型的不公正能得到证实，否则衡平法必须服从普通法。圣·杰曼将衡平法存在的理由一直追溯到中世纪——其时，衡平法是由神职的枢密大臣们实施的，并一直延续到世俗的英格兰法学家实施衡平法的时代，③巴洛则将之延续到另一时期，即衡平法快速地变成了一个由确定的原则和规则组成的明确的系统时期。其次，巴洛承认，衡平法院修改普通法规则的权力历来存在一定的限制，如果某一普通法规则明确地排斥其干涉，则不能干涉；并且，在很多案件中，衡平法干预普通法规则的方式必须被法院的实践明确地予以规定。④ 正如我们已经看到的，诺丁汉公爵曾经说过，制约他的"良心"并非是从内在、自然的意义上说的，而是从国家、政治的意义上说的。⑤ 最后，正是由于衡平法体系的发展仍处于初始阶段，巴洛才能提出一些广受后人诟病的、松散的学说——比如，他曾提出，"价格不恰当是解除合同的一个理由"⑥；并且，很明显的是，当时的许多衡平理论与其后来的样子相比，更具有灵活性和开放性。事实上，早期的枢密大臣们作出的判决与我们在年鉴中看到的格言一样，一方面包含有现代法律原则和规则的萌芽，另一方面也包含了一些为现代法律人所唾弃的规则。

在整个这一时期，衡平法院都在运用这种广泛而灵活的司法

---

① *Earl of Oxford's Case* (1616) 1 Ch. Rep. at p. 6.

② 前文第 107 ~ 108 页。

③ 前文第 105、107 ~ 108 页。

④ Henry Ballow, *A Treatise of Equity*, London: D. Browne & J. Shuckburgh, 1737, p. 3.

⑤ 前文第 162 ~ 163 页。

⑥ 可参见 Henry Ballow, *A Treatise of Equity*, London: D. Browne & J. Shuckburgh, 1737, p. 11；亦可参见 William Searle Holdsworth, *A History of English Law* (xii), London: Methuen & Co. Ltd., 1938, p. 229。

管辖权，以实现高标准的公平正义；并且，到此时为止，衡平法院都是在十分自由的状态下运用这种司法管辖权，打击其不赞成的一系列行为，或者调整那些摆在它面前、由复杂的事件状态引起的衡平问题。但运用这种广泛而灵活的司法管辖权，会不可避免地在一些特定类型的案件上产生比较确定的衡平法学说。到目前为止，虽然这一进程尚未走得太远，但一些案件为衡平法院指明了未来的发展路径。例如，衡平法院下定决心，不容许任何一个法规被人利用，成为欺诈的工具，这一决心显然会引起诸如秘密信托之类的衡平法规则的产生；又如，为了避免产生衡平法意义上的毁损土地（waste）行为，衡平法院决定介入某些案件，这一做法将改变那些仅仅是为了糊口而未被指控毁损土地的佃户的法律地位。再如，衡平法院制定规则，“矫正那些利用未成年人进行欺诈性交易的行为”，那将为普通法增添一个注脚，将使这一法律部门变得更加复杂、更加不可靠；①为防止他人与继承人及代位继承人（reversioner）订立“圈套协议”（catching bargains），如果衡平法院进行干预，又会使有关这一问题的规则成为衡平法的一个独特分支；为防止某人施加不恰当的影响，如果衡平法院进行干预，就等于在有关胁迫的普通法规则中增加大量必要的补充物；并且，对于如何区分“推定某人施加了不恰当的影响”与“不能推定某人施加了不恰当的影响”这两种案件，②并针对因这一影响而获得的契约与遗嘱而分别规定不同的注意事项，衡平法院做了很多事情，③我们从中能看到现代法律的一些轮廓。

巴洛的著作与其报告的 1682 年至 1737 年枢密大臣们作出

---

① 可参见 Lord Sumner 在 *Leslie v. Sheill* 案中的判决，见 *Leslie v. Sheill* [1914] 3 K. B. at 613 - 618。

② *Manners v. Banning* (1709) 2 Eq. Cas. Ab. 282.

③ Gilbert, *Lex Praetoria*, 295 - 296; *James v. Greaves* (1725) 2 P. Wms. 270；这一区别现在已建立在不同的、比较可靠的理由基础之上，而非由这一案例所赋予的理由基础之上，参见 *Parfitt v. Lawless* (1872) 2 P. and D. at pp. 468 - 470。

的判决表明，衡平法已发展到这样一个阶段：它需要一位一流的法学家作为衡平大法官，其任期应足够长，以便人们能感知到衡平法的重要性。幸运的是，哈德威克完全满足衡平法要求的这些条件。紧随曼斯菲尔德之后，哈德威克成为 18 世纪最伟大的法学家，并且，他在这一职位上一干就将近 20 年。

一、哈德威克勋爵[①]

菲利普·约克（Philip Yorke），即哈德威克伯爵，生于 1690 年，是一位律师的儿子；在很年轻时，他就展现出了非凡的能力，因此他的父亲决定将他送到律师会馆学习法律。1706 年，在他 16 岁时，哈德威克进入了索尔克尔德（William Salkeld，1671—1715 年）的办公室工作，索尔克尔德是王座法院管理文卷的职员，在那里，哈德威克遇到了另外三个已获得法官职级的学生。[②] 1708 年，哈德威克成了中殿律师会馆的一员，并于 1715 年获得律师资格。[③] 在那些年里，他工作非常卖力，准备一取得律师资格，便出庭执业。在律师会馆期间，他进步十分迅速，1719 年，成为下议院议员。1720 年，在哈德威克 29 岁时，他被提拔为副总检察长。1724 年，升任总检察长。作为总检察长，哈德威克显示

---

① 可参见 William Searle Holdsworth, *A History of English Law* (xii), London: Methuen & Co. Ltd., 1938, pp. 237 - 297；亦可参见 P. C. Yorke, *The Life and Correspondence of Philip Yorke* (ii), Cambridge University Press, 1913；还可参见 Edward Foss, *The Judges of England: with Sketches of Their Lives* (viii), Oxford University press, 1874, pp. 178 - 197；John Campbell, *Lives of the Chancellors and Chief Justices of England* (v), J. Murray, 1894, pp. 1 - 173。

② 哈德威克当时遇到的三位学生分别是帕克（Parker C. B.）、斯特兰奇（Strange M. R.）以及爱尔兰的衡平大法官乔思林（Jocelyn）。

③ 在哈德威克担任总检察长之后，加入了林肯律师会馆，且成为该律师会馆的财务主管。参见 *Black Books of Lincoln's Inn* (iii). The Honourable Society of Lincoln's Inn, 1898, pp. 269, 270；同时，他仍是中殿律师会馆的高级律师，参见 P. C. Yorke, *The Life and Correspondence of Philip Yorke* (i), Cambridge University Press, 1913, p. 107。

出自己是一名好的普通法学家,而且精通教会法、罗马法以及国际法。同时,他还显示出自己拥有在下议院为政府实施的措施进行有效的辩护的能力。1733 年,哈德威克被任命为王座法院的首席大法官,并获得爵位。1737 年,衡平大法官塔尔博特(Charles Talbot,1685—1737 年)去世,哈德威克接替他的职位,就此开始担任那一职位,持续了很长的时间。1756 年 11 月 19 日,哈德威克辞去衡平大法官之职;但在 1762 年之前,他仍在政府部门任职。1764 年,哈德威克辞世。

作为一个国务大臣,哈德威克发挥着使这个国家保持稳定、和谐的作用,这是因为他受到了各政党的普遍尊重,他有能力在老皮特和纽卡斯尔这一有名的盟友之间居中协调,正如我此前所言,①这一著名的结盟改变了欧洲历史的进程。哈德威克的《婚姻法案》及其在 1745 年叛乱后就如何解决苏格兰高地问题而提议的那些法案,都证明他拥有高超的政治才能。正如布莱克斯通一样,哈德威克高度称赞维持各方平衡的 18 世纪宪法,并敏锐地觉察到了维护法律最高权威的重要性。毫无疑问,他对 18 世纪的宪法和普通法评价甚高,这易于导致这样的问题:他反对对这些法律进行一些有益的改革。在某种程度上,他成功地避免了这样的风险,但并没有完全避免。例如,我们看到,他疏于在衡平法程序上做太多的改革,这一做法对随后的衡平法发展有着深远的影响。② 作为一名法官,他赢得了普遍支持。卡姆登勋爵曾说过:"民众们涌入法庭,目的是旁听哈德威克审案,他们就像观赏加里克(即 David Garrick)的(表演)一样。"③并且,曼斯菲尔德、伯克以及威尔克斯都认为,当哈德威克宣读判决时,"就像在宣读至理

---

① 前文第 179 页。

② 后文第 209 ~ 210 页。

③ 关于哈丁的一生,可参见 John Campbell, *Lives of the Chancellors and Chief Justices of England*(v),J. Murray,1894,p. 361。

名言”①。

但是，对于作为衡平大法官的哈德威克最具有说服力、最贴切的评价，应是由 18 世纪唯一能够与之比肩的法学家曼斯菲尔德于 1756 年 11 月 8 日作出的；并且，给出这一评价的时机和场合也非常值得纪念。当时，哈德威克正准备辞职，并且，如我们已经看到的，他也确实于几天之后辞职了。② 而且，哈德威克的儿子查尔斯·约克两天之前才担任副总检察长，且同时担任林肯律师会馆的财务主管。作为财务主管，查尔斯·约克主持了该会馆为曼斯菲尔德举办的告别晚宴，曼斯菲尔德当时正以高级律师的身份为担任王座法院首席大法官做准备。曼斯菲尔德利用这个场合颂扬查尔斯·约克的父亲（即哈德威克），且利用这个机会承认哈德威克是其法律导师，并祝贺查尔斯·约克升职。曼斯菲尔德是以其出名的好口才和得体的谈吐说这些话的。他说：

> 如果说我在自己的职业领域有任何成就的话，那都应归功于那个伟人（即哈德威克）。在我进入法律行业的整个生涯里，他一直主持我国最高司法机关的工作。由于我每天都会陪同着他，受他的指点，因此，在他的光辉之下，我不可能一点都不分享他的光芒……如果我们自己没什么可夸耀的，或许可以夸耀培养我们的学校；学者们通常以导师为傲，我也不例外；我们可以挑战古人，显示我们可以与之比肩……我刚说到的这个伟大人物（哈德威克），曾主持（最高司法机关的工作）近 20 年，发出过耀眼的光芒，对于我们来说，这是一件特别幸运的事。他超越了派系之争，避免了为人所妒。我原本不打算、也不应该在这个场合说这么多，但在此时此刻，

---

① Charles Butler, *Reminiscences*(i), London, J. Murray, 1821, p. 133.

② 前文第 199 页。

> 如你们听到的，我不过是在陈述一些事实，而非颂扬他。对于您这位先生（同时向查尔斯·约克致意），由于您已经向这个国家作出了庄严的承诺，我相信，您会以实际行动践行这些承诺。这个国家对您有很多的期待。[1]

随后的年代证实了曼斯菲尔德的说法，即他的话更多的是对于事实的说明，而非颂扬。

哈德威克为很多衡平法原则确定了最终的形式。当他开始工作时，很多原则已经很确定，并且，这些原则的基础在某种程度上是由先例覆盖的，尽管在很多情况下，这些先例相互冲突，但那一方面指明了亟待解决的问题，另一方面也指出了解决问题的方法。无论是从勤奋程度上看，还是从其清晰、敏捷的思维能力上看，哈德威克都是一个完美的法学家；并且，由于有着特别长的任期，哈德威克能令人满意地解决这些问题中的许多问题，由此也使担任衡平大法官的哈德威克如同诺丁汉一样，在衡平法的历史上留下了浓墨重彩的一笔。[2] 对于改革衡平法院在程序上和实践上的滥权问题，哈德威克没有做太多的事情。的确，这一滥权现象并不像它在 18 世纪末和 19 世纪初时那样严重，哈德威克也确实通过发布命令的方式为减轻滥权问题做了一些事情；而且，他也确实能正确而迅速地作出决定，以便使滥权问题在其任内不太引人注目。但是，在考虑到了所有这些情形之后，我们不得不说，他未能阻止衡平法院在实践和程序上的滥权现象的持续恶化，其结果是衡平法院在平庸的继任者的管理之下，滥权现象变得越来越严重。以下，我首先将介绍哈德威克对衡平法实体原则的影响，然后再论述他对衡平法程序规则的影响。

---

① John Holliday, T*he Life of William Late Earl of Mansfield*, London: J. Butterworth, 1797, pp. 105 - 106.

② 关于诺丁汉，可参见前文第 159 ~ 164 页。

（一）实体性原则

哈德威克从来没有忘记衡平法最基本的原则，那就是：衡平法应遵从普通法的规定。他说：

> 我们首先要弄清楚，这一王国的宪法规定，应根据发生争议的财产类型适用不同的法律。如果是与遗产、遗嘱有关的问题，就要适用国王的教会法；如果是海事问题，就要应用海事法；如果事涉地产问题，就要应用普通法中的土地法。①

但是，如果有必要，衡平法也可修正并发展普通法规则——一个恰当的例子是“衡平性的毁损土地学说”（the doctrine of equitable waste）的发展。正如哈德威克在写给凯姆斯（即 Henry Kames）的信中解释的：新的商业环境、新的财产交易模式、新的财产形式的出现，都迫使衡平法产生新的规则。② 哈德威克成功地发展了这些新学说，这要归功于这样的事实：他一方面尊重既有的原则和规则，另一方面又承认自己的法院是一种良心法院，他将两者结合了起来。即使他个人不太赞同某些既定的原则，也从不发布与已有的原则相冲突的命令。③ 同时，如他在写给凯姆斯的信中所述的，他不必像普通法院的法官那样受既有规则的严格约束，因为如果他是普通法院的法官，“他有时肯定也会作出一些实质上不正义的判决”，并且，“即使这一判决与衡平法院的判决相对立，它也可能为衡平性救济奠定基础，并且为衡平法院的

① *Harvey v. Aston*（1738） west t. Hard，at p. 425.

② 引自 P. C. Yorke，*The Life and Correspondence of Philip Yorke*（ii），Cambridge University Press，1913，p. 555。

③ *Prowse v. Abingdon*（1738） 1 Atk. at p. 485.

发展提供一种好的胚芽”。[1] 所以，他宣称，衡平法院有处理欺诈及各种不择手段的卑鄙行为的广泛权力。在“切斯特菲尔德诉凡森案”[2]（*Chesterfield v. Fanssen*）中，他对种类繁多的不择手段的卑鄙行为进行了分析，无论在当时，还是在现在，这一分析都有利于衡平法院在普通法院根本不提供救济时为当事人提供救济。[3]

哈德威克在其判决中提出了一些基本原则，这些原则构成了很多衡平学说的基础。他通过与普通法中的财产权进行比较，界定了衡平法中财产权的性质和特点，确立了与衡平法中的“通知”学说（the doctrine of notice）有关的许多规则；通过与有偿购买人的法律地位进行比较，确定了无偿受让人（volunteer）的法律地位。由于哈德威克经常需要解释由遗嘱和协议引起的诸多问题，所以他有机会就下列问题——诸如债务清偿（satisfaction）、撤销遗嘱（ademption）、选择权（right of election）、侵占（conversion）等——提出衡平学说。他的这些判决结果使信托、家事、贷款抵押、资产管理之类的法律在很大程度确立了最终的形式。的确，在哈德威克担任衡平大法官时期，衡平法学说的范围并没有如19世纪那样完全确定下来。在当时及稍后的一段时间，衡平大法官在破产问题上有了更大的司法管辖权，衡平法规则和原则对这一法律分支的发展产生了一定的影响。在哈德威克时代，很多商业案件起诉到了衡平法院，但衡平法院现有的程序尚不足以审理这类案件；并且，哈德威克解决这类案件的方法也制约了他，使他不能为商法的发展做出很大的贡献。布勒法官（Buller J.，1729—1765年）也认为，这是由于哈德威克修正普通法的方式存

---

① P. C. Yorke, *The Life and Correspondence of Philip Yorke* (ii), Cambridge University Press, 1913, p. 554.

② (1750) i Atk. at pp. 351 – 353.

③ 参见 *Lancashire Loans v. Black* [1934] x K. B. at pp. 403 – 404，依据法官斯克鲁顿（Scrutton L. J.）的判决意见。

在问题。[1] 我们可以很肯定地说，在哈德威克担任衡平大法官的这段时间里，衡平法几乎已变得与其最终的形式一模一样。哈德威克为衡平法所做的许多建设性工作具有很多优点，而这些优点也获得了其同时代者的认可。正如戴尼斯·巴林顿（Daines Barrington，1727—1800 年）所说，"（哈德威克）近 20 年来殚精竭虑地作出了一些判决……这些判决已为我们确立了一个非常清晰、完整而有价值的衡平法系统，只有无知者才指责它是不确定的或不成熟的"。[2]

（二）程序性规则

毫无疑问，哈德威克时期的衡平法程序和辩护体系存在严重的缺陷，其耗时长，技术性强，且费用昂贵。吉本曾用形容查士丁尼时罗马法程序的语词来形容哈德威克及其继任者时期的衡平法院运用的程序："它是一种神秘的科学，一种牟利的生意"，"经过那些法律实践者的私人工厂加工，那一研究固有的复杂性变得更加糟糕，仿佛堕入了十八层地狱一般"。[3] 其结果就是："那一（诉讼）的费用有时甚至超过了回报本身，权利的申索者往往会因为贫穷或审慎而放弃应得的权利。"造成这些缺陷的原因可总结如下：

首先，衡平法院招募官员的方式仍是中世纪式的，其中的一些职位是特许的职位，拥有这些职位者会从诉讼者支付的费用中获取很高的报酬，而审案工作又是由那些收入较低的副手们承担的。[4] 另一些职位同样人浮于事，充斥着试图从诉讼费中获取较

---

① 前文第 183 页，脚注①。

② Daines Barrington, *Observations on the Statutes* (4th ed.), London: S. Baker and G. Leigh, 1775, p. 558.

③ Edward Gibbon, *Decline and Fall of the Roman Empire.*, London: Strahan & Cadell, 1776, chap. xliv.

④ William Searle Holdsworth, *A History of English Law* (i), Boston: Little Brown And Company, 1922, pp. 424 – 425, 441.

高的收入却不尽力做事之徒，[①]这些人要么做一些并不必要的杂务，要么承担一些简单的、复制不必要的文件的工作。[②] 在衡平法院的这些部门中，承担着大部分工作的职员如同政府其他部门的雇员一样，是由这些部门的领导雇用的；这些人经常想从诉讼参与人那里榨取名目繁多的费用，且经常能够得逞。[③] 在当时，这种做法司空见惯，因为普通法院和衡平法院的职员都是这样做的，[④] 但它在衡平法院造成的后果比普通法院更糟，这是由于衡平法院审理案件的程序和辩护程序非常独特，其对案件审理的管理也非常独特。[⑤] 其次，衡平法院的辩护程序长篇累牍、不合情理，并且是按照严格的逻辑路径发展起来的。[⑥] 在衡平法院的诉讼中，所有证据必须是书面证据，且都要以一种特别无效率的方式呈送到法院。[⑦] 人们设立衡平法院似乎不是为了解决诉讼双方之间的问题，而是为了在众多的人之间实现正义；[⑧]为了实现这种完全的公

---

① William Searle Holdsworth, *A History of English Law* (i), Boston: Little Brown And Company, 1922, p. 440.

② William Searle Holdsworth, *A History of English Law* (i), Boston: Little Brown And Company, 1922, pp. 426, 441.

③ William Searle Holdsworth, *A History of English Law* (i), Boston: Little Brown And Company, 1922, pp. 427, 441.

④ William Searle Holdsworth, *A History of English Law* (ix), London: Methuen & Co. Ltd., 1926, pp. 371 – 372；关于普通法院的官员构成问题，可参见 William Searle Holdsworth, *A History of English Law* (i), London: Methuen & Co. Ltd., 1922, pp. 246 – 262。

⑤ William Searle Holdsworth, *A History of English Law* (ix), London: Methuen & Co. Ltd., 1926, pp. 373 – 375.

⑥ William Searle Holdsworth, *A History of English Law* (ix), London: Methuen & Co. Ltd., 1926, p. 393.

⑦ William Searle Holdsworth, *A History of English Law* (ix), London: Methuen & Co. Ltd., 1926, pp. 354 – 358.

⑧ William Searle Holdsworth, *A History of English Law* (ix), London: Methuen & Co. Ltd., 1926, p. 348.

正，就必须清查账目、进行调查、管理地产，[1]所有这些事情都使这种依靠中世纪的方法招募人员、支付报酬的雇佣制度的不利后果进一步放大。最后，衡平法院的司法人员严重不足。相较于普通法院，衡平法院的人员配备严重不足，这就意味着衡平大法官和掌卷法官（Master of the Rolls）都没有充足的时间去有效地监督法院工作人员的所作所为。[2] 因此，由以上提到的这两个原因而引起的权力滥用现象只会进一步增加和增强。这就是整个 19 世纪衡平法辩护和程序系统持续恶化的重要原因。我认为，在哈德威克令人赞叹的成就中，存在一个严重的不足，那就是：他没有付出有效的努力去阻止衡平法缺陷的进一步扩大。这一不足甚至比同一时期其他衡平大法官的成就都更加明显。

1733 年，英国下议院的一个委员会出台了一份报告，使人们注意到了衡平法院的这些缺陷，其结果就是：人们开始对衡平法院的人事和收费情况进行调查。由此引出了很多问题，使哈德威克不得不就这些问题发布很长的命令，但他却没能对其所领导的法院在法庭实践和程序中存在的诸多弊端进行其他的改革。[3] 这部分是他固有的保守主义性格使然，部分是由于他很难推翻官员们基于既得利益而提出的反对意见，部分还由于他的工作特别繁重，无暇处理这些事情。他没有采取改革的行动，这非常令人遗憾。在哈德威克时期，滥权现象并不像后来那么严重；并且，哈德威克是那一时期唯一的、有足够能力和权威、能成功地实施改革的衡平大法官。他并非对这些弊端漠不关心，也不是不能或不愿进行立法上的改革，相反，他意图通过自己的勤勉和努力，缓解其中的一些弊端。

---

① William Searle Holdsworth, *A History of English Law* (ix), London: Methuen & Co. Ltd., 1926, p. 348.

② William Searle Holdsworth, *A History of English Law* (ix), London: Methuen & Co. Ltd., 1926, pp. 373 – 374.

③ William Searle Holdsworth, *A History of English Law* (xii), London: Methuen & Co. Ltd., 1926, pp. 286 – 288.

约克(P. C. Yorke)在《哈德威克的一生》[①]以及特维斯(Horace Twiss,1787—1849年)在《埃尔顿的一生》[②]中,都曾试图证明,他们书中的主人公并非不负责任地对待衡平法院实践与程序上的这些问题,相反,他们都试图消除由这种有缺陷的程序和答辩系统带来的不利后果。特维斯的论证非常有力。特维斯的作品成功地显示出,埃尔顿工作很努力,不甘人后,并且,他将自己卓越的天赋都用在为自己所在的法院确立规矩上,这些规矩不仅技术上正确,而且实质上公正;并且,他的法院发生的所有拖延现象都不是由于他的原因造成的。约克则证明了,特维斯的这一说法同样可用在哈德威克身上;在某些方面,约克为哈德威克所做的辩护无疑比特维斯为埃尔顿所做的辩护更具有说服力。特维斯被迫承认,埃尔顿有拖延判决的习惯,这反而加剧了因衡平法院程序上和实践上的缺陷而带来的不利后果,[③]但约克却能证明,我们不能这样指责哈德威克;[④]特维斯还证明了,埃尔顿在办案时惯于相信自己对案件事实的调查,而不太注意辩护人的意见,这极大地增加了他拖延判决的次数,[⑤]而哈德威克惯于倾听辩

---

① P. C. Yorke, *The Life and Correspondence of Philip Yorke* (ii), Cambridge University Press, 1913, pp. 500 – 509, 514 – 520.

② Horace Twiss, *The Public and Private Life of Lord Chancellor Eldon* (iii), London: J. Murray, 1720, pp. 327 – 408.

③ 可参见 Horace Twiss, *The Public and Private Life of Lord Chancellor Eldon* (iii), London: J. Murray, 1720, pp. 323 – 327;也可参见 William Searle Holdsworth, *A History of English Law* (i), Boston: Little Brown And Company, 1922, pp. 437 – 438。

④ P. C. Yorke, *The Life and Correspondence of Philip Yorke* (ii), Cambridge University Press, 1913, p. 508.

⑤ P. C. Yorke, *The Life and Correspondence of Philip Yorke* (ii), Cambridge University Press, 1913, pp. 525—526;埃尔顿曾为这种习惯辩护过,具体可参见 *Ruscombe v. Hare* (1817 – 1818) 6 Dow. at p. 16。转引自 Horace Twiss, *The Public and Private Life of Lord Chancellor Eldon* (iii), London: J. Murray, 1720, p. 353;并且,埃尔顿还讲过这样的故事:"阿伯加文尼爵士告诉我,他曾经推迟过一个诉讼,因为律师告诉他,这个案子有一缺陷。尽管双方当事人都没有发现这一缺陷,但只要推迟判决,就能保证其处理的案件只要有瑕疵,都能够被发现。"同上。

护人的意见,并相信辩护律师认真负责的态度,这有利于简化论证,使他能更快地作出裁决。① 毫无疑问,哈德威克有时也会花大量时间思考自己的判决。例如,*Casborne v. Scarfe* 案于 1737 年 1 月 28 日开始审理,直到 1738 年 3 月 25 日才作出判决;②还有其他一些案件从受理到判决持续了两到三年的时间。③ 一般地,埃尔顿审理很多案件经常会拖延数年时间,④而哈德威克延迟数天作出判决都不太寻常。⑤ 戴尼斯·巴林顿,一个与他们同时代的法学家曾说道:

> 一个案件一旦被法院受理,没有什么比迅速作出判决更重要的了;在一年中的多数日子里,衡平大法官或者掌卷法官每天都会在法院工作 5 到 6 小时,在 20 个案件中,有 19 个案件会得到迅速的裁决。⑥ 在 19 世纪初,曾有一些人攻击埃尔顿,说他有拖延判决的习惯,这些学者将埃尔顿的拖延癖与哈德威克的迅速判决进行了比较。⑦

---

① P. C. Yorke, *The Life and Correspondence of Philip Yorke* (ii), Cambridge University Press,1913,p. 525; 在 *Duke of Marlborough* 案[参见 *Lord Godolpkin* (1750) 2 Ves. Sen. at p. 83]中,在已经作出判决之后的第二天上午,哈德威克说,他忘了留意被告们引用的判例,但是,他已经给了被告一个答案。

② 1 Atk. at pp. 603,605.

③ 参见 P. C. Yorke,*The Life and Correspondence of Philip Yorke*(ii),Cambridge University Press,1913,p. 505。

④ William Searle Holdsworth,*A History of English Law* (i),Boston:Little Brown And Company,1922,pp. 437 – 438.

⑤ P. C. Yorke, *The Life and Correspondence of Philip Yorke* (ii), Cambridge University Press,1913,p. 505.

⑥ Daines Barrington,*Observations on the Statutes* (4*th ed.*),London:S. Baker and G. Leigh,1775,p. 559.

⑦ P. C. Yorke, *The Life and Correspondence of Philip Yorke* (ii), Cambridge University Press,1913,p. 508.

实际上，尽管看起来有点矛盾，但我们能够推断说，哈德威克为了减少衡平法院机制上存在的缺陷，付出了大量努力，并且取得了成功。他的天赋和勤勉在缓解这些根深蒂固的弊端方面如此有效，以致与本该进行的改革相比，在当时，要求改革的呼声反而不那么急迫，这因此丧失了挽救日益恶化的衡平法制度的大好机会。在哈德威克的直接继任者中，没有哪一位像他那样能干与勤勉；并且，在18世纪末，由法国大革命带来的恐怖氛围，以及需要集中整个国家的力量投入与法国之间的战争之中，都使英国彻底丧失了改革衡平法院的机会。因此，衡平法院在程序和辩护制度方面存在的缺陷因人们的放纵而变得越来越糟糕。随着衡平法院积弊日深，随着英格兰商业日渐繁荣，衡平法院的工作量大增，衡平法院的滥权现象越来越严重，甚至成为英格兰司法体系中滥权最严重的法院。

在哈德威克所做的工作中，影响最大且最深远的是为那些源自诺丁汉时期的衡平法实体原则设置可靠的基础。他所做的这一工作，加之他没能对衡平法院的实践和程序进行任何实质性的改革，结果使衡平法中的那些实体性原则继续沿着他和他的先辈们设定的路线前进，而其程序性原则却在持续恶化之中。对于普通法中的实体性原则和程序性原则的发展问题，我们可以得出同样的论断——尽管在普通法中，程序性缺陷并不像衡平法中那么严重。① 因此，当改革的时代来临时，改革者们不约而同地将注意力主要集中到衡平法和普通法的程序性缺陷上。我们看到，由于上述状况，加上这一世纪（即18世纪）里衡平法和普通法开始融合，以《司法法》为标志的一系列法律改革都是为了解决上述问题的。② 因此，可以这样说，在这一世纪（即18世纪）里，衡平法

① William Searle Holdsworth, *A History of English Law* (ix), London: Methuen & Co. Ltd., 1926, pp. 371 – 375.

② 后文第230～231页。

和普通法发展过程中存在的优点和缺陷都在英格兰法的程序规则与实体规则中留下了印记，这些规则有些至今仍在调整我们的行为。①

哈德威克的大法官任期结束于衡平法的形成时期。虽然他为衡平法做了很多工作，但仍有一些不足需要人们去补充，仍有一些不明确的地方需要阐明，仍有一些矛盾需要消除。这些工作有待那些继任哈德威克职位的大法官们去完成，他们的判决又为埃尔顿取得成功铺平了道路，就像在诺丁汉去世后与哈德威克任职之间的那些大法官们所作的判决为后继者的工作铺平了道路一样。埃尔顿所从事的工作不过是哈德威克工作的继续与补充，因此，如其他法律领域一样，在衡平法领域，18 世纪是一个富于创造力的世纪，为了使法律适应快速发展的社会需要，18 世纪的法学家们甘为人梯，为 19 世纪的法学家们打下了很好的基础。

二、埃尔顿勋爵②

（一）埃尔顿勋爵的生平

约翰·斯科特（John Scott），即未来的埃尔顿勋爵，1751 年 6 月 4 日出生于纽卡斯尔，曾就读于纽卡斯尔的皇家文法学校，终其一生，他都对该校校长休·莫伊塞斯（Hugh Moises，1722—1806 年）心怀感激之情——埃尔顿一当上衡平大法官，便请莫伊塞斯担任自己的专职牧师，而且，在稍后一段时间，埃尔顿兑现了

---

① 后文第 230 ~ 232 页。

② 参见 Horace Twiss，*The Public and Private Life of Lord Chancellor Eldon*（iii），London：J. Murray，1720；还可参见 William Charles Townsend，*Lives of Twelve Eminent Judges of the Last and of the Present Century*（ii），London：Longman，1846，pp. 366 – 520；Edward Foss，*The judges of England ：with sketches of their lives*（ix），Oxford University press，1874，pp. 39 – 52；John *Campbell*，*Lives of the Chancellors and Chief Justices of England*（vii），J. Murray，1894；William Edward Surtees，*A Sketch of the Lives of Lords Stowell and Eldon*，*London*，1846。

自己的诺言，为莫伊塞斯在教堂里谋得了很好的职位。埃尔顿的哥哥威廉，亦即后来的斯托威尔勋爵（William Scott，1st Baron Stowell，1745—1836 年），①是牛津大学大学学院的研究员和指导老师，他说服自己的父亲将埃尔顿送到了大学学院。1767 年，埃尔顿被大学学院选为研究员；1770 年，他顺利拿到学位；1771 年，他因一篇英文论文而获得牛津大学的奖学金。1772 年，发生了埃尔顿一生中最为浪漫的一件事——他和纽卡斯尔的一位银行家奥本·苏提斯（Aubone Surtees）的女儿私奔，并在爱丁堡成婚。他的哥哥威廉曾斥责这一愚蠢行为，但事实上，这是埃尔顿做出的最明智选择，因为这是幸福婚姻的开始，这段婚姻一直维持到 1831 年他的妻子去世，并且，这成了埃尔顿未来成功的基础。埃尔顿是一位模范丈夫，他切实履行自己的格言："一个带着别人的女儿私奔的男人能够做出的最好补救就是：在这个女人面前以实际行动证明自己。"②如果不是因为这桩婚姻及随之失去的研究员资格，埃尔顿本可以在教堂谋得一个差使。后来，在埃尔顿刚当上衡平大法官时，乔治三世（George Ⅲ，1738—1820 年）告诉埃尔顿，希望向他的妻子表达自己的问候，国王说道：因为"我知道，你本来是想让自己成为一名乡村牧师的，但你的妻子却让你成了我的大法官"。③

在 1774 年至 1776 年，埃尔顿担任罗伯特·钱伯斯（Robert Chambers，1737—1803 年）的副手，后者曾是埃尔顿在大学学院时的导师之一，并且，曾接替布莱克斯通担任主讲英格兰法的维纳教席教授。钱伯斯曾被任命为加尔各答高等法院的法官，并

① 后文第 248 ~ 257 页。

② Horace Twiss, *The Public and Private Life of Lord Chancellor Eldon* (iii), London: J. Murray, 1720, pp. 189 - 190.

③ William Charles Townsend, *Lives of Twelve Eminent Judges of the Last and of the Present Century* (ii), *London*: *Longman*, 1846, pp. 375 - 376.

且,大学学院曾为之保留该职位三年,以便他在发现自己无法在印度待下去时能回校任教。

在这些年里,斯科特一直践行自己的格言,那就是:一个想成为成功律师的人,必须"像隐士般生活,像马一样辛勤劳作"。结果是:当1776年中殿律师会馆授予其律师资格时,他已是一位具有广见博识的律师。他在律师界很快取得了成功,最著名的一次辩护是1779年为"阿克罗伊德诉史密森"①(*Ackroyd v. Smithson*)案的辩护,那一案件为他赢得了那一时代最好的衡平法律师的名声。这表明,作为一名律师,埃尔顿是一位非常有能力的辩护律师。他的辩护意见堪称一篇清晰、贴切、简洁、合乎逻辑的推理,彻底改变了一些人对"侵占学说"(the doctrine of conversion)的看法,并将这一法律置于现代基础之上。至于其对同时代法律观点的影响,埃尔顿告诉我们的这一故事也许是最好的说明。在兰开斯特的衡平法庭上,埃尔顿被指示简明扼要地陈述与"阿克罗伊德诉史密森"案相反的观点。② 这一法庭的法官,即阿什伯顿勋爵(Alexander Baring, 1st Baron Ashburton, 1774—1838年)的继任者理查德·邓宁(Richard Dunning, 1782—1832年)法官,在听完埃尔顿的辩护意见后,说道:

> "年轻人,请坐下!"由于我没有立即作出回应,他又重复道:"先生,请坐下!我不会听你的。"然后,我就坐了下来,邓宁法官说:"先生,我相信,你一定是斯科特。"我回答说:"是的。"邓宁继续说:"斯科特先生,你难道没有为'阿克罗伊德诉史密森案'辩护吗?"我回答说,我确实为它辩护过。邓宁法官接着说:"斯科特先生,我曾经

---

① (1779) i Bro. C.C. at pp. 505 – 514.

② Horace Twiss, *The Public and Private Life of Lord Chancellor Eldon* (iii), London: J. Murray, 1720, pp. 119 – 120.

> 阅读过你‘阿克罗伊德诉史密森案’的辩护词，我完全无法理解你或者任何英格兰人会这样辩护，我不会听你的。”

1783年，埃尔顿进入议会，并且是小皮特的坚定支持者，反对福克斯（即 Charles James Fox）和诺斯（Frederick North，1732—1792年）组成的联合政府（The Fox-North coalition）。1788年，埃尔顿担任副总检察长；1793年，他担任总检察长。在此期间，他起诉了那些试图在英格兰传播法国大革命思想、并主张对英格兰宪法进行激进改革的政党领袖。在起诉哈迪（Thomas Hardy，1752—1832年）、霍恩·图克（John Horne Tooke，1736—1812年）以及塞尔沃尔（John Thelwall，1764—1834年）时，埃尔顿遇到了困难，他竭力要求适用“推定叛国理论”（constructive treason），对于他来说，这一理论比案件本身更有价值。但最终，陪审团宣布这些被告无罪，从而阻止了对这一学说的极端应用。对于保障国民的自由来说，这是非常幸运的。该案的被告们被宣告无罪，其带来的后果是：埃尔顿提议并要求下议院通过旨在增强政府力量以对抗那些鼓动革命者的法案。这一法案成功地达到了埃尔顿的目的，并且，对于当时与法国发生的战争及英格兰的国内状况来说，这一立法无疑非常必要。

1799年，埃尔顿成为民事上诉法院的首席大法官，同时被封为埃尔顿勋爵。对于离开下议院，他并不感到遗憾。因为他有太多的律师品格和抗辩者的气质，如果只是作为一个辩论家，根本就不能把他的上述潜质统统发挥出来。他更喜欢上议院庄严的氛围，在上议院担任多年御前大臣的这一段时间里，他的威望不断攀升。[①] 1801年，他成了衡平法院大法官，十分遗憾地离开了民事上诉法院。他说：“在上议院，我处在一种令人尊敬、独立以

---

① William Charles Townsend, *Lives of Twelve Eminent Judges of the Last and of the Present Century*(ii), London: Longman, 1846, pp. 473 – 477.

及还算有利的终身职位上……在我到衡平法院之前，我已经在政治上取得了非常大的进步，因此，在我说‘我不愿意担任衡平大法官’（Nolo episcopari）时，没有人比我更真诚了。”[①]但他觉得自己必须服从国王的命令；因此，他开始了自己的衡平大法官生涯，开始从事与衡平法有关的工作，这使他成了英格兰法的塑造者之一。从 1801 年至 1806 年及从 1807 年至 1827 年，埃尔顿一直担任衡平大法官，直到 1827 年辞职；但他同时仍在枢密院及上议院审理案件，他审理的最后一个案件是 1835 年的“怀特诉鲍案”[②]（*White v. Baugh*）。1836 年，埃尔顿离开人世。

在整个拿破仑战争期间，埃尔顿在政府中发挥着中流砥柱的作用。但作为一名政治家，他有一个很大的缺陷，那就是：他不能与时俱进，没有看到 1815 年后进行法律改革的迫切性。正如汤森德（William Charles Townsend，1803—1850 年）所说：“他（埃尔顿）的头脑仿佛定格在 1788 年和 1798 年之间，以致在随后的一段时间里，都无法做出任何实质性的改变——他不信任华而不实的进步，将体制上的任何改变统统视为‘混乱’的代名词；并认为，所谓的大胆改革就是革命。”[③]的确，在大法官任上，埃尔顿也做了一些事情。比如，他使破产法得到了整理，推动制定增设副大法官的法案，推动起草了旨在改善衡平法院司法行政工作的法案，因为衡平法院原有的司法行政工作都建立在 1826 年衡平委员会（the Chancery commission）不可靠的推荐基础之上；他不反对废除“重罪私诉”（appeals of felony）与决斗审判的法案。但对于

① Horace Twiss, *The Public and Private Life of Lord Chancellor Eldon* (i), London: J. Murray, 1720, p. 388.

② 参见 Horace Twiss, *The Public and Private Life of Lord Chancellor Eldon* (iii), London: J. Murray, 1720, p. 243；这一案子曾被报告，具体可参见“9 Bligh N. S. 181”与“3CI. and Fin. 44”，但在报告中，未提及埃尔顿是否出场。

③ William Charles Townsend, *Lives of Twelve Eminent Judges of the Last and of the Present Century* (ii), London: Longman, 1846, p. 457.

所有重要的改革,他几乎都反对。正如白芝浩(Walter Bagehot,1826—1877年)评价的:

> 他过于杞人忧天——他担心,议会改革有风险,天主教徒解放运动有风险,改变衡平法院有风险,改变普通法院有风险,废除普通盗窃犯的死刑有风险,让土地所有者偿付债务有风险。总之,他觉得,任何事情做多了都有风险,做少了也有风险。①

对了,或许还应增加一点,干预奴隶贸易也存在风险。并且,很不幸的是,埃尔顿反对的这些改革全都获得了成功,而在1827年之前,他一直是政府中举足轻重的人物。他成功地呼吁人们抵制革命年代普通人司空见惯的事情,呼吁人们怀疑开明人士提出的任何改革措施的有效性。他觉得,哪怕一些小的改变都可能是一系列不受欢迎的改革之开端。白芝浩说:

> 我们偶尔会在保守的文学作品中读到上述语句,它首先诉诸的是一种粗糙的偏见,其次是对一种强烈的、贪得无厌的怀疑主义的微妙暗示。你甚至能从埃尔顿就读维西初中时期看出他的这一个性特点。埃尔顿从未读过休谟或者蒙田的作品,但在其长篇累牍的法律论述的缝隙之间,你能依稀发现一些貌似休谟或蒙田特点的句子,尽管他并没有完全抄袭他们的论述方式,例如,他曾说道:"Dumpor一案总能给我一种特别的冲击,但如果你以Dumpor一案为出发点,又有什么能阻止你向每一个方向前进呢?"②

---

① Walter Bagehot, *Literary Studies*(i), British Library, 1879, pp. 6–7.

② Walter Bagehot, *Literary Studies*(i), British Library, 1879, pp. 11–12.

当坎宁(Charles John Canning,1812—1862年)掌权时代来临、并且肯定要进行变革时,埃尔顿便辞职了,这一点也不令人惊讶。同样毫不令人惊讶的是:埃尔顿一直到最后都坚持反对宗教解放运动,这导致英国托利党发生分裂,使它在1831年被迫将权力拱手让给了辉格党人,并因之促成了革命性改革,这在很大程度上是由于埃尔顿的反对妨碍了英格兰进行循序渐进式的改革。

但是,我们关心的是埃尔顿作为法律人而非政治家的个性特点。他有伟大法官应具备的所有品格——头脑聪明、非常睿智、学识渊博、特别耐心。他举止优雅,这使他无论作为律师,还是作为检察官,以及作为法院的职员,都是最受欢迎的人。他的对手布鲁厄姆(即Henry Brougham)曾说过,在所有法官中,埃尔顿表现出的"优雅举止"和"敏锐思维"使他成了最受大家欢迎的人。① 作为民事上诉法院的首席大法官,埃尔顿的判决总是最及时且深思熟虑。究其原因,一是由于普通法的辩护制度保证了每一个问题都有一个明确的轮廓,二是由于埃尔顿和其他法官一道,尽力防止判决的延误。但是,当埃尔顿成了衡平大法官、开始自己独立断案时,就要依靠衡平法的辩护制度,这使他的判决不再取决于唯一的因素,而是要考虑诸多复杂交易的影响,以及多方当事人的行为。此时,他丰富的法律知识和瞻前顾后的性格使他迟迟难以决断,有些判决甚至会延迟多年,这就将他所在的衡平法院程序上的内在缺陷进一步放大。其实,这些迟延大多可以避免,因为埃尔顿有能力迅速地作出裁决,并且,如罗米利所说的,埃尔顿对案件形成的第一印象非常顽固,其后进行的陈年累月的研究很少改变其第一印象。② 的确,在有些时候,他会发现一个双方都

---

① William Charles Townsend, *Lives of Twelve Eminent Judges of the Last and of the Present Century*(ii),London:Longman,1846,p.436.

② Horace Twiss, *The Public and Private Life of Lord Chancellor Eldon*(iii),London:J. Murray,1720,pp.337-338.

没有注意到的事实，这时，他会将这一新问题加入案件之中；[①]的确如他自己所说的，他通过深思熟虑作出的裁决能永久地为衡平法确立规则，可避免将来扯皮，[②]但这些深思熟虑的判决无法抵消因年龄的增长而养成的日渐拖沓的习惯所带来的不利影响。这一弊端，加上这一事实——不愿意采取有效措施挽救他的法院日渐恶化的审判状况，对于因时代发展而提出的新要求显得力不从心，成了埃尔顿的两大致命缺陷。但如果抛开这些缺点不说，无论是作为一名律师，还是一名法官，埃尔顿都有很多优点，这使他担任衡平大法官的那段时间成了衡平法历史上的一个重要时期。

至于埃尔顿作为律师与法官的优点，著名的不动产转让律师查尔斯·巴特勒曾给出我认为最真实的评价。他说：

> 埃尔顿对他的法院适用的法律原则与调整诉讼活动的审判规则有着精深的理解：他非常熟悉以前的判决，并能作出公正的评判；他能从以前的判决中抽象出恰当的原则，并能迅速地将这种非常理论性、实践性的知识用来解决摆在法庭面前的问题；只要一接触到案件，他便能凭借敏锐的直觉感知案件的真实状态，并得出衡平法上的最后结论，但他仍会用最认真、最准确、最富于启迪性的勤勉态度去调查案情。在法官应具备的所有（或者任何）品质方面，在与埃尔顿同时代的人中间，或许有人能与之比肩，但没有人能超越埃尔顿。[③]

---

① Horace Twiss, *The Public and Private Life of Lord Chancellor Eldon* (iii), London: J. Murray, 1720, pp. 351 – 353；前文第207页，脚注⑤。

② Horace Twiss, *The Public and Private Life of Lord Chancellor Eldon* (iii), London: J. Murray, 1720, p. 358.

③ James Walker, *Reminiscences of Charles Butler* (i), Kessinger Publishing Co., 1827, pp. 135 – 136.

在杰尔曼(Thomas Jarman,1816—1891年)编辑的《鲍威尔论设计》(*Powell on Devises*)这一集子写给埃尔顿的致谢词中,[①]在萨格登(Edward Burtenshaw Sugden,1781—1875年)的《论权力》(*On Powers*)一书写给埃尔顿的致谢词中,[②]在林德赫斯特(John Singleton Copley Lyndhurst,1772—1863年)的口中,[③]以及他的政治对手罗米利[④]和布鲁厄姆[⑤]的口中,我们都能看到人们对埃尔顿的赞誉。格雷维尔(Charles Cavendish Fulke Greville,1794—1865年)真诚地评价埃尔顿说:"他在活着时就看到了自己的名字备受尊敬,看到了自己的判决受到极大尊重。因而,我们能非常自豪地断言,他已经为他的国家留下了丰厚的法律遗产,并且,他已能确保自己拥有不朽的名声。"[⑥]的确,埃尔顿的判决有时包含了过多的细枝末节上的区分;的确,他的判决完全没有文采。但除开这些缺点,我们的确可以说,在他那一时代,没有哪一个法律人能像埃尔顿那样既富有学识,又拥有丰富的经验;无论是在衡平法院,还是在上议院,也没有哪个法律人比他工作更勤勉。关于埃尔顿的能力,以及他在衡平法院里的勤勉工作,威尔伯福斯(William Wilberforce,1759—1833年)告诉我们的故事可能是最好的说明。他说道:

---

① Horace Twiss, *The Public and Private Life of Lord Chancellor Eldon* (iii), London:J. Murray,1720,p.418.

② Horace Twiss, *The Public and Private Life of Lord Chancellor Eldon* (iii), London:J. Murray,1720,p.323.

③ Horace Twiss, *The Public and Private Life of Lord Chancellor Eldon* (iii), London:J. Murray,1720,pp.89-90.

④ Horace Twiss, *The Public and Private Life of Lord Chancellor Eldon* (iii), London:J. Murray,1720,p.186.

⑤ Horace Twiss, *The Public and Private Life of Lord Chancellor Eldon* (iii), London:J. Murray,1720,p.324;后文第219~220页。

⑥ Charles Cavendish Fulke Greville, *The Greville Memoirs* (ii), Kessinger Publishing,1852,p.388.

我记得我在衡平法院与罗米利交谈时，看见埃尔顿正在努力工作，面前堆着一大堆文件。人们曾经指责埃尔顿积压了大量案件没有处理。此时，埃尔顿勋爵宣布，他要处理完所有积案，在所有事情都处理完之后才离开。当我走向罗米利时，埃尔顿勋爵看见了我，并用尽可能愉悦、高兴的神情向我点头致意。当我单独和罗米利在一起时，我问罗米利感觉怎样，他回答说："我都快要累死了！在假期里，我们从早上九点一直干到下午四点，坐在这里都没有挪窝。就算离开办公室，也不得不边走边浏览案卷，以便为明天上午的审判工作做准备。特别是那个埃尔顿，他不仅要处理手头的这些事情，还要浏览其他所有的东西，但他一如既往地兴奋，并且不知疲倦。"①

关于埃尔顿在上议院勤奋且成功的工作，布鲁厄姆也可以证明。1823年，他在下议院曾说道：

尊贵的大法官埃尔顿在审理面前的案件，技巧高超、非常投入——甚至在审理那些来自苏格兰和爱尔兰的上诉案件时，都表现得非常睿智——他对这个国家后来的法律（尤其是苏格兰法律）做出了重大的贡献，他是最独特的人，因为这一尊贵而有学识的勋爵在某种程度上讲是一个外国人。然而，他改良了他的法院适用的法律，纠正了根深蒂固的权力滥用现象。并且，无论这位苏格兰法学家在一开始时如何反对对法律进行被提议的改革，他很快便认识到了改革的好处，并最终采纳了这些

① William Charles Townsend, *Lives of Twelve Eminent Judges of the Last and of the Present Century*(ii), London: Longman, 1846, pp. 417－418.

法律改革建议。[1]

埃尔顿为衡平法制度做出了两个伟大的贡献:第一,他确立了衡平法中的很多重要原则;第二,他最终理顺了衡平法与普通法的关系。关于这两个贡献,我现在需要发表自己的看法。

(二)埃尔顿对衡平法原则的处理

衡平法的很多重要原则已被哈德威克确定,埃尔顿的判决不过是进一步完善了这些原则。他详细地阐述了一些已确定的衡平法学说,确定了另一些原则的最终形式。他对自己所在法院适用的法律及实践活动非常了解,他对所有比较重大的案件都特别慎重,这使他能处理并明确衡平法的范围,界定衡平法原则和规则的内容,以及它们之间的关系。以下就是一些重要案件,在这些案件中,埃尔顿贯彻了自己的处理意见。

我们已经看到,在 *Ackroyd v. Smithson* 案中,埃尔顿通过自己的论证,解决了"侵占学说"发挥作用的逻辑路径问题。[2] 在 *Ellison v. Ellison* 案[3]中,埃尔顿阐明了"法院应在何时帮助无偿取得者(volunteer)"的规则。关于毁损(waste)和恢复财产(reversionary property)案件中受托人的责任问题,埃尔顿通过 *Howe v. Earl of Dartmouth* 案[4]这一典型案例,解决了这一问题,后来的继任者也乐于采纳他的观点。在 *Aldrich v. Cooper* 案[5]中,埃尔顿阐述了作为"债务人清偿债务次序学说"(the doctrine of the marshalling of assets)基础的原理;在 *Murray v. Lord Elibank*

---

① Horace Twiss, *The Public and Private Life of Lord Chancellor Eldon* (iii), London:J. Murray,1720,pp. 431 – 432.

② (1779)1Bro. C. C. 503;前文第 212 ~ 213 页。

③ (1802) 6 Ves. 656.

④ (1802) 7 Ves. 137.

⑤ (1802) 8 Ves. 381.

案[1]中，埃尔顿解决了财产转让（settlement）过程中妻子具有的衡平法权利问题——在《已婚妇女财产法案》（*The Married Women's Property Acts*）颁布之前，这是一个非常重要的学说。*Ex parte Garland* 案[2]设立了一些非常基础的法律原则，用以调整那些得到了立遗嘱人授权进行交易的遗嘱执行人的权利与义务问题。关于"由于共同受托人实施了违反信托的行为，受托人何时应承担责任"的问题，埃尔顿通过 *Brice v. Stokes* 案[3]这一典型案例，对衡平法学说进行了解释。以上这些是埃尔顿赖以确立衡平法学说的众多案例中的少数几个例子。的确，19 世纪的一些判决已对之进行了重要补充。正如杰西尔（George Jessel，1824—1883 年）在 *Re Halletfs Estate* 案[4]中所说的：与普通法的主要学说相比较，衡平法的主要学说属于现代学说——"我们可以说出首次发明这些学说的大法官的名字，并能清楚地说出它们首次进入衡平法体系的日期"。比如，*Re Halletfs Estate* 案清楚地阐明了与信托财产有关的一些权利的衡平法学说；又如，衡平法中"随土地转移的契约"（covenants running with the land）规则，是在埃尔顿之后的 *Tulk v. Moxhay* 案[5]中得以确立的。在所有答案都水落石出之后，我们可以看出，埃尔顿的工作成功地实现了原初的目标，在 *Gee v. Pritchard* 案[6]中，他终于说出了自己意图实现的目标：

> 应当很好地确定衡平法学说，它应当像普通法学说那样具有统一性，应当制定相对确定的衡平法原则，但要注意，应根据每个案件的具体情况，运用这些原则。

---

① （1804）10 Ves. 84.

② （1804）10 Ves. 110.

③ （1805）11 Ves. 319.

④ （1879）13 C. D. at p. 710.

⑤ （1848）2 Ph. 774.

⑥ （1818）2 Swanst. at p. 414.

> 我不赞成继任的每一位法官都能随意地改变衡平法院的一些原则。每当回想起，我曾试图证明人们的指责——这一法院运用的衡平法如大法官的脚一样，是经常变化的——是正当的，在我离开这一地方时，没有什么比这更让我感觉痛苦的了。

正如克雷(Duncan Mackenzie Kerly，1863—1938年)在最能体现他才能的、关于衡平法历史的著作中所说的：

> 在埃尔顿退休以后，衡平法不再作为矫正普通法的法律体系；只有衡平大法官实施的那部分内容才能被描述为矫正正义。并且，从总体上看，与普通法相比较，衡平法的主要是从事行政管理与保障性工作，而普通法则主要服务于矫正性和惩罚性工作。①

现在，我们看到，这一定论可用来评价埃尔顿的工作，之所以这样，部分是由于埃尔顿促进了衡平法与普通法之间关系的最终解决。

(三)埃尔顿对衡平法和普通法关系的最终解决

随着衡平法规则的逐步系统化、具体化，人们又提出了这样的问题：衡平法规则与普通法规则之间的关系如何？首先，律师们开始质疑，普通法和衡平法分别在不同的法院里实施，这一英格兰的法律体系是否是最佳且充分可行的制度？亨利·霍姆，即凯姆斯勋爵，一个苏格兰法官，在1760年曾出版了一本关于衡平

① Duncan Mackenzie Kerly, *An Historical Sketch of the Equitable Jurisdiction of the Court of Chancery*, *Cambridge University Press*, 1890, p. 167.

法的著作,[①]他与哈德威克曾通过信函探讨过这一问题。他赞成苏格兰的法律体系,即普通法和衡平法在同一个法院适用。[②] 哈德威克回复他,给出了自己偏爱在不同法院分别实施衡平法与普通法的理由。[③] 其次,法律赋予普通法院可以通过刑罚实施司法救济的权力[④]、授权普通法院可以通过没收这一手段对承租人进行救济[⑤],并对抵押人和抵押权人的权利进行立法保护[⑥],这些措施稍微弥合了普通法和衡平法规则之间的缝隙。如果立法机关继续采取这样的政策,普通法规则和衡平法规则之间的差异会进一步弱化,并可能导致其中的一些规则产生融合。但只是在很少的情况下,立法机关才会采取这样的政策,它几乎没有采取措施来解决普通法与衡平法之间的关系问题,以至于将这一问题留给了以后的法律人去解决。

关于这一问题,在18世纪的大部分时间里,存在两个思想流派。其中的一个思想流派支持现存的制度,即由不同的法院、按照不同的原则分别实施普通法与衡平法,但这两大法院之间应是一种互相合作的伙伴关系——衡平法须严格地遵循普通法,应确保当事人的合法权利,应强迫当事人依照公平、正义的观念运用他们的合法权利。另一思想流派则强调,正是由于断案拖延、打官司费用高以及诉讼技术过于复杂,才导致普通法院与衡平法院

---

① 这本书所阐述的衡平法原理可参见 R. Maclehose, *An Introductory Survey of the Sources and Literature of Scots law*, Stair Society, 1936, pp. 252 – 254。

② 亨利·霍姆的观点是:如果反对普通法与衡平法在同一个法院实施,就明显偏离了《法学阶梯》与《学说汇纂》明确界定的普通法与衡平法的界线。他的《衡平法原理》一书就是试图为大家提供此种理论,参见 Alexander Fraser Tytler, *Memoirs of the Life and Writings of Henry Home of Kames*(i), Edinburgh, 1807, pp. 327 – 328。

③ P. C. Yorke, *The Life and Correspondence of Philip Yorke* (ii), Cambridge University Press, 1913, p. 553.

④ 4,5 Anne c. 16, § 13.

⑤ 4 Geo. II, c. 28, § § 3 and 4.

⑥ 7Geo. II, c. 20.

分离,并使两者在运行原理上产生了差异。该流派认为,为了使英格兰法律和谐地发展,并为了保障诉讼当事人的利益,在不同的法院里适用的法律原则与规则应逐渐融合。

衡平大法官们以及大多数普通法院的法官们倾向于支持第一个思想流派,但曼斯菲尔德与其助理法官以及布莱克斯通都倾向于第二个思想流派。这种观点上的分歧在 ***Burgess v. Wheate*** 案①中得到了充分的体现。一方面,在该案中,曼斯菲尔德与法庭中大多数法官意见相反,他认为,衡平法上的地产案件应被普通法上的地产案件所吸收,因此,在一个没有继承人且未留下遗嘱的地产信托人死亡后,他的财产应充公。另一方面,这一法庭的大多数人认为,地产充公是下一事实的纯法律后果,即其未留下土地承租人,而且,如果存在现成的承租人,亦即受托人,就不会产生充公这一法律后果。在好几个案件中,曼斯菲尔德勋爵都是按照这一原则行事的,即普通法规则与衡平法规则应当同化,因此,他认为,普通法院赋予衡平法上的利益与权利以法律效力,是非常可取的;②布莱克斯通在他的《英国法释义》第三卷中谈到衡平法时辩称:普通法与衡平法之间的差异并非实体上的差异,而是程序上的差异。他说,它们构成了这样的一种模式:普通法法院为一方,衡平法院为另一方,两者都是为了实现正义——两者的差异主要表现在"证据模式、审讯模式以及救济模式"等诸多方面。③

但是,曼斯菲尔德和布莱克斯通在论证时依据的前提是错误的。首先,曼斯菲尔德与布莱克斯通都忽略了普通法院和衡平法院在基本点上的根本差异,这一差异在衡平法院实施衡平法的早

---

① (1757 -9) i Eden 177.

② William Searle Holdsworth, *A History of English Law* (xii), London: Methuen & Co. Ltd., 1926, pp. 588 -589;前文第 187 ~188 页。

③ William M. Blackstone, *Commentaries on the Law of England* (i), Portland: Thomas B. Wait & Co., 1807, pp. 429 - 442; William Searle Holdsworth, *A History of English Law* (xii), London: Methuen & Co. Ltd., 1926, pp. 593 - 594.

期表现得更为明显。起初,衡平法只是在对人之诉(*in personam*)中起作用,它总是将案件的所有因素以及各方当事人的所有行为都纳入考虑的范围;①并且,由于这个原因,它的救济过去及现在都带有自由裁量的特点。而普通法院会给出(也必定会给出)当事人应得的判决,这种判决仅仅只考虑被请求及被证据证明的事实,而不能提出与本案无关的问题。其次,几个世纪以来,曼斯菲尔德和布莱克斯通都低估了因衡平法实施的实体性规则有别于普通法而带来的后果,低估了"证据模式、审讯模式、救济模式"上的差异带来的后果。这些程序上的差异加剧了普通法与衡平法之间的根本差异,因此,也引起了很多实体上的差异。当人们解决了两者因程序上的差异而产生的不同后果之后,前述的实体上的差异却凸显出来。

当然,我们不能推导说,由于衡平法认为,权力已得到了正当的运用,因此,在普通法领域,权力也得到了正当的运用;②或者相反,由于某个普通法院坚持在某些情况下应严格地实施法律,因此,对于其未实施法律的情形,衡平法院也不能提供救济。③ 事实上,如埃尔顿勋爵指出的,普通法院在采纳衡平法规则时,如果不顾衡平法院在这些规则上设置的保障性条件,就会产生实体上的不正义。在 *Pasley v. Freeman* 案④中,虽然普通法已制裁了欺

---

① "博士问:在对人之诉中,传票指向谁?是法官,还是当事人?学生回答:它绝对不是指向法官的,而应指向原告或者其代理律师;同时,一个命令人们该如何行为的禁令也是指向原告及其律师;那一指令包含比较确定的不利后果,在国王的枢密大臣就这一案件作出判决之前,如果原告不按照普通法的要求进行进一步诉讼,就会受到惩罚,不论这一原告是否以良心的名义救济自己的权利。"参见 Christopher St. Germain, *The Doctor and Student*(bk. I),Cincinnat Robert Clarke & Co. ,1874,chap,xvii; 也可参见 William Searle Holdsworth,*A History of English Law*(iv),London:Methuen & Co. Ltd. ,1924,pp. 279 - 283。

② *Wykkamy v. Wykkam* 18 Ves. at p. 415.

③ *Clarke v. Palmer* (1812) 19 Ves. at pp. 21 - 22.

④ (1789) 3 T. R. 51.

诈行为，但这一事实并不能剥夺衡平法院对该欺诈案件的司法管辖权，因为如果剥夺了衡平法院的管辖权，就会造成对被告不公的情形，因为那会剥夺衡平法规则为他提供的安全保障：

> 衡平法院的被告在一定程度上获得了因自己的良心而产生的保护，普通法不能假装自己能为他提供这种保护。如果某一被告坚决、清楚、准确地否认某一主张，但有一个目击证人能坚决、清楚、准确地证明这一主张，并且，这一证人的证言像被告的否认一样坚决、清楚、准确，而且，根本不存在下述情形：如果赋予这一主张一定的可信度，则会由于被告的否认（积极的否认）而使该主张的可信度极大地减弱。此时，衡平法院就不能按照目击证人的证言进行判决，普通法院也不能这样做。但实际上，在普通法院里，被告的陈述是不会被采信的。只要有一个目击证人证明了案情，无论被告多么强烈地希望通过宣誓的方式否认它，都一定会产生对他不利的后果。①

普通法的法官意识到这些事实的真实性。他们认识到，人们并没有找到恰当的机制，以解决那些因原先属于衡平法院管辖的信托之类的事情而引起的个人公平问题，因此，他们赞成衡平大法官的意见，即必须维持普通法院和衡平法院之间的既定边界。②凯尼恩勋爵（Kenyon C. J.，1732—1804 年）在 *Bauerman v. Radenius* 案③中对这一观点作了最清楚的阐述，他说道：

---

① *Evans v. Bicknell* (1801) 6 Ves. at p. 184.

② 参见 *Goodtitled. Jones v. Jones*(1796) 7 T. R. 43, 46; *Marshall v. Rutton*(1800) 8 T. R. 545, 547; *Tucker v. Tucker*(1833) 4 B. and Ad. at pp. 748 – 749（法院认可厄尔的这一论证）。

③ (1798) 7 T. R. 663.

我们的普通法院仅仅考虑法律上的权利，而我们的衡平法院还有其他一些规则，这些规则有时会取代那些普通法规则，并且，只有取代那些普通法规则，它们才对民众最有利。我们都知道，如果普通法院把所有属于衡平法院的司法管辖权都纳入自己的考虑范围，就会产生很多坏的后果。我们只需提到一个将遗产留给并非以故意结婚方式谋取财产的妇女的例子，即能说明这一问题：如果普通法院受理此一遗产诉讼，丈夫就会胜诉，妻子则可能陷入困顿之中；但在此类案子中，如果有必要运用衡平法规则，就不能容忍丈夫独吞已给妻子的遗产，因为衡平法有这样一条规则——意图获得公正的人自己必须公正。在此案中，衡平法院会强迫丈夫，要求在法院判决他获得这笔钱财之前，为妻子提供必要的生活必需品。在众多的可以引证的案例中，我选择这一例子，目的是想例证，“让不同的法院保持不同的管辖权与规则”是适当的。如果此案当事人到衡平法院打官司，并且，衡平法院已指示要审理这一争论的问题，双方当事人就可以按他们认为恰当的方式解决这一争论。衡平法院有这样一条规则：在只有一个证人证明案情且没有其他因素需要考虑的情况下，他们不能违背当事人自己的誓言而进行判决。但当某一方的观点受到质疑时，他们会根据法律对这一观点进行审理，并告知：当事人的答辩将在庭审时宣读。因此，他们可以要求，任何一方当事人都不能在庭审中自创法律术语；还可以要求，原告自身应首先受到审查。并且，如果争议的问题是由衡平法院转给普通法院的，则依据衡平法院发出的指示，普通法院必须按照被指示的条款对案件进行审理。

> 通过这些手段,公正的目标得以实现,并且,没有让普通法中那些僵化的规则屈尊迁就每一个特殊案件中所谓的实质正义。并且,比起将这类问题交给那些普通法院的法官,让他们宽松地处理其发誓遵守的、已确定的普通法规则,此种做法更加明智。①

上述理论在19世纪时被法官们接受,当时,他们正面临着如何解释1854年《普通法程序法》第83节的难题,②该节授权普通法院,要它们承认某些衡平性辩护的效力。但是,如果这些原则在1854年仍能适用,普通法院的法官们或许更愿意应用18世纪中期未经变革的普通法规则;同时,他们可以假那一世纪稍晚一些的普通法官和衡平大法官之手,提出拒斥曼斯菲尔德观点的充分理由。

我认为,在当时的环境下,普通法院和衡平法院之间的分立可以维持下去,因为衡平法和普通法的这种分立对双方来说都是必要的。一方面,普通法的程序、答辩及证据方面的规定使其只适合处理诉讼双方答辩状限定的问题,并且不能处理那些与双方当事人个人行为有关的问题,而衡平大法官的判决却是建立在这些行为的基础之上。另一方面,正如我们在很久前提到的《神学博士与普通法学徒之间的对话》一书所指出的,对普通法进行的所有衡平性干预都必须建立在正确评估可应用于个案的普通法基础之上。③ 如果普通法院和衡平法院之间的冲突也能如衡平法

① At pp. 667 – 668.

② 17 and 18 Vict. c. 125.

③ 《神学博士与学徒的对话》中有这样的话:“良心必须总是建立在普通法基础之上”“在任何案件中,如果试图从普通法之外寻找良心,那都将是一种徒劳;但在同样的案件中,普通法却是能够探知的。”参见 Christopher St. Germain, *The Doctor and Student*(bk. I), Cincinnat Robert Clarke & Co., 1874, chap, xxvi;也可参见 William Searle Holdsworth, *A History of English Law* (ix), London: Methuen & Co. Ltd., 1924, pp. 279 – 283。

和普通法之间的冲突一样,则这一冲突就可以避免;如果对普通法进行的衡平性修正能避免从一开始就建立在错误前提之上,那么,普通法院应当能以凯尼恩爵士①描述的那种方式制定可应用于个案(或者衡平法院移送的案件)的法律,这种做法才是明智的;如果通过更灵活的程序,衡平法能按照正义的理念修正和补充诉讼双方的法律权利,同时又能避免发展出一系列与普通法规则直接冲突的衡平原则与规则,则衡平法与普通法的分立就是人们需要的。尽管存在一些矛盾,但在当时的情况下,要维持衡平法院和普通法院司法管辖权的界限,就必须保证衡平法和普通法自由而和谐的发展。

那些否认曼斯菲尔德和布莱克斯通观点的法官不会不同意布莱克斯通的下述说法:

> 在一个国家中,并存着两个最高的、独立的法院,对于同样的事情,行使着竞合的司法管辖权,对于同样的情形,有着两种不同的财产规则,并且,上述两者经常相互冲突、矛盾,没有比这还荒谬的事情了!②

但对于曼斯菲尔德与布莱克斯通提出的避免这种不顺畅做法的手段,法官们却完全不赞成。他们指出,解决普通法与衡平法关系难题的方法不是将两者融合,而是让两者保持一种伙伴关系,这一伙伴关系建立在衡平法院的司法管辖权不同于普通法院的司法管辖权这一基础之上,依据的是众所周知的、衡平法院的司法管辖权具有辅助性(auxiliary)、并存性(concurrent)、专有性(exclusive)这三个重要特点。法官们对衡平法与普通法的这一

① 前文第226~227页。

② William M. Blackstone, *Commentaries on the Law of England* (iii), Portland: Thomas B. Wait & Co., 1807, p. 441.

区分暗含于18世纪流行的“衡平性管辖权”这一概念之中，对其进行的明确论述则见之于方布兰克（John Fonblanque，1760—1837年）的《衡平法文集》，该书于1793年到1794年之间首次出版。[①] 处于这三大特点之下的衡平法学说获得了如此大的发展，从而使普通法和衡平法规则的矛盾得以避免。毫无疑问，普通法与衡平法界定的公民权利和义务存在冲突，但这两种规则本身却并不冲突。如梅特兰指出的，“衡平法并不意图摧毁普通法，而是完善普通法。普通法的每一条、每一点都将被衡平法遵守。但一旦这些全都满足时，又可能出现另外的某些事情，需要衡平法规制”。[②] 这里所说的“某些事情”指“为了履行普通法范围之外的义务，或者保护普通法之外的权利，衡平法要求所有公民必须做到的事情”。衡平法规则指向的并非法律，而是人，指向那些到衡平法院打官司的诉讼当事人。梅特兰认为，在普通法规则与衡平法规则之间，几乎不存在实际的冲突。这一观点非常正确，我们可以从《司法法》[③]的规定——它规定，在普通法规则与衡平法规则冲突时，衡平法规则将优先适用[④]——只取得了很小的成效看出这一点。那些反对曼斯菲尔德的融合政策、支持伙伴关系的衡平大法官与普通法法官们已经能非常精妙地处理普通法与衡平法之间的关系。

在19世纪，法律改革开始了，但并没有形成曼斯菲尔德和布莱克斯通描述的那种格局。当时的人们认为（并且正确地认为），最急迫的改革并非对普通法和衡平法中的实体性规则进行改革，而是对衡平法院和普通法院的程序规则进行改革。因此，

---

① John Fonblanque, *Treatise of Equity* (i), J & W T Clarke, 1820, p. 9.

② Frederic William Maitland, *Equity: A Course of Lectures* (2nd ed.), Cambridge University Press, 1909, p. 17.

③ 36, 37 Vict. c. 66, § 25.

④ Frederic William Maitland, *Equity: A Course of Lectures* (2nd ed.), Cambridge University Press, 1909, pp. 151 – 155.

当时的改革者们将主要精力集中在程序系统上。他们的改革在《司法法》颁布时达到了顶峰。这些改革融合了普通法院和衡平法院，创造出了一套几乎相同的程序和辩护体系，并且，它规定，在衡平法规则和普通法规则冲突的情况下，衡平法规则应优先得到适用，但其并未将这两大系统的实体性规则融合。

据说曼斯菲尔德曾试图抢先设计《司法法》，在某种程度上讲，这是可信的；《司法法》尽可能地融合了实施普通法和衡平法的法院的司法管辖权，在某种程度上讲，这也是事实；而且，通过规定"在衡平法与普通法规则冲突的情况下，应优先适用衡平法规则"，尽可能地避免了衡平法和普通法的冲突，在某种程度上讲，这同样是真的，但又并非完全是真的。如果曼斯菲尔德提出的、又得到布莱克斯通认可的观点为人们广泛接受，则普通法与衡平法中的许多实体性规则也将融合起来，而非只是在司法管辖权、程序以及辩护规则等方面融合起来。（如果）当时采纳了曼斯菲尔德与布莱克斯通关于普通法和衡平法关系的观点，就意味着，自《司法法》通过之日起，就实现了那一长期处于发展之中的衡平法与普通法实体性规则的融合，而绝不只是走向融合的第一步。

在实现两大法院完全融合这一问题上，将采取进一步措施的这些机构有何特点？如在罗马一样，在英格兰，这一机构肯定包括立法机关。诸如 1925 年的《财产法案》（*The Property Acts*）之类的法规开始用统一的制定法规则来替代这种有区别的、补充性的衡平法和普通法规则。另一机构即一个统一的最高法院开始出现。但这些机构的运作都需要一定的时间。《财产法》规定的一些规则是从普通法规则和衡平法规则推导而来的。但绝对不要忘记，其增加了纯粹的衡平性权益的数量；不要忘记，其中的很多条款不过是对衡平法原则的重申，不过是对其中的某些规则进行了修正，有些规则甚至无任何修订；不要忘记，这些机构曾设想,授予法院的这些权力与自由裁量权将按照与这些原则一致的方式行使。为方便起见,高等法院被分成了不同的分庭,“普通法与衡平法分别由不同的法院行使”这一传统在很大程度上由不同的分庭所继承。布莱克斯通注意到这样一个事实:“普通法和衡平法之间的差异——如,其曾在不同的法院实施——现在已不为人所知;在其他任何国家,在任何时候,似乎也闻所未闻。”①但他并没有认识到这一事实非常重要。他完全没有认识到,如果在今天,普通法和衡平法实现融合几乎是不可能的;而且,在普通法院和衡平法院分立这一做法被废除后,两者还持续运行了很长时间。由于这两大法院已进化出了不同的程序、不同的辩护模式以及不同的证据规则,因此,对于布莱克斯通的融合方案来说,这是非常致命的。尽管这些差异现在大部分已消失,但由分立的司法管辖权进化而来的这些规则具有不同的起源,代表不同的技术路径,并且在高等法院几个分庭实施上述规则的法学家们持有不同的观点,这些都将长期妨碍普通法与衡平法的完全融合。② 梅特兰就诉讼形式所作的下述评论切中了衡平法和普通法差异的要害:“普通法和衡平法分别在不同的法院行使,各自有着不同的程序体系、辩护体系、证据体系,现在,这些虽已成历史陈迹,但它们仍在坟墓中规制着我们,因为它们仍存在于我们创立的两个不同的体系之中,同时还存活于不同的知识体系之中,那对研究和应用它的人产生了很大的影响。”③

---

① William M. Blackstone, *Commentaries on the Law of England* (iii), Portland: Thomas B. Wait & Co., 1807, p. 49.

② 关于这一问题的最好说明可参见下一判决,即 *re Wait* [1927] 1 Ch. 606; 也可参阅波洛克爵士对那一案件的注解,参见“*notes*”, *L. Q. R.*, 1927(43):293 – 295。

③ 参见 W. S. Holdsworth, “Equity”, *L. Q. R.*, 1935(51):159 – 161。

第十讲
里奥林·詹金斯、斯托威尔及罗马法专家们

《里奥林·詹金斯爵士的肖像画》(Sir Leoline Jenkins),英国画家 Herbert Tuer 创作于 1691 年之前。

《第一代斯托威尔男爵威廉·斯科特的肖像画》(William Scott 1st Baron Stowell,1745—1836),英格兰画家 William Owen (1769—1825)创作。

在上一讲中，我们看到这样一个事实：在《司法法》颁布之前，普通法与衡平法是在不同法院、依据不同的程序规则实施的，这在两者之间产生了如此深的鸿沟，以致在《司法法》颁布以后，需要将普通法院与衡平法院的职能委托给高等法院不同的分庭实施。但王座分庭与衡平分庭并非高等法院仅有的两个分庭，此外还有遗嘱检验、离婚与海事分庭（Probate, Divorce and Admiralty Division），在《司法法》颁布之前，这些分庭适用的法律与其说与衡平法有很大的差异，不如说与普通法有更大的差异。这些法律（分别）由教会法院、海事法院和捕获法院（the Prize court）管辖；并且，由于它们是由罗马法专家实施的，因此，其部分的实体规则和主要的程序规则都建立在罗马民法和教会法基础之上。

在16世纪的英格兰，罗马法专家们实施的法律领域似乎仍比较广阔。海事法院似乎仍指导着海商法的发展；宗教事务高等法院（the court of High Commission）和其他一些教会法院不仅对所有宗教案件，而且对包括结婚和离婚以及与管理已故人员房地产有关的一切事项在内的案件，都行使着专属的管辖权；星室法庭、威尔士及北方地区委员会实施着一种从罗马法那里借鉴了一些东西的刑法，以及从罗马法中借鉴了更多东西的程序法。① 但

① 前文第96～97、127～128页。

到了17世纪中叶，这些情况已有所改观。柯克及其同侪法官与海事法院进行了成功的斗争，其结果是：普通法能对商业及大部分海事法的发展施加很大的影响；柯克等法官一直强调自己有权控制教会法院、威尔士及北方地区委员会。[①] 后来，长期议会通过法律撤销了星室法庭，禁止英格兰枢密院行使司法管辖权，禁止威尔士及北方地区委员会[②]以及宗教事务高等法院[③]行使类似的管辖权——因此，如查理一世（Charles I，1600—1649年）在批准这些法案时所说的，这"在很大程度上改变了那些将国家治理得井井有条的先辈们已经确立的那些基本法律，包括教会法和罗马法"。[④] 议会中的反对派与普通法学家结成紧密的同盟，以至于亨利·马丁爵士——海事法院的法官——的预言似乎即将成为现实，马丁曾预言：长期议会可能会"敲响他职业的丧钟"[⑤]。

但那一预言并没有完全变为现实。尽管罗马法专家们运用罗马法的领域被大大地削减，但仍留下了一些空间。海事法院仍保留了对海事法的部分管辖权，在捕获方面仍拥有专属的管辖权；并且，在随后几个世纪的战争及国际法的发展过程中，海事法院的重要性与日俱增。一个1661年通过的法案[⑥]恢复了教会法庭对刑事矫正案件的管辖权，并保留了其对婚姻案件的管辖权，以及对遗嘱检验和管理已故人员遗产的管辖权。罗马法专家们竭尽全力地拓展留给他们的管辖权，并获得了成功，因为他们通

---

① 前文第141～142页。

② 16 Chas. I，c. 10；只要这些委员会在类似于星室法庭的管辖权之外还行使了普通法和衡平法常规的管辖权，那就表明，这些委员会并没有被废止，而是存活下来了；正是基于这一理由，我认为，威尔士及北方地区委员会存活了下来，具体可参见 William Searle Holdsworth，*A History of English Law*（i），Boston：Little. Brown And Company，1922，pp. 126－127，515。

③ 16 Chas. I，c. 11.

④ S. P. Dom.（1641－43），44，cccclxxxii，17.

⑤ 前文第99页。

⑥ 13 Chas. II，st. 1，c. 12.

过自己的著作及法庭的判决为高等法院遗嘱检验、离婚和海事分庭今天仍实施的法律奠定了基础。

罗马法专家们的努力获得了成功,主要是由于在16世纪初,他们形成了一个高度组织化的职业群体。1511年,一个名为"坎特伯雷法律博士与基督教会辩护律师协会"的组织成立了;1565年,该协会开始在名为蒙特乔伊大楼(Mountjoy House)的地方办公,后来,人们称之为"民法博士会馆"(Doctor's Commons),1767年,它被并入了名为"在教会法院和海事法院执业的法律博士协会"①的机构之下。1783年,该协会从圣保罗大教堂②属下的一个牧师会的教长(dean)那里买下这一地方的永久产权。该协会章程规定了成为一名"民法博士会馆"研究员、成为一名在教会法院执业的律师的条件,记载了前几个世纪这一协会活动的一些情况。成为民法博士会馆研究员候选人的条件是:此人必须是一名毕业于牛津或剑桥大学的罗马法博士;必须得到了坎特伯雷大主教的特许状,由大主教命令拱顶法院院长,允许此人拥有在这一法院开庭期间担任辩护律师的资格;并且,应该注意的是,对于是否发布特许状,大主教拥有绝对的决定权,他甚至可以不受强制执行令的约束。③ 候选人一旦获得了特许状,拱顶法院院长就必须容许他在该法院开庭期间担任辩护律师。在获得法院的认可之后,这个人还要经历一年的考察期,在此期间,他必须出席法院组织的一些活动。经过此种程序承认的任何人同时有资格被承认为海事法院的辩护律师。辩护律师是这一职业中比较高级的律师,低级的律师被称为代理律师(proctor)。这些辩护律师一方面要受坎特伯雷大主教于1696年颁布的条例的规制,该条例规定,根据该条款担任辩护律师、从事职业服务的条件是:必须有

① 其特许状可见之于 Pal. Papers,1859,sess. I,xxii,20 - 22。

② 23 Geo. III,c. xxx.

③ *R. v. Archbishop of Canterbury*(1807) 8 East 213.

七年代理律师经历;另外,这些辩护律师还要受他们所执业的法院的规则制约。[①]

"民法博士会馆"这一建筑包括律师的住所、一个大厅、一个餐厅和一个图书馆。从1572年以来,教会法院和海事法院都是在民法博士会馆的大厅里开庭的。对于那一大厅的外观和法庭开庭的最好描述,我们可以在《大卫·科波菲尔》(*David Copperfield*)一书的以下段落中读到:

> 斯宾罗(Spenlow)先生领着我穿过一个地上铺满石子的院子,院子周围是些简朴的砖房。我从门上标示的博士的名字推断,这是博学的律师们办公的地方。往左进入到一个十分宽敞但令我觉得沉闷的礼堂。礼堂的前一部分和其他部分被栏杆隔开;在一个马蹄形的高台两边,坐着各种穿红袍、戴着灰色假发的绅士——我发现,他们就是那些民法博士——他们的座位是那种老式的餐椅,但很舒适。在马蹄形的拱端,有一张类似讲台的小桌子,一位老年的绅士坐在那儿闭目养神。如果我在鸟笼里看到他的话,一定会把他当作一只猫头鹰,但我得知,他就是审判长。在马蹄形的开口处,在比上述桌椅略低处,也就是说,差不多跟台面一样高的地方,坐着斯宾罗先生这一级别的各位绅士,他们像斯宾罗先生一样,穿着白皮滚边的黑色长袍,坐在一张绿色的长桌旁。一位围着羊毛围巾的男孩和一位偷偷从外套口袋里掏面包屑来吃的落魄户扮演着听众,他俩站在法院中心的火炉旁取暖。打破这个地方沉寂的只有炉火的滋滋声和一位博士的说话声,这位博士正慢声细语地引证

---

① William Searle Holdsworth, *A History of English Law* (xii), London: Methuen & Co. Ltd., 1926, pp. 76 – 77.

> 足足能装满一个图书馆的证据，并不时在一些细枝末节问题上反复纠缠。总之，在我的一生中，从未见过任何如此舒适、如此令人昏昏欲睡的地方，这里的一切都古色古香，仿佛被时间遗忘了。这儿或许更像叫人晕晕乎乎的小家庭聚会；我觉得，对于任何一个人来说——也许应排除诉讼者，这都是一个怡人的、令人放松的地方。

狄更斯(Charles John Huffam Dickens，1812—1870年)不是法学家，但作为法学家的我们务必不能忘记，虽然从旁观者的角度来看，这一描述基本上属实，但也不完全真实。它无疑只是描述了法庭平日里的外表，在审理一些平淡无奇的案件时，情况也确实如此。但要记住，正是在这种小型的家庭聚会上，我们的现代海事法基础才得以确立，我们的现代捕获法才得以产生，许多国际法规则以及我们的现代遗嘱法和离婚法的众多原则才得以创立出来。

在不同的法院里，辩护律师们从事的法律活动有很大的差异。如果有人看到，一些小的律师机构中的大多数律师都在其执业的这个或那个法庭里担任公职，那一点也不令人惊讶。即使某个律师并不拥有这些公职，他也总会被召集到皇家教务代表法院担任民法方面的专家代表，①或到海事法院担任法官的副手。②狄更斯将这些罗马法专家的执业特征描述得惟妙惟肖，他说道：

> 如果某一天你去民法博士会馆，你会发现，为了处理"南希"号撞沉"莎拉·简"号的问题，或者为了处理皮果提先生带着雅茅斯船员冒着狂风骤雨、带着锚和绳

---

① William Searle Holdsworth, *A History of English Law* (i), Boston: Little Brown And Company, 1922, p. 605.

② Travers Twiss, *Black Book of the Admiralty* (iv), London: Longman, 1809, p. 459.

> 索、出海援救遇难的印度商船“纳尔逊”号的问题，民法博士们正浮躁地读到《杨氏大辞典》(*Young's Dictionary*)航海术语的一半处；在另外一天，你又去那里，会发现，他们正在为处理一个行为不端的教士而收集各种(有利或不利的)证据；你还可能发现，审理航海案件的法官却是教士一案的辩护人，或者相反。他们就像演员：某个人这会儿演法官，等会儿却不演法官了；这会儿做这件事，等会儿却做另外的事情！总之是变来变去。但是，对于私人性的业余演员来说，为那些千挑万选的观众演出总是一件非常愉快、有些许利益可图的事情。[①]

在这些罗马法专家中，两个最著名的人物是里奥林·詹金斯爵士和斯托威尔勋爵。前者的工作区间是17世纪后半叶，后者的工作区间是18世纪末和19世纪初。我将对他们及他们的工作作一些简要的介绍，然后，如阐述枢密大臣如何创制衡平法一样，我将对这些罗马法专家们创制法律的方式作一些说明，并解释这些法律是如何做到与英格兰法律的其他部分协调一致的。

一、里奥林·詹金斯爵士[②]

詹金斯生于1623年，在牛津大学耶稣学院接受教育，并于1660年成为该学院的院长。在牛津时，他把罗马法和教会法作

---

① Charles John Huffam Dickens, *David Copperfield*, Bradbury & Evans, publication, 1850, chap. xxiii.

② 关于詹金斯的一生，最权威的资料是威廉·维恩(William Wynne)的《里奥林·詹金斯爵士的一生》(*The Life of Sir Leoline Jenkins*)，这本书的前面附上了詹金斯在科隆、奈梅亨担任外交人员时的通信，具体可参见 William Searle Holdsworth, *A History of English Law* (vii), London: Methuen & Co. Ltd., 1926, pp. 647 – 661；也可参阅卢埃林·戴维斯(D. J. Llewellyn Davies)编写的《格劳秀斯学会报告》中的两篇文章[D. J. Llewellyn Davies, *Transactions of the Grotius Society*(xxi), 1935, p. 149]以及1934年的《英国国际法年鉴》(*British Year Book of International Law*, 1934, p. 21)。

为自己的主攻方向，并于1664年成为民法博士会馆的成员。1665年，英荷战争爆发时，他被任命为行使捕获管辖权的委员会成员之一；他与其他罗马法专家一道，为行使（捕获管辖权）编制了一套规则。1665年，他成了海事法院的助理法官，并于1668年成为独任法官。在随后的一年，他还被任命为坎特伯雷大主教的遗嘱检验法院（the Prerogative court）的法官。1669年，他被指派到法兰西担任外交使节，在1673年和1675年，他被派到德国和荷兰执行重要的外交使命，并于1679年被任命为海牙特命全权大使。在1679—1680年期间，他一直在议会任职，并于1680—1681年担任牛津大学的教师。由于他一直是法院的坚定支持者，因此，他反对“驱逐法案”（the exclusion bill）。1680年，他被任命为国务大臣。尽管詹金斯是一个坚定的保皇党人，但他绝非君主专制政体的提倡者。他反对修改或突破法律已经规定的、国王的正当特权与臣民的合法权利之间的界限，[①]他不赞成针对伦敦城的权利开示诉讼。1684年，他辞去了国务大臣一职，这让国王深感遗憾。次年，詹金斯去世。

在个人和公共道德标准都很低的年代，詹金斯像黑尔一样，为同时代的人树立了榜样。他勤勤恳恳，笃信宗教，并深信英国圣公会的信条是真理，以至于他甚至想改变约克公爵——未来的詹姆士二世——的信仰。作为一名法官，他对那些贫穷的起诉者，尤其是贫穷的海员，非常和蔼可亲、彬彬有礼和仁慈慷慨。但对于法院的事务以及辩护律师的行为，他的要求却很严格。他的能力给同时代者留下了深刻的印象。[②] 尽管他不是侍臣，但赢得了查理二世（Charles Ⅱ，1630—1685年）的尊重。查理是一个睿智的

① William Wynne, *The Life of Sir Leoline Jenkins* (i), London: Cambridge University Press, 1724, p. xlviii.

② 参见 Samuel Pepys, Diary, March 26, 1667. 载 *Wheatley, Henry B.* (*ed.*), *The Diary of Samuel Pepys*, London: George Bell & Sons, 1893。

法官,对于他人拥有而自己缺乏的品格,他总是能够给予足够的尊重。无论是作为法律的解释者,还是批评者,詹金斯都声名远扬。

(一)作为法律解释者的詹金斯的成就

像其他罗马法专家一样,詹金斯强调重视罗马法研究的重要性。在支持一项确立海事管辖权的法案中,他论证道:

> 如果我称赞陛下的皇祖父是一位伟大而英明的君主,我希望,这不会引起人们的反感。我确实非常尊敬(他所说的)罗马民法;这一职业比一般的学问作用更大,尤其是在处理与外国有关的条约问题时更显得非常必要。并且我认为,如果它被人们废除了,那就等于打开了进入野蛮状态的大门,并由此玷污了这个王国的荣誉。因为正是通过《万民法》(*Lex Gentium*)这一法律,我们才能维系与所有外国的交往。①

作为一名外交官和捕获法院的法官,詹金斯有必要学习和应用国际法。像真提利(Alberico Gentili,1552—1608 年)、朱什(Richard Zouche,1590—1660 年)和宾刻舒克(Cornelius van Bynkershoek,1673—1743 年)一样,在国际法学家中,詹金斯属于历史或实证主义学派。在向国王提交报告、论证不能仅凭某一条船上有敌国物资就没收该船的理由时,他说道:

> 我认为,这不符合国家之间的法律(即"万国公

① William Wynne, *The Life of Sir Leoline Jenkins* (i), London: Cambridge University Press, 1724, p. lxxxiv; William Searle Holdsworth, *A History of English Law* (iv), London: Methuen & Co. Ltd., 1924, p. 5;萨默塞特(Someret)与培根都一直持同样的观点,具体可参见 William Searle Holdsworth, *A History of English Law* (iv), London: Methuen & Co. Ltd., 1924, p. 233。

> 法”）——我所说的国家之间的法律，并非指罗马帝国的民事法律，而是欧洲的政府之间普遍接受的习惯法，它以公正、无私和文明而著称。[①]

詹金斯认为，万国公法不能随意违反，除非条约、法规或者枢密令对此予以了明确规定。因此，尽管他是捕获法院的法官，但他不赞成国王颁布的枢密令，因为在他看来，这一命令似乎与国际法原则相冲突。他认为，某一国家的法院应受国际法原则的约束。[②] 斯托威尔勋爵也赞成詹金斯关于枢密令约束力的这一观点，[③]但这一观点与枢密院最近的决定相冲突。枢密院最近的决定推翻了 17 世纪后期、整个 18 世纪及 19 世纪早期颁布的一系列法律，[④]它认为，枢密令不但不能改变既定的国际法规则，而且不能改变英格兰法中既定的规则。詹金斯向国王建议，在战时，

---

① 参见《詹金斯手稿》，即 Jenkins MSS, All Souls Library, no. 216。

② 参见 William Searle Holdsworth, *A History of English Law* (i), Boston: Little Brown And Company, 1922, p. 566；詹金斯的观点是：如何解释条约是枢密院的事情，捕获法院必须接受枢密院的解释，参见 William Wynne, *The Life of Sir Leoline Jenkins*(ii), London: Cambridge University Press, 1724, pp. 732 - 733。詹金斯还认为，“同样地，‘何种货物将被禁运（或不被禁运）’的问题部分是由条约决定的，部分是由国际法、海事法以及惯例决定的”。参见 William Wynne, *The Life of Sir Leoline Jenkins*(ii), London: Cambridge University Press, 1724, pp. 57 - 58, 290 - 291。海事法院法官彭来思（Penrice）在 1745 年曾要求海事法院的大法官就瑞典船舶上的焦油与沥青是否属禁运物制定出规则。他还与詹金斯一样，认为条约应如何解释，是国家的事情。参见 William Wynne, *The Life of Sir Leoline Jenkins*(ii), London: Cambridge University Press, 1724, pp. 318 - 320。此外，詹姆斯·马里奥特（James Marriott）爵士在其 1764 年发表的意见中则强调捕获法院的独立性，详见 Calendar of Home Office Papers, 1760 - 1765, pp. 454 - 455；还可参见 Edward Stanley Roscoe, *A History of the English Prize Court*, 1924, pp. 40 - 44。

③ William Searle Holdsworth, *A History of English Law* (i), Boston: Little Brown And Company, 1922, p. 567；后文第 253、255 页。

④ *The Zamora*[1926] 2 A. C. 77；参见 William Searle Holdsworth, *A History of English Law* (i), Boston: Little Brown And Company, 1922, pp. 567 - 568。

一个人不能拥有两处住所,“否则,他会同时遭受其中一方的报复或战争”。[1] 他说,在这些案件中,商家的住所地是决定性因素。他还建议,根据国际法规则,对于那些处于外国法院管辖范围内的事务,外国法院作出的判决必须得到尊重;因此,捕获法院针对捕获者控制的船舶中财产的判决是决定性的,英国法院必须赋予其效力。[2]

作为捕获法院的法官,詹金斯制定了一些非常基本的原则,指导人们可靠地行使捕获管辖权。他坚持认为,中立国有公平对待交战双方的义务,[3]因此,需要恰当地对待中立国;他指出,除非中立国违反封锁或违禁品的规定,否则,它有权与敌国进行贸易。[4] 他告诉国务大臣,必须认真倾听中立国的要求;如果中立国知道在战争爆发前其货物已装上荷兰的船舶,那么,这批货物就不应被没收;如果这种正当的要求被交战国拒绝,那就将成为报复的正当理由。[5] 在 1668 年,他解释道,根据普通法,不能因为盟友的船只装载了敌方货物就将该船只没收;只有敌方的船舶装载了敌方货物,才可以将其没收。[6] 他将重心放在船舶的最终目的地上,他要求船主证明:船舶的目的地是真正中立的,这预示着“连续航行学说”(the doctrine of continuous voyage)的出现。[7]

海事法院的民事案件管辖权受到了普通法院的削弱,这妨碍

① William Wynne, *The Life of Sir Leoline Jenkins* (ii), London: Cambridge University Press, 1724, p. 785.

② William Wynne, *The Life of Sir Leoline Jenkins* (ii), London: Cambridge University Press, 1724, pp. 761 – 763.

③ D. J. Llewellyn Davies, *Transactions of the Grotius Society* (xxi), 1935, p. 154.

④ D. J. Llewellyn Davies, *Transactions of the Grotius Society* (xxi), 1935, p. 155.

⑤ William Wynne, *The Life of Sir Leoline Jenkins* (ii), London: Cambridge University Press, 1724, p. 702.

⑥ William Wynne, *The Life of Sir Leoline Jenkins* (i), London: Cambridge University Press, 1724, p. 719.

⑦ *British Year Book of International Law*, 1934, pp. 29 – 33.

了詹金斯为海事法的继续发展做出更多的贡献。在一项支持解决海事法院管辖权、赋予海事法院在海商案件中更大的管辖权的提案中，詹金斯进行了广博而充分的论证，但这并未能说服上议院。① 应该注意的是，他为这一法案所做的一个论证几乎具有预言性质，因为它解释了英格兰商法发展缓慢的原因。他说，如果该法案获得通过，外国人就能理解海事法院的判决理由，外国的罗马法专家可以就"是否承认海事法院的判决，或提起上诉"的问题，向当事人提出建议；"而现在，所有外国人都极度抱怨，海事法院根本没有说明其判决理由，除了陪审团团长说，他们作出了不利于外国人的判决"。② 正如布勒所说的，这就是为什么在曼斯菲尔德时代以前海商法案件"没有产生确定的原则"之原因。③

（二）作为法律批评者的詹金斯的贡献

詹金斯帮助诺丁汉和诺斯起草了《反欺诈法》。④ 他起草的一些条款为下列事项——与动产有关的口头遗嘱的有效条件、遗嘱认证问题、书面遗嘱的撤销问题、士兵和水手的遗嘱问题以及教会法院对遗嘱的管辖权问题等——设置了规则。⑤ 尽管他没有起草遗产分配法案，⑥但他赞成其中的方针；并且，在他留下的一篇文章中，他解释了这一法案应该获得通过的原因。⑦ 他还试图

---

① William Wynne, *The Life of Sir Leoline Jenkins* (i), London: Cambridge University Press, 1724, pp. lxxvi – lxxxv; William Searle Holdsworth, *A History of English Law* (i), Boston: Little Brown And Company, 1922, pp. 555, 557.

② William Wynne, *The Life of Sir Leoline Jenkins* (i), London: Cambridge University Press, 1724, p. lxxxiv.

③ *Lickbarrow v. Mason* (1787) 2 T. R. at p. 73；前文第183页脚注①。

④ William Searle Holdsworth, *A History of English Law* (vi), London: Methuen & Co. Ltd., 1924, pp. 382, 384.

⑤ 29 Chas. II, c. 3, 19 – 24.

⑥ William Searle Holdsworth, *A History of English Law* (iii), London: Methuen & Co. Ltd., 1924, pp. 559 – 560.

⑦ William Wynne, *The Life of Sir Leoline Jenkins* (ii), London: Cambridge University Press, 1724, pp. 695 – 697.

改革皇家教务高等法院，但最终并未成功。该法院的主要缺点是：它是由詹金斯提议任命的低薪人士团体组成的，[1]詹金斯提议（民法博士会馆批准了他的建议），应任命一个有适当薪酬的常设委员会；并且，他准备为这一法院起草一套程序规则草案。[2] 他还准备提出一个禁止私下结婚的法案[3]——这使哈德威克勋爵提前提出了相关提案；并且，他还提出了一个旨在恢复乡村教区司铎的权威并取缔特殊教堂的法案。[4] 像弗朗西斯·培根一样，他反对将“开除教籍”作为教会法院普通程序的一部分，并且，他重申了一个1584年提出的建议，即“再次逮捕被教会开除教籍者的令状”（writ de excommunicato capiendo）和“逮捕藐视法庭者的令状”（writ de contumace capiendo）应该被替代。[5] 直到1813年，他的这一建议才被采纳。[6] 詹金斯无疑是他那一时代最伟大的罗马民法专家，并且，直到18世纪末，他仍是英格兰出产的最伟大的罗马民法专家。

在18世纪初，一些罗马民法专家曾担任过驻外使节和国务

---

① William Searle Holdsworth, *A History of English Law* (i), Boston: Little Brown And Company, 1922, p. 605.

② William Wynne, *The Life of Sir Leoline Jenkins* (i), London: Cambridge University Press, 1724, p. lii; Charles Coote, *Sketches of the lives and characters of eminent English Civiians*, Kearsley, 1804, p. 87.

③ William Wynne, *The Life of Sir Leoline Jenkins* (i), London: Cambridge University Press, 1724, p. lii.

④ William Wynne, *The Life of Sir Leoline Jenkins* (i), London: Cambridge University Press, 1724, p. lii; 具体亦可参见 William Searle Holdsworth, *A History of English Law* (i), Boston: Little Brown And Company, 1922, p. 600。

⑤ William Wynne, *The Life of Sir Leoline Jenkins* (i), London: Cambridge University Press, 1724, pp. lii – liii; William Searle Holdsworth, *A History of English Law* (i), Boston: Little Brown And Company, 1922, pp. 631 – 663.

⑥ 53 Geo. III, c. 127.

大臣，[1]一些罗马民法专家在下议院中任职。[2] 在乔治二世（George II，1783—1760 年）统治时期，有人试图让乔治·李（George Lee，1700—1758 年）爵士——遗嘱检验法院的法官——担任财政大臣。但正如霍勒斯·沃尔波尔（Horace Walpole，1717—1797 年）所说的，[3]“由于罗马民法专家们从事的工作领域偏狭，这使他们的视野非常狭窄，而担任首相需要广博的知识”。[4] 并且，法学家、法官所从事的工作与政客们所从事的工作之间的差异正变得越来越大，因此，很多民法专家并不适任行政工作。在 18 世纪下半叶，在遗嘱检验法院和海事法院担任法官的罗马民法专家已是纯粹而简单的法学家，他们都非常能干，其中的一些人还特别杰出。[5] 但没有哪一个人像詹金斯那样出色，到 1798 年，这一情形有了改变——当时，威廉·斯科特（William Scott）爵士，即未来的斯托威尔勋爵，被任命为海事法院法官，他是这个国家诞生的最杰出的罗马民法专家，在那些隶属罗马民法范围的所有法律分支上，他比任何其他民法专家的影响都要大。

---

① 曾担任过驻外大使和国务大臣的民法专家有威廉·特朗布尔（William Trumbull，1639—1716 年）与赫奇斯（Hedges），参见 William Searle Holdsworth，*A History of English Law*（xii），London：Methuen & Co. Ltd.，1926，pp. 661 – 663。

② 在下议院中任职的民法专家有乔治·李（George Lee）与海（George Hay），参见 William Searle Holdsworth，*A History of English Law*（xii），London：Methuen & Co. Ltd.，1926，p. 663。

③ Horace Walpole，*Memoirs of the Last Ten Years of Geoge II's Reign*（i），London：H. Colburn，1847，p. 78.

④ 霍勒斯·沃尔波尔这段话主要针对的是一些重要的大臣，而非泛泛而论。

⑤ 对于这些罗马民法专家的说明，可参见 William Searle Holdsworth，*A History of English Law*（xii），London：Methuen & Co. Ltd.，1926，pp. 665 – 676。

二、斯托威尔勋爵[①]

威廉·斯科特——斯托威尔勋爵，是约翰·斯科特——埃尔顿勋爵（Lord Eldon）的哥哥；[②]这哥俩的职业生涯有很多相似之处。桑基爵士（Lord Sankey，1866—1948 年）曾指出："他们二人在两个月内相继被授予为骑士；曾经一个以总检察长的身份、另一个以副总检察长的身份一起出席首次任职招待会；他们在同一天成为枢密院成员。几乎在约翰被任命为民事上诉法院首席大法官的同时，威廉被任命为海事法院法官，前者随后又升任衡平法院大法官。"[③]需要补充的是，他们都是牛津大学大学学院的研究员；在约翰辞去衡平法院大法官一年之后，威廉也辞去了海事法院法官之职；正如约翰为衡平法现代体系的发展做出了贡献一样，威廉也为海事法和教会法中一些最基本原则的确立做出了贡献，并创立了在英美都得到适用的捕获法体系。他们之间的最大不同表现为：他们为英格兰法做贡献的方式不同。埃尔顿的判决没有什么文学味，但在斯托威尔的许多判决中，我们能看到文学的闪光点，其判决文书有时甚至很有文采。

威廉·斯科特生于 1745 年，曾与弟弟约翰在纽卡斯尔的同一所学校里接受教育。1761 年，他作为基督圣体学院的学者来到牛津，并于 1764 年成为牛津大学大学学院的研究员。他打算从事法律职业，并于 1762 年成了中殿律师会馆的学徒。但学术生涯的吸引力极大地迟延了他实现律师这一理想的进程。1765 年，他成了大学学院的一名导师，并于 1774 年成为教授古代史的

---

① Edward Stanley Roscoe, *Lord Stowell: His Life And The Development of English Prize Law*, London: Constable, 1916; William Charles Townsend, *Lives of Twelve Eminent Judges of the Last and of the Present Century*(ii), London: Longman, 1846, pp. 279 – 365; Dictionary of National Biography; Lord Sankey, "Lord Stowell", *L. Q. R.*, 1936(52): 327.

② 1936(52): 327.

③ Lord Sankey, "Lord Stowell", *L. Q. R.*, 1936(52): 343.

卡姆登教席的主讲人。他是一个能力极强的导师和主讲者，吉本(Edward Gibbon,1737—1794 年)在其自传中曾提及“威廉·斯科特爵士的美德和声誉”，[①]并且，当时及随后的一些人也曾提到他担任卡姆登教席主讲人时的优点。[②] 他是大学里的著名人物，并像布莱克斯通[③]一样，为牛津大学图书馆做了一些很有价值的工作。[④] 斯科特法律生涯的这一学术前奏对其后来的工作产生了持久的影响。通过他的朋友兼同事钱伯斯——正如我们已看到的，钱伯斯后来曾在加尔各答担任法官[⑤]——的介绍，他的学术能力引起了萨缪尔·约翰逊博士(Samuel Johnson,1709—1784 年)的注意，后者推荐他加入了由约翰逊主导的著名文学俱乐部，这不仅使他成了一名如布莱克斯通那样的法学家，[⑥]而且使他的判决具有一种独特的文学形式和风格。

1777 年，威廉·斯科特决定继续从事自己的法律研究工作——尽管直到 1780 年，他才最终离开牛津大学，其时，他已在中殿律师会馆获得了律师资格。尽管他获得了律师资格，但他仍明智地认为，他所受的古典学术训练使他更适合从事罗马民法专家的工作，而非从事与普通法有关的工作。1779 年，他被接纳为民法博士会馆的一名辩护律师，在此方面，他迅速地取得了成功。1782 年，他被任命为海事法院首席法律顾问；1783 年，他的弟弟

---

① Edward Gibbon, *The Autobiographies of Edward Gibbon*, London: John Murray, 1896, pp. 93 – 94.

② William Charles Townsend, *Lives of Twelve Eminent Judges of the Last and of the Present Century* (ii), London: Longman, 1846, pp. 285 – 286.

③ 后文第 267 ~ 269 页。

④ William Charles Townsend, *Lives of Twelve Eminent Judges of the Last and of the Present Century* (ii), London: Longman, 1846, pp. 287 – 288.

⑤ 前文第 211 页。

⑥ 后文第 270 页。

（约翰）曾说道，“他的成就非常了不起，他一直特别幸运”。[①] 1788 年，他被任命为伦敦主教教区法院的法官（他一直担任这一职位到 1821 年）与王室的总法律顾问。1790 年，他成为议会议员，并于 1798 年担任海事法院法官。1821 年，由于在担任法院的法官时为国家做出了重大的贡献，他被赐予贵族头衔，并因此成为斯托威尔勋爵。1828 年，由于健康原因，他辞去了海事法院法官之职；1836 年辞世。

作为一名法学家，斯托威尔获得了巨大的声誉，这部分与他的聪明才智有关，部分是由于他在教会的海事法和捕获法尚处于发展初期时正好担任法官，还部分由于拿破仑战争持续了太长的时间。

首先，斯托威尔有非常高的综合素质。他有清晰的逻辑思维能力，这使他能迅速地抓住正在处理的案件的关键之点，并依据事实得出正确的结论，然后清楚地陈述与说明依据这些事实、解决这些问题必须运用哪些原则。他具有健全的心智——一个兼具古典和现代知识及文学才能的心智，其中既涵括了英格兰法的技术性规则，又囊括了罗马民法的技术性规则。他还具有历史学家的综合能力，这使他能理解法律规则过去的发展方式，并洞察法律规则未来的发展将采取何种形式。此外，他还符合“法律政治家”的标准——该标准是我国法学家中伟大法学家的标志，也是捕获法院的法官尤其需要具备的品质；正是由于斯托威尔拥有如此的品质，他才能创建捕获法的学说体系。正如我已经说到的，斯托威尔具有很强的文学表达能力，这使他作出的判决具有一种独特的、能增强他所掌握的原则效果的能力，同时能增强他对权威性资料的掌握，使他能以政治家的风范解决疑难问题。布鲁厄姆曾高度地赞扬他说：“如果‘熠熠生辉’（luminous）一语能

---

① William Charles Townsend, *Lives of Twelve Eminent Judges of the Last and of the Present Century*(ii), London: Longman, 1846, p. 244.

用来赞扬人类的作品，则这一赞誉用到斯托威尔的判决之上就非常恰当。"①

其次，斯托威尔之所以影响巨大，还由于在他担任法官时，恰逢教会的海事法和捕获法刚刚起步，斯托威尔将之推到较高的水平上。直到1798年，即斯托威尔成为海事法院法官的那一年，我们才得到一系列有关海事法院既判案件的定期法律报告。直到1822年，当哈格德(Haggard)出版他的判例——摘自伦敦的主教法院自1789年至1821年的判决——报告时，针对教会法院审理的案件的常规性报告才开始出现。在过去，由于缺乏这种报告，人们曾对之进行过批判，因为如果没有这些报告，这些法院运用的原则不仅对英格兰法学家而且对外国法学家来说都是神秘的。事实上，人们将英格兰的这些罗马民法专家比拟为"不仅处理口述传统而且处理秘密作品的研究《塔木德》的犹太人"②，还是有一定道理的。正如罗斯科(Edward Stanley Roscoe，1849—1932年)先生所说的，③因为他们应用的法律通常只包含在自己的笔记本和记忆中，有时甚至只是一些难以准确界定的法律传统。但正是由于权威的稀缺性，才为斯托威尔自由发挥才能提供了空

---

① 关于乔治三世时期的一些论述可参见 *Geoge* Ⅲ，Ⅳ，67，Cited l. q. r. LⅡ，355。

② "人们一直抱怨，海事法院、教会法院或者遗嘱法院中的民法专家们从来没有提供公开的判决报告，对普通法律师采取戒备的态度，在一小撮法律执业者之间对法院的判决遮遮掩掩，似乎让人们觉得，那些选择这一令人尊敬、高度专业化职业的人有点像犹太人中的《塔木德》研究者——那些仅仅处理口述传统与神秘作品的人。除了犹太公会以外，没有人被允许宣称自己是实践魔法师。"参见乔治·海(George Hay)与马里奥特(James Marriotts)撰写的判决报告前言。Thomas Edwards(ed.)，*Decisions in the High Court of Admiralty，During the Time of Sir George Hay and Sir James Marriott，Late Judges of That Court* (1776－1779). iv，xv，321 (i. e. 135).

③ 罗斯科说：英格兰民法专家们运用的法律存在于"民法博士会馆的律师们的笔记本中，存在于他们的记忆中。在捕获法院、教会法院等法院中，法官与律师也会运用先例，但其地位无法与那些易于遭人误解的法律传统可比，这些法律传统无法可靠地查明"。参见 Edward Stanley Roscoe，*Lord Stowell：His Life And The Development of English Prize Law*，London：Constable，1916，p. 34。

间，使他能将教会的海事法和捕获法协调并系统化起来。萨姆纳勋爵（John Andrew Hamilton，1st Lord Sumner，1859—1934 年）曾说过："对于整整一代人来说，与其说斯托威尔是一名一般意义上的法官，不如说他是一个立法者。"①在许多与海事有关的问题上，斯托威尔的判决仍是唯一的法律；并且，尽管斯托威尔在受其影响的美国人那里不太受欢迎，但这些法律一直被美国法院作为权威而接受。与此同时，由于斯托威尔被克里斯托弗·罗宾逊（Christopher Robinson，1766—1833 年）、爱德华兹（Thomas Edwards，1775—1845 年）、多德森（John George Dodson，1887—1897 年）和哈格德等人详细地报道过，所以他的判决能成为许多原则和规则最原始的权威性渊源。事实上，定期报告的首次出现与这个国家诞生的最伟大的罗马民法专家的司法生涯一致，是一种令人愉悦的巧合。

最后，拿破仑战争持续了较长的时间，让斯托威尔有机会永久地确定大不列颠的捕获法。在捕获问题上，直到 1616 年柯克垮台，人们才颁布禁令，②因此，海事法院可自由地发展捕获法。而直到 18 世纪，人们才承认，法院对于捕获案件的管辖权完全不同于普通案件的管辖权，③其实施的不是国内法，而是国际法。④这是斯托威尔的机遇，因为与拿破仑战争给他的普通法院带来大量有关捕获的案件相比，他领导的教会法院和海事法院管辖的案件非常少。

他如此有效地利用了这一机遇，创立了捕获法体系，这一捕获法与某些欧洲大陆国家的捕获法一样，并非"是对一些行政法

① 参见"Dictionary of National Biography"中的"W. Scott"词条。

② Reginald Godfrey Marsden, *Documents Relating to Law and Custom of the Sea* (i), Navy Records Society, 1916, p. 359.

③ *Lindo v. Rodney*(1781) 2 Dougl. at p. 614.

④ *Lindo v. Rodney*(1781) 2 Dougl. at p. 616.

规、判决以及学术观点做一些不系统、不明确的汇集”①，而是由原则与规则组成的具有确定性的集合。这一由原则与规则组成的确定的集合——它是以斯托威尔的判决为基础的——是捕获法院所实施的国际法。可以肯定地说，它比国际法的任何其他部分都得到了更明确、更好的遵守。英格兰的捕获法之所以具有这些特点，是因为这样的事实：它是在已决的判决基础上发展起来的，这使它具有同国内法一样的精确性。有关这一事实的最好说明是枢密院对“扎莫拉案”（*The Zamora*）的判决，②如我们已经看到的，在此判决中，枢密院推翻了斯托威尔勋爵的附带意见，③并且规定：枢密令既不能改变既定的英格兰法规则，也不能改变捕获法院实施的国际法规则。

斯托威尔最重要的工作是在捕获法领域内完成的。此处，我将对其中的一两个案例作出说明，从而让大家注意到他所创立的这一法律体系。在 *the recovery* 案④中，他坚持认为，尽管捕获法院是处于大不列颠国王权威之下的法院，但它“是一个运用国际法的法院”。它既属于我国，也属于别国；外国人有权要求它只实施国际法，且排斥引用从我们的地方性法律中借用的原则。因此，斯托威尔通过几个判决，阐明了几个重要的国际法原则，例如，“有约束力的封锁必须是有效的”、⑤“所有国家都是独立、平等的”⑥规则，等等；并且，他在以下问题上的一些判决——如连

① Edward Stanley Roscoe, *Lord Stowell: His Life And The Development of English Prize Law*, London: Constable, 1916, p. 51.

② [1916]2 A. C. 77；前文第243～244页。

③ *The Fox*(1811) Edw. at pp. 312－313.

④ (1807)6 C. Rob. at pp. 348－349；也可参见 *The Fox*(1811) Edw. at p. 312。

⑤ *The Betsey*(1798) 1 C. Rob. 92.

⑥ *The Le Louis*(1817) 2 Dods. at p. 243.

续航行、[1]违禁品、[2]封锁、[3]中立国从交战国购买船舶、[4]毁坏中立国船舶的交战国有义务向中立国提供赔偿、[5]商业机构的住所,[6]等等——构成了现代国际法的基础。那些法律如此好地、确定地说明了:尽管贸易状况发生了变化,尽管法院的审判程序也发生了变化,但那些法律在1914—1918年的战争时期仍得到了可靠的适用。人们发现,他确立的一些原则能适应不断变化的状况,因此,正如罗斯科先生所说的,[7]这些作为英格兰法理学基石的原则比以往任何时候都更加牢靠。

但是,斯托威尔勋爵构建英格兰捕获法体系的工作并非其唯一的工作,他在许多判决中论及的海事法观点同样为未来确定了法则。因此,他作出的"船主有权抵押货物以筹集资金从而使船舶能完成其航程"的判决,[8]与他作出的海上救助法律的判决,[9]形成了关于这些问题的现代法律基础。他对诸如教会法中的婚姻法、教会的管理与纪律以及丧葬方式等问题的判决[10]也成了现代法赖以确立的基础。他在"奴隶格雷斯诉艾伦案"(*The Slave Grace R. v. Allan*)中的判决[11]——该判决的大意是:一个被带到

---

① *The Maria*(1805) 5 C. Rob. 365.

② *The Jonge Margaretha*(1799) 1 C. Rob. 188.

③ Edward Stanley Roscoe, *Lord Stowell: His Life And The Development of English Prize Law*, London: Constable, 1916, pp. 54 – 55.

④ *The Bernon*(1798) 5 C. Rob. 101.

⑤ *The Felicity*(1819) 2 Dods. 381.

⑥ *The Harmony*(1800) 2 C. Rob. 322.

⑦ Edward Stanley Roscoe, *Lord Stowell: His Life And The Development of English Prize Law*, London: Constable, 1916, p. 91.

⑧ *The Gratitudine*(1801) 3 C. Rob. 240.

⑨ *The Maria*(1809) Edw. 175; *The Blenden Hall*(1814) 1 Dods. 414.

⑩ William Charles Townsend, *Lives of Twelve Eminent Judges of the Last and of the Present Century*(ii), London: Longman, 1846, pp. 317 – 327, 343 – 347, 349 – 350; Lord Sankey, "Lord Stowell", *L. Q. R.*, 1936(52): 337 – 339.

⑪ (1827) 2 Hagg. Ad. 94.

英格兰的奴隶与她的主人回到了原来那一国家(那一国家认可奴隶制),她又将恢复奴隶的身份——引起了很多评论。但在非常严密的论证后,他证明该法律规定的原则是非常合理的,这赢得了伟大的美国法官兼教授约瑟夫·斯托里(Joseph Story,1779—1845年)先生的赞许。[①] 这一案件和 *Dalrymple v. Dalrymple* 案[②]表明,斯托威尔勋爵已掌握了一些非常基本的、迄今为止仍非常新颖的国际私法原则。

我认为,可以这样说,哈德威克、埃尔顿为衡平法做出了很大的贡献,曼斯菲尔德为普通法做出了很大贡献;同样地,对于所有可归属于罗马民法专家业务范围内的所有法律部门,斯托威尔也做出了很大贡献。他们全都取得了伟大的成就,不仅因为他们全都是特别伟大的法学家,而且因为他们任职的时间足够长,以至于别人能感知到他们的影响;并且因为他们都处于英格兰法需要特别引导的时期,因此,他们成功地创制了今天仍调整我们行为的大部分法律。

斯托威尔的判决很少受到其继任者的质疑,纵使他们在某些方面对某些案件有异议,但这些异议并没有得到人们的普遍认可。许多人认为,斯托威尔在"福克斯案"[③](the case of *The Fox*)中的附带意见比枢密院在"扎莫拉案"(the case of *The Zamora*)中的判决[④]更可取。他在 *Dalrymple v. Dalrymple* 案[⑤]中,阐明了有效婚姻的必要条件,他的这一观点遭到了 *R. v. Millis* 案中三位法官的质疑,[⑥]但另三位法官却同意他的观点,最终,这个案子是以

---

① 参见 2 S. T. (N. S) 303 n. (a)。

② (1811) 2 Hagg . Con . 54.

③ (1811) Edw. at pp. 312 – 313.

④ [1916] 2 A. C. 77;参见 William Searle Holdsworth, *A History of English Law* (i), Boston: Little Brown And Company, 1922, pp. 566 – 568;前文第 243 ~ 244、253 页。

⑤ (1811) 2 Hagg . Con . 54.

⑥ (1842 – 1844) 10 Cl. and Fin. 534.

与前三位法官一致的意见判决的,因为他们的意见与法院的意见更为一致。但正如波洛克和梅特兰所说的,"这一被击败的理由更符合中世纪历史学家的口味"。[①] 换句话说,斯托威尔勋爵的意见更具有历史性,是更可靠的法律。

如果不进行精心的构思,斯托威尔勋爵的判决就不会带有文学性特点。"据说他曾要求报刊的编辑逐行校正他的文字,甚至对冒号的编排都深思熟虑。"并且,菲利摩尔(Walter George Frank Phillimore,1845—1929年)证实,斯托威尔对自己的手稿和样张都反复进行过修改和校正。[②] 我们可以从他的判决中选出一个特别引人注意的段落来说明这一点。最著名的段落——对于印度的读者来说,这或许是最恰当的段落——是他对"印度部落首领案"(*The Indian Chief*)的判决。[③] 这段话解释了为什么一个居住在加尔各答的美国人必须被认为有一个英国的商业住所,由此需要服从"不能与敌人进行贸易"的法律。当时,有人辩解说:一个加尔各答的居民不是大不列颠王国的臣民,而是莫卧儿王国的臣民;由于他不是大不列颠王国的臣民,因此,他与大不列颠的敌人进行交易就不会受到任何惩罚。斯托威尔的回答如下:

> 无论在什么地方,纵使有一个工厂建在东方世界的某一地方,那些在这些机构的庇护和保护之下进行贸易的欧洲人,都会被认为,他们从其生活与经商的那一机构中获得了国民身份。这是一条可特别适用于那些东方国家的国际法规则,这一规则有别于通常流行于欧洲

---

① William Searle Holdsworth, *A History of English Law* (ii), London: Methuen & Co. Ltd, 1922, p. 370.

② William Charles Townsend, *Lives of Twelve Eminent Judges of the Last and of the Present Century*(ii), London: Longman, 1846, p. 320.

③ (1801) 3 C. Rob. 12, 22.

> 和西方世界的规则。在前一类国家中，人们是从“某人是某一国的居民”这一一般特征中获得目前的国民身份的。之所以产生这些差异，是由于国家之间的特点和习惯不同使然：在西方世界，外国商人融入了当地社会，当地社会容许外国人进入并融入，而且，外国商人几乎全方位地被当地社会接纳。但在东方，从最古老的时代开始，就一直保持着拒绝让外人混入的传统，外国人不允许进入一般的机构之中，也不允许混入社会大众之中。他们如其父辈那样，继续作为外国人和寄居者而存在——就像“咸涩的海水不能混入河流”一样。①

在斯托威尔作出的许多判决中，从他有关教会法和海事法的论述中可以看出，他将自己的罗马法知识与丰富的英国法知识结合了起来。事实上，对于罗马法专家来说，那些能拓展其知识范围、关于英格兰所有法律部门的知识是非常必要的，因为如果没有这些知识，他们就不知道其工作的法院的管辖权范围。在整个18世纪，普通法院和衡平法院的判决一直试图确定这一范围，并一直试图协调罗马法专家实施的法律与普通法、衡平法的关系。正如我们现在将看到的，这些法律部门如衡平法一样，与英格兰法的其他法律部门的关系一直非常协调，并且，它以这种方式为19世纪实施的大规模同化运动铺平了道路。

三、如何协调罗马法专家创制的法律与英格兰法其他部门之间的关系

普通法院和衡平法院的从业人员将罗马法知识视为一种深奥且神秘的知识，只有民法博士会馆中的辩护律师和代理律师才能理解。这一观点有一定的合理性。首先，我们已经看到，直到

---

① (1801) 3 C. Rob. 28 – 29.

18 世纪末和 19 世纪初，教会法院和海事法院的案件报告才开始出现；①因此，人们总是认为，在教科书之外，在普通法院和衡平法院执业的人员之中，只有少数人能了解教会法和民法知识，它是一种传统的知识，②具有与年鉴时代在普通法院中执业的中世纪律师一样的、多少带有神秘性特点的知识。③ 其次，由于教会法院和海事法院的办案程序与普通法院和衡平法院的程序有很大的不同，因此，民法专家们实施法律的技术环境与上述执业者习惯的环境存在很大的不同。这些程序上的差异，以及由此而产生的技术差异，都比那些使普通法院与衡平法院发生分离的差异更大。因此，在这种差异巨大的技术环境基础上发展起来的法律体系塑造了一种让普通法院和衡平法院的从业者感觉非常陌生的环境。

但罗马法专家是一个有组织、博学的职业团体；④他们执业的法院管辖的范围非常大。尽管教会法院的管辖范围已不像中世纪时那么大，但其范围仍非常巨大；并且，尽管教会法院的管辖权不如中世纪时那样广泛，但仍相当可观；尽管海事法院的案件管辖权已被普通法院削弱，但它在捕获问题上仍拥有排他性的管辖权。对于罗马法专家适用的各个部门法，很多英格兰文学作品都有所描述，并且，也有很多欧洲大陆的文学作品对此进行过描述。因此，罗马法专家能对隶属其法院管辖的各种事务制定并发展出相应的法律，从而对英格兰法律制度的发展做出了重大贡献，这一点也不令人奇怪。因此，有必要使这些法院的司法管辖权及其

① 前文第 251 页。

② Edward Stanley Roscoe, *Lord Stowell: His Life And The Development of English Prize Law*, London: Constable, 1916, p. 34，引自前文第 251 页脚注②。

③ William Searle Holdsworth, *A History of English Law* (ii), London: Methuen & Co. Ltd, 1922, pp. 541 – 542；也可参见 William Searle Holdsworth, *Sources and literature of english Law*, Oxford, Clarendon Press, 1925, p. 89。

④ 前文第 237 ~ 239 页。

创制的法律与普通法院、衡平法院的管辖权及其发展出的法律原则保持协调关系。

在普通法院和衡平法院的监督下，罗马法专家们界定了这些学说与普通法、衡平法的关系。正如在18世纪普通法院和衡平法院已学会界定各自的管辖权范围并彼此合作一样，[①]在19世纪，教会法院和海事法院已学会如何与普通法院、衡平法院合作。布莱克斯通在谈及这一时代教会法院与普通法院、衡平法院之间的关系时说道：

> 尽管教会法院直到今天仍在处理许多暂时得到了人们认可的案件，但一般情况下，在这些法院（尤其是较高级的法院）里，正义得到了巧妙且无偏私的实现，并且，这些法院的权力界限现在已确立下来，且广为人知。到目前为止，这种依旧以古代方式延续的司法管辖权也没有造成任何实质性的不便。[②]

有关海事法院的管辖权，我们也可以这样说——其管辖范围已得到了很好的确定，并广为人知。

如何协调罗马法专家创制的法律与普通法、衡平法中的法律规则之间的关系，是18世纪人们需要解决的问题，它受到"何时可以获得禁制令或禁令"这一决定的影响。例如，人们认为，当正在讨论的问题是"某个人是否拥有诸如小额钱财之类的财产权"时，当问题是"债务是否是由已故者的房地产引起的"时，当问题是"某人是否实施了违反法律的刑事违法行为"时，普通法院就有管辖权——在上述所有情况下，如果人们认为教会法院与海事

① 前文第223、226～230页。

② W. M. Blackstone, *Commentaries on the Law of England*(iii), Portland: Thomas B. Wait & Co., 1807, pp. 98－99.

法院有管辖权，就会发布禁制令。[①] 人们认为，对于与信托有关的所有事务，对于欺诈、遗嘱的解释以及幼儿生活费之类的问题，衡平法院拥有管辖权——在上述所有案件中，法院都会发布禁制令，阻止人们在任何其他法院进行诉讼。[②] 以上讨论"是否应发布禁制令或禁令"这一问题的所有案件表明，在当时，人们已解决了上述所有法院具有多大司法管辖权的问题，它们之间旧有的竞争关系也得到了缓解，并且，这些法院开始像伙伴一样合作，这正是这些差异巨大的法律机构保持协调关系的先决条件。普通法学家偶尔也会在海事法院审理案件，罗马法专家有时也会在普通法院和衡平法院审理案件，并且，普通法的法官通常都是审理宗教上诉案件的皇家教务代表法院的成员，这些事实极大地推动了上述法院之间的合作。[③]

19 世纪的法律改革废除了教会法院和海事法院的旧程序，使民法博士会馆中罗马法专家们实施的法律与普通法院、衡平法院实施的法律保持分离的主要原因随之消除。随着这些因素的消除，民法博士会馆自身也随之被解散，[④]曾经专属于罗马法专家的事务开始向普通法和衡平法会馆中的成员开放。但罗马法专家们发展出的诉讼与程序体系在两个方面对英格兰法律史产生了影响。首先，从这一体系中提取的某些观念，如同从古老的普通法和衡平法诉讼程序中提取的观念一样，[⑤]影响了《司法法》所规

① William Searle Holdsworth, *A History of English Law* (xii), London: Methuen & Co. Ltd., 1926, pp. 698 – 699.

② William Searle Holdsworth, *A History of English Law* (xii), London: Methuen & Co. Ltd., 1926, pp. 699 – 700.

③ William Searle Holdsworth, *A History of English Law* (xii), London: Methuen & Co. Ltd., 1926, pp. 700 – 701.

④ 1857 年，依据设立新的遗嘱法院的法规，民法博士会馆交出了其执照（特许状），其财产由其会员瓜分，参见 20, 21 Vict. c 77, 116, 117。

⑤ William Searle Holdsworth, *A History of English Law* (ix), London: Methuen & Co. Ltd., 1926, pp. 328 – 330.

定的新程序。因此，正如菲利莫尔已经指出的，[①]“现在，高等法院采用的诉讼模式模仿了海事法院曾采用的模式，而此种模式又源于教会法院曾使用的模式，尽管人们对这些模式做了相当大的精简”。[②]并且，教会法院曾经流行的某些实践规则——这些规则有时会允许教会法院为那些拥有某些权利的当事人提供救济，而不管那一诉讼本来是为不同的救济方式而设立的——有助于产生这样的做法：容许相反的诉讼请求出现在高等法院。[③] 其次，正如我们的现代普通法和衡平法体系是从其赖以发展的旧程序体系中获得独特特征的，我们关于遗嘱检验与管理的很多现代法律，我们关于婚姻的许多现代法律，我们关于海事和捕获问题的许多法律，都是从罗马法专家运用的诉讼与程序体系中获得其特点的。高等法院的遗嘱检验、离婚和海事分庭实施那些曾专属于罗马法专家们实施的所有法律，因此，它与衡平分庭一道，一直提醒人们，英格兰法律体系的不同部分分别有着不同的渊源。

---

① Walter George Frank Phillimore, *Ecclesiastical Law of the Church of England*(ii), Church of England, 1844, p. 959.

② 菲利莫尔将以前出现在海事法院损害赔偿案件中的控诉书[马里奥特在《诉讼文书程式》(*Formulare Instrumentorum*)中曾列出过]比拟为现代的起诉状，有点不同寻常。

③ Walter George Frank Phillimore, *Ecclesiastical Law of the Church of England*(ii), Church of England, 1844, p. 956.

《位于威斯敏斯特宫的王座法庭》(The Court of King's Bench, Westminster),绘画是画册《现代伦敦》(Modern London)其中的一幅,英格兰画家 Richard Phillips 创作于 1804 年。

第十一讲
布莱克斯通、边沁与奥斯丁

《威廉·布莱克斯通爵士的肖像画》(Sir William Blackstone,1723—1780) 英格兰画家 Joshua Reynolds(1723—1792)创作。

《杰里米·边沁的肖像画》(Jeremy Bentham),英格兰画家 Henry William Pickersgill (1782—1875)创作于 1829 年。

像中世纪一样，18 世纪是英国和英国法律史上一个特点鲜明的时期，因为这一时期具有非常独特的知识特征。在这一世纪的末期，法国大革命开始传播新的政治思想，工业革命传播新的经济思想，社会观念的变化也随之而来，这从根本上改变了赋予 18 世纪独特知识特点的众多观念。正如在 16 世纪，文艺复兴、宗教改革和罗马法继受三大联合运动用现代理念替代了中世纪理念一样，[①]在 18 世纪和 19 世纪早期，随着法国大革命和工业革命宣扬的新思想的传播，人们开始用与工业社会、日益民主的社会相配套的新思想替代与 18 世纪的农业社会、贵族社会相配套的旧思想。在这两个时期，作为社会变化后果的法律改革在英国是以比大陆国家更渐进、更和平的方式进行的，这使英国法迅速地适应了新的秩序，并且，其发展的连续性未被人们粗暴地打断。对法律进行如此渐进而和平的调整之所以可能，部分是由于英国政府是一种宪制型政府——正是这一特征才使英国政府成为大多数英国人真诚依恋且引以为傲的政府，部分是由于立法机关和法官为满足新的需要、对英国法进行调整的方式非常恰当。

布莱克斯通对 18 世纪的伟大法学家们发展起来的法律进行了总结。尽管为满足 18 世纪的需要，那一法律在当时已得到了

① 前文第 81 ~ 82 页。

修正与调整,但人们仍需对其进行更广泛的改革,以便适应下一世纪的需要;由于法律改革的范围比以往更广泛,因此,此项工作只能由立法机构来推行。哈德威克、埃尔顿、曼斯菲尔德和布莱克斯通之流的法学家的视野是18世纪的视野,他们并不倾向于进行广泛的立法改革,因此,直到边沁之类的新分析法学派的法学家们获得了一定的政治影响之后,这些改革才开始实施。边沁提出了进行此类改革应遵循的原则——功利原则,以及一个建立在该原则基础上的改革方案。他的弟子奥斯丁提出了满足这一已改革了的法律体系的法学理论。演绎性的分析理论在当时成了流行的理论——它们不仅影响着政治,而且影响着法律,甚至在经济学领域,它们也有着强劲的影响。但由这些理论激发的法律改革是以渐进而审慎的方式进行的,人们运用高超的技巧,将之整合进了布莱克斯通阐释的英国法现有体系之中。因为尽管边沁的原则与改革方案以及奥斯丁的理论建立在演绎推理基础之上,但它们是由那些在专业性的英国法历史传统中受过教育的法学家们应用到实践之中的。因此,当边沁的改革方案被实施时,当奥斯丁的理论被人们吸纳之时,当这些演绎性的分析理论让位于因达尔文的假设而流行起来的进化论时,对于英国的法学家来说,认可这一新的历史学派并非什么难事。这一新的历史学派剥夺了边沁的功利原理和奥斯丁的理论曾拥有的大部分权威。

在这一讲中,我首先将对以布莱克斯通为最典型代表的18世纪的人们关于法律问题的看法作一说明,然后,将对边沁与奥斯丁所持的迥异于布莱克斯通的知识观点以及其所持的原理与理论对英国法的影响予以说明。在接下来的一讲中,我将描述英国法学家中历史学派的发展状况,并说明它是如何将职业性的英国法历史传统置于新基础之上的。与那些全心全意地支持边沁功利原则和奥斯丁法学理论的人们秉持的理论相比,历史法学派的理论使英国法能更好地适应新的社会状况,因为它对英国的社会状况可能有着更深入的了解。

一、布莱克斯通①

里顿·斯特拉奇(Lytton Strachey,1880—1932年)如此评论18世纪:

> 在艺术、思想以及人类的全部活动中,这一世纪的人们想要实现的目标是公正、真正的均衡以及得到了大家认可的绝对最佳。这一理想是永恒不变的,因为它太过崇高。人们被告诫,需要与这一理想保持高度的一致,这实际上不过是人们仇视、蔑视不完美事物的一种表现。至于此种理想是否曾经实现过以及是否可能实现,事实上都是高度成疑的,但它们无疑构成了18世纪人们思考问题的框架。②

这一崇高的理想可以在诸如哈德威克和曼斯菲尔德之类的法学家以及伯克之流的政治家的思想与成就中看到,我们可以在布莱克斯通的《英国法释义》之类的法学作品中发现其描述。

布莱克斯通生于1723年7月10日,曾在查特豪斯公学和牛津大学彭布罗克学院接受教育,并于1743年11月被选拔为牛津大学万灵学院研究员。1746年,布莱克斯通获得律师资格,但他在此方面未能有多大作为,因此,1753年,他回到牛津。在那里,作为衡平法院的一名法官,他做了一些很有价值的工作;并且,作

---

① William Searle Holdsworth, *A History of English Law* (xii), London: Methuen & Co. Ltd., 1926, pp. 702 - 736; Edward Foss, *The Judges of England: with Sketches of Their lives* (viii), Oxford University press, 1874, pp. 243 - 251; A. V. Dicey, "Blackstone's Commentaries", *Cambridge Law Journal*, iv, 286 - 307; *Yale Law journal*, xxvii, 599 - 618; Dictionary of National Biography.

② Lytton Strachey, *Characters and Commentaries*, Greenwood Press, 1933, p. 13.

为大学出版社的代表,他进行了一些有益的改革。幸运的是,他没有成为钦定的民法教授,因为纽卡斯尔——当时的首相——无法充分担保其政治的正确性。同样幸运的是,威廉·默里先生——未来的曼斯菲尔德大法官——说服他,让他通过在牛津大学举办英国法讲座,进而开辟新的天地。1753 年,他开始举办此类讲座。当时,查尔斯·维纳(Charles Viner,1678—1756 年)将自己的个人财产捐给牛津大学,设立了一个英国法的教授职位。由于这些讲座办得很成功,布莱克斯通顺理成章地被任命为第一位维纳教席教授(Vinerian professor)。在 1758 年至 1766 年,他一直以维纳教席教授的身份举办讲座,那成为他于 1765 年至 1769 年出版的《英国法释义》的基础。为什么《英国法释义》能达到如此高的水平以至于能被人们奉为经典呢?其中的一个原因是基于这一事实:它渊源于每年都会重复一次且持续举办了 30 年的讲座课程。[①] 另一个原因是:在那段时间的末期,一个堪称博学的法学家、博学的历史学家以及作家的人特别用心地将这些讲座整理出来,这个人头脑清晰、心思缜密。

布莱克斯通的讲座让他声名鹊起。1759 年,他在伦敦重操法律实务工作;1761 年,成为下议院议员;1763 年,被任命为女王的副总检察长。他并不是一位为在下议院获得成功而进行了充分准备的辩论者,从当时发生在下议院的一段小插曲中,我们可以看出这一点。当时,有人引用他的《英国法释义》来反驳他,以证明一个被驱逐的议员能重新被选举为议员。1770 年,他成了民事上诉法院的法官。[②] 他的法律报告显示,他是一位能干的法官。

---

① 关于布莱克斯通的讲座,可参见 William Searle Holdsworth,*A History of English Law* (xii),London:Methuen & Co. Ltd. ,1926,pp. 747 – 750。

② 自 1770 年 2 月 16 日至 6 月 22 日,布莱克斯通担任王座法院的法官,在约瑟夫·亚特斯(Joseph Yates,1722—1770 年)去世后,布莱克斯通接替其职位,成为民事上诉法院的法官。

他的两个最著名的判决是在 *Perrin v. Blake* 案[①]和 *Scott v. Shepherd* 案[②]中作出的。布莱克斯通逝于1780年2月14日。

正是他的《英国法释义》才使布莱克斯通有资格位居英国法的塑造者之列。布莱克斯通将自己就职时关于法律研究的演讲放在《英国法释义》的最前面，在该讲演中，他对英国法学教育的历史进行了简短概括，并强烈要求将英国法的研习加入大学教学科目之中。该讲稿最后成了他“引言”的第一部分。在“引言”的随后三部分中，他从一般意义上谈到了法律的性质、英国法的性质以及处于英国法之下的国家性质等问题。这一作品本身由四本书组成，每一本书都由一卷组成。第一本书以十八章的篇幅讨论了“人的权利”问题。在第一章讨论了自由人的绝对权利之后，在接下来的八章里，他探讨了国家或政府授权的那些个人或团体的权利，[③]因此，这些章节讨论的是宪法问题。在第十章，他介绍了本国人、外国人以及外籍居民之间的区别。在第十一章至第十三章，他在“人的种类与状况”这一名目之下讨论了神职人员、国家的市民或俗人以及士兵与海员这三种人的法律地位。第十四章至第十七章则过渡到了私法领域，主要探讨雇主和受雇人、丈夫和妻子、父母和孩子、监护人和被监护人之间的关系。最后一章叙述了法人问题。第二本书处理的是“物权”问题，它是一本关于物权法的著作。前二十三章包含了对于不动产法问题的最好简述。剩下的九章处理个人财产问题——它一直是英国法中一个异质的问题。第三本书介绍的是“个人不法行为”。在用两章的篇幅探讨因当事人的行为与法律的运作而导致不法行为该如何救济之后，接下来的四章介绍了可从哪些法院获得救

---

① Francis Hargrave, *Law Tracts*(*i*), London: Macmillan and co., 1787, p. 490.

② (1773) 2 W. Bl. at pp. 895 – 898.

③ 第二章至第九章的主题分别是：议会—国王及其尊号—王室—属于国王的御前会议—国王的义务—国王的特权—国王的收入来源—国王以下的行政官员。

济。第七章中叙述了这些不同的法院对不同种类的不法行为的管辖权。接下来的三章探讨了对人身、个人财产和不动产的侵害等问题。第十一章至第十六章处理针对财产（包括不动产与动产）实施的特殊不法行为;[①]第十七章探讨因国王而导致的或者国王遭受到的不法行为。然后过渡到法院进行救济需要遵循的程序。第十八章至第二十一章说明了普通法的程序和诉讼;[②]第二十二章和第二十三章介绍了不同类型的审判以及陪审团审判。接下来的三章处理判决、带有上诉性质的诉讼以及执行等问题。最后一章对衡平法院的诉讼程序予以了说明。第四本书主要处理“公共违法行为”（Public Wrongs,即国家或团体的违法行为）。该书用三十二章的篇幅对实体性和程序性的刑事法律进行了非常有才华的总结。整本书用一章的篇幅概述了英国法产生、发展以及逐步改善的历程。布莱克斯通在世时,《英国法释义》共出了 8 版,在 1783 年和 1849 年之间,不同的编辑将《英国法释义》再版了 15 版。1883 年,菲茨詹姆斯 · 斯蒂芬在布莱克斯通的《英国法释义》基础上创作的《英国法释义》第一版问世。斯蒂芬的这一著作现在已出到了第九版。

布莱克斯通的《英国法释义》一问世,就立即被法学家和学者们奉为经典。曼斯菲尔德说,这是理想的学生教科书,[③]爱德华 · 吉本将本书通读了三遍,并对第一卷做了详细的分析。[④] 甚至连边沁都盛赞本书具有较高的文学性,并承认,其对法律的表述通

① 第十一章至第十六章的主题分别是:非法驱逐土地占有人—侵占他人土地—妨害他人—毁损土地—拒付他人土地租金—侵犯公地使用权。

② 第十八章至第二十一章的主题分别是:初始令状—起诉程序—答辩程序—争执点与异议。

③ John Holliday, *The Life of William Late Earl of Mansfield*, London: J. Butterworth, 1797, pp. 89 – 90.

④ William Searle Holdsworth, *A History of English Law* (xii), London: Methuen & Co. Ltd., 1926, pp. 750 – 754.

常都很准确。[①] 诸如菲茨詹姆斯·斯蒂芬[②]和坎贝尔勋爵[③]之类的法学后进都赞同边沁的这一论断。人们为何能得出如此一致的论断呢？第一，如戴雪所说，“《英国法释义》因风格而自成一派”[④]。边沁称赞说，布莱克斯通是“所有教授法学的作家中第一个使用学者和绅士语言的人”[⑤]。第二，《英国法释义》用极其精确的语言介绍了布莱克斯通时代的法律。第三，《英国法释义》具有重要的文学鉴赏价值——一些重要的法律原则一再得到强调，学生们的注意力不会被分散到一些次要规则的论述上以及技术细节的描述上。第四，在已发表的作品中，该作品是关于英国法的最完整的论述。这一完整的特质一直受到坎贝尔、[⑥]梅特兰、[⑦]菲茨詹姆斯·斯蒂芬[⑧]以及列韦·乌尔曼(Levy Ullmann，1870—1947 年)教授[⑨]的推崇。正如我们所预计的，如此伟大的著作对法律的未来发展产生了相当大的影响。首先，布莱克斯通对英国法主要原理的总结为 19 世纪法律改革者提供了极大的帮

---

① C. W. Everett, *A Comment on the Commentaries: A Criticism of W. Blackstone's Commentaries on the Laws of England*, Oxford: Oxford University Press, 1928, p. 147.

② James Fitzjames Stephen, *History of Criminal Law of England* (ii), Lond on: Macmillan and Co.: Kessinger Publishing, 1883, pp. 214 – 215.

③ John Campbell, *Lives of the Chief Justices of England* (ii), London: John Murray, 1849, p. 62.

④ A. V. Dicey, "Blackstone's Commentaries", *Cambridge Law Journal*, 1932(4): 294.

⑤ Jeremy Bentham, *Fragment on Government* (F. C. Montague ed.), The Clarendon Press, 1891, p. 116.

⑥ John Campbell Campbell, *Lives of the Chief Justices of England* (ii), London: John Murray, 1849, p. 62.

⑦ F. W. Maitland, *Bracton's Note Book* (i), London: Barnes & Noble, 1887, pp. 7 – 8.

⑧ James Fitzjames Stephen, *History of Criminal Law of England* (ii), Lond on: Macmillan and Co.: Kessinger Publishing, 1883, pp. 214 – 215.

⑨ Henri Lévy-Ullmann, *La Systeme Juridique de l'Angleterre* (i), París: Sirey, 1928, p. 269.

助，因为那使他们对意欲改革的法律有了清楚的认识。同样地，他的著作无论过去和现在都对我们这样一些现代法律人有很大的帮助，因为它可以引领我们穿过那些改变英国法面貌的成文法的迷宫。其次，在《独立宣言》发表前后，《英国法释义》曾经在美国大受欢迎，[①]这有助于英美在共同语言这一纽带之外增添另一种联系，即普通法原则上的联系。1924 年，美国人曾将布莱克斯通的塑像作为礼物赠送给我国，这不仅是对英美友好关系极好的回馈，而且是对布莱克斯通——一位在打造英美普通法联系方面发挥重要作用的人物——所做贡献的一份极好的回报。最后，布莱克斯通是我国现代大学法学教育的先驱。他在这一问题上的一些理念首先被美国人接受，接着又被我国接受。这两个国家都接受他的法学教学理念，从而对法学的发展产生了极大影响，并由此对法律自身的发展产生了极大影响。

布莱克斯通的著作描述了 18 世纪的法律，无论从形式和风格的完美程度上看，还是从其中包含的理念上看，当时的法律都尚不成熟。但当布莱克斯通写作《英国法释义》一书并在随后的版本中不断润色加工时，18 世纪很快就过去了。新的经济环境和新的政治理念引发了对法律进行广泛改革的需求，此种需求在随后的岁月里变得越来越迫切。因此，布莱克斯通的这本书——它不仅对他那一时代的法律进行了真实的描述，而且对其优点进行了热情洋溢的歌颂——成了人们批判的目标，这些批判随着人们改革的需求越来越迫切而变得愈加尖锐。为了考察这些批判，我们现在必须回过头来对这些批判进行简单的介绍。

边沁及分析法学派是布莱克斯通的主要批判者。我们看到，边沁因他的《政府片论》而名声大噪，在这本书中，他开始对布莱

---

① William Gardiner Hammond, *Blackstone's Commentaries*, Pref. p. ix; William Searle Holdsworth, *Some Lessons from Our Legal History*, St. Louis Law Rev., 1929(15): 174 - 176.

克斯通进行攻击。[1] 这一攻击建立在两个主要基础之上。首先，边沁指责布莱克斯通不分青红皂白地为所有已确立的事情辩护。在这一批判之中，存在一些真理性成分，但如我在别处已表明的，[2]它并非如一般人认为的那样包含很多真理性成分。其次，边沁认为，作为一个法学思想家，布莱克斯通非常软弱、糊涂。这一批判源于边沁对《英国法释义》存在很多根本性的误解。在受边沁批判的《英国法释义》的那一部分，布莱克斯通试图描绘英国宪法及其显著特征的演变过程。正如边沁所做的，将这种建立在功利原则与主权理论基础上的分析方法应用到此种历史描述之中，是极不合理且错误的。边沁的这一批评又为人们的反批判留下了大量的机会。如霍布斯对柯克的批评那样，[3]此种批判极不公平，因为它是从与被批判作品完全不同的角度讨论这一主题的。

法律改革的时代开始于19世纪，当时，思想界的领袖是那些师从边沁的新辉格党人，而非师从伯克的老辉格党人。这就是"布莱克斯通对英国法的现状盲目乐观""作为一个政治家兼法学思想家，布莱克斯通非常无能"这一说法长期流传的重要原因，并且，在近一个世纪的时间里，这一说法削弱了《英国法释义》的影响。现在，这一争论已达一个世纪之久。除了边沁那一时代的人们对布莱克斯通的思想进行了压制之外，我们还遭遇了其他问题，因此，我们可以更加公允地评判边沁与布莱克斯通各自的得失。

通过推进人们长期期盼的许多改革，边沁为英国法做出了巨大的贡献。同样地，奥斯丁帮助英国法学家们澄清了在法律、主权、权利和义务等基本问题上的认识。但19世纪中叶兴起的历史法学派推翻了边沁和奥斯丁学派在这一世纪早期拥有的法律

---

① 后文第275页。

② William Searle Holdsworth, *A History of English Law* (xii), London: Methuen & Co. Ltd., 1926, pp. 728－730.

③ 前文第139页。

思想方面的统治性地位。像美国的霍姆斯(Oliver Wendell Holmes,1841—1935年)、艾姆斯(Eli B. Ames,1820—1897年)、赛耶(Webster Thayer,1857—1933年)和威格摩尔(John Henry Wigmore,1863—1943年)等人一样,英格兰的梅因、波洛克和梅特兰等人向法律人传授了更多的法哲学思想,这些法哲学思想非常重视过去的教训,或重视从旧法律中吸取智慧。因此,对我们来说,布莱克斯通并不像边沁描述的那样,是一切改革的敌人,是使用文学天赋支持已存在的滥用权力现象的不精确的思想家。相反,布莱克斯通是一名文学艺术家、历史学家和成就卓著的法学家,他从处于旧体制下的英国法律体系中抽取出色彩斑驳的丝线,编织出了一个和谐的法律有机体,在今天,它仍构成英国、印度以及美国调整人们行为的大部分法律的基础。

二、边沁[①]

杰里米·边沁生于1748年2月15日,父亲是一名辩护律师,他想让自己早慧的儿子成为著名律师。尽管边沁于1769年在林肯律师会馆获得了律师资格[②],但他拒绝执业。从一开始,他就对执业不感兴趣,而是对法学和政治思辨感兴趣。早在1776年,边沁就着手撰写法理学著作,该著作在1789年以《道德与立法原理》为名出版。在这本著作中,他对自己的法理理论及运用于改革现有法律体系的方式进行了解释。同样是在1776年,他匿名发表了《政府片论》,该书对布莱克斯通的《英国法释义》“引言”进行了攻击。他略微夸大其词地认为,此书是“所有人挣脱

① Dictionary of National Biography; A. V. Dicey, *Law and Opinion in England*, The University of Chicago Press, 1906; Elie Halévy, *Growth of Philosophic Radicalism*, London: Faber & Faber, 1928; John Stuart Mill, *Dissertations and Discussions*(i), London: Longman, 1864, pp. 330 - 392.

② *Black Books of Lincoln's Inn*(iii). The Honourable Society of Lincoln's Inn, 1898, p. 400. 1817年,边沁成为法官。

法律领域内由权威和祖先智慧设置的枷锁的第一本书"[①]。我们说它有点夸大其词，是因为在17世纪时，霍布斯曾使用过与之大同小异的方法和推理攻击柯克的著作。[②]《政府片论》原本是题为《〈英国法释义〉评述》(*A Comment on the Commentaries*)这一更大著作之一部分，后者最近才由埃弗里特(C. W. Everett)先生出版。这个更大的著作涵盖了众多的对英国法的尖锐批评，包括对曼斯菲尔德试图通过司法判决这一方式进行法律改革的做法提出了非常全面的批评。[③] 那实际上是一本专门写给法学家们看的著作。边沁从中分离出《政府片论》并单独出版，可谓明智之举，因为它吸引了更为广泛的读者，并且，布莱克斯通由于"引言"而让自己遭到了更明显的批判。

《政府片论》以引人入胜的风格写就，以至于人们误以为是当时一些最伟大的法学家——如曼斯菲尔德、卡姆登勋爵和理查德·邓宁法官写作出来的。[④] 但当其作者为人所知时，却署上了边沁的名字。谢尔伯恩(William Petty, 2nd Earl of Shelburne, 1737—1805年)拜访了边沁，并欢迎边沁到伯伍德做客——经常在那里会见一些知名的法学家和政治家。1785年，边沁探访自己的兄弟塞缪尔(Samuel Bentham, 1757—1831年)，当时，塞缪尔正在为俄罗斯政府服务。在那里，边沁开始写作"为高利贷辩护"(Defence of Usury)，并开始研究刑法。这些研究包括一个模范监狱计划——圆形监狱(Panopticon)——与他的《刑法原理》(*Principles of Penal Law*)。立法机关最初倾向于采纳前一个项目，但后来放弃了它，并补偿了边沁所遭受的损失。

---

① John Bowring(ed.), *The Works of Jeremy Bentham* (vii), Edinburgh: William Tait, 1843, p. 260.

② 前文第139页。

③ 引自前文第189页。

④ John Bowring(ed.), *The Works of Jeremy Bentham* (vii), Edinburgh: William Tait, 1843, p. 240.

从1790年起，边沁着手写作了许多文学作品，并推动了众多的改革计划。他写了一本关于法国国民议会运作的政治策略的著作，该书使他获得了法国公民身份；他还写作了一本批判济贫法的书，在该书中，他预见了许多即将在1834年得到实施的原则。他写作了一本名为《真理诉阿什赫斯特》(*The Truth v. Ashhurst*)的小册子，在这本小册子中，他反驳了阿什赫斯特向米德尔塞克斯大陪审团阐释的、且被普遍接受的宪法原则。边沁笔耕不辍，但很少完成任何作品。并且，正如我们看到的，他最重要的一些著作都是由他的朋友和崇拜者们编辑完成的。①

起初，边沁并不是一个民主主义者——他在《无政府主义的谬误》(*Anarchical Fallacies*)这本小册子中展现了这一点。但时间不允许他对英国法改革的长远计划做深思熟虑的思考，因此，他的改革理念与计划在英国只是引起了很少的人关注，甚至可以说乏人问津。不过，他在国外更为知名，因为他的一些最重要的作品被杜蒙特(Dumont)编辑并翻译成法语，在法国出版。这部分是因为英国统治阶层拒绝倾听他的方案，部分是由于1809年他受到了詹姆斯·密尔(James Mill)的影响，抛弃了自己的激进主义主张，成了一个民主主义者。密尔和边沁两人结合到一起，获得了各自无法单独达到的效果。“边沁给了密尔一个理论，密尔则给了边沁一个学派。”②从那时起，边沁被国内外所有热衷于法律改革的人视为朋友和神圣，并且，无可非议的是，终其一生，他都致力于写作与法律、法理学、伦理学、逻辑学和政治经济学有关的文章。直到行将就木之时，他仍与他的朋友、英国与外国的政要们进行了大量的通信。边沁逝于1832年，在他去世后的一天，他的“改革法案”获得了国王的同意——他在欧美都很出名，并

① 后文第281页。

② Elie Halévy, *Growth of Philosophic Radicalism*, London : Faber & Faber, 1928, p. 251.

且，在英国，隶属不同政党的法学流派的领袖们在他的激励之下，正准备让英国法适应新的工业时代的需要。① 为什么边沁在去世之后获得了如此崇高的地位？

第一，边沁的早期作品不过表达了当时的人们开始接受的一些理念。在边沁作为布莱克斯通的批判者而声名远扬之前，吉本在为《英国法释义》第一卷撰写的内容摘要的一些注脚中，表达了一些类似于边沁的观点。像边沁一样，他反对一些法学家将神秘的面纱遮盖在法律学说之上。他倾向于制定法而非不成文法，并且，他相信，借助功利标准可以对法律进行检验。② 边沁告诉我们，“在《政府片论》问世后不久（1776 年），人们发现，下议院有一群年轻人，在他们的心里，都有为法律改革作贡献的抱负，这一抱负在当时已开始显露出来”。③ 但人们会问：这些改革将依据什么样的原则？边沁已准备好答案——功利原则。他认为，由拥有主权的立法机关适用的这项原则是解决“需要进行什么样的改革”与“如何进行改革”这两个问题的重要原则。我们如果以这种方式将这一原则应用于现有制度，并依据这一原则来检验布莱克斯通在《英国法释义》中说到的、支持这些制度的理由，将会得出一些令人惊讶的结论。谢尔伯恩与其他一些高度称赞《政府片论》的人发现，如果想让英国的法律和制度适应迅速发展的新形势，就必须以这一原则为指引，提议或证明迟早必须进行的这类改革是正当的。由上可知，当时的社会已做好了接受边沁理论的准备。

第二，尽管边沁并没有发明功利原则，尽管并非只有他一人

---

① Elie Halévy, *Growth of Philosophic Radicalism*, London：Faber & Faber, 1928, p. 479.

② William Searle Holdsworth, *A History of English Law* (xii), London：Methuen & Co. Ltd., 1926, p. 730.

③ John Bowring (ed.), *The Works of Jeremy Bentham* (i), Edinburgh：William Tait, 1843, p. 241.

认为应将该原则用于检测法律的价值,但与那些曾经应用功利原则的法学家们相比,边沁无疑更详尽、更一致地运用了这一原则。边沁更详尽地运用该原则,分析由令人反感的行为而引起的不同层级的快乐与痛苦——这里的快乐与痛苦包含了对他们的惩罚,恰当地解决了抑制个人欲望的理由问题,并指明了压制欲望的方式。边沁也比他人更为一致地应用了功利原理。他从不想当然地断定某事,而总是用功利原则检验现存的法律与制度,他会问:按照眼前这种方式,能否导致最大多数人的最大幸福？如果不能,这些法律与制度就应受到谴责。因此,正如密尔所说的,他是“对已确立的事物最伟大的质疑者”①,并且,他的质疑无任何限制。诸如哈德威克、伯克、曼斯菲尔德和布莱克斯通之类的人尽管不反对所有改革,但他们赞成霍勒斯·沃尔波尔(Horace Walpole)的观点,即“纠正滥用权力”和“移动权力的边界”有很大的区别。② 边沁不认可这种区别。与同时代的很多人不同,法国大革命的发生对他批评所有法律部门滥用权力的决心没有产生任何影响。正是由于他的质疑没有任何顾忌,因此,如密尔所说的,边沁的教义“驱逐了法哲学中的神秘主义”③。

第三,边沁并不单纯是一个批评家。正如密尔所说,“边沁在自己有把握提出替代性的真理理论之前,从不攻击别人的错误。他认为,这是一个事关个人良心的至关重要的问题”。④ 他的积极建议全都建立在对下述事实——他所提议的改变符合其功利

---

① John Stuart Mill, *Dissertations and Discussions* (i), London: Longman, 1864, p. 332.

② Horace Walpole, *The Letters of Horace Walpole* (xiii), ed. by Paget Jackson Toynbee, Oxford: Clarendon press, 1903 – 1905, p. 86.

③ John Stuart Mill, *Dissertations and Discussions* (i), London: Longman, 1864, p. 373.

④ John Stuart Mill, *Dissertations and Discussions* (i), London: Longman, 1864, p. 338.

检验的要求——的详尽证明的基础之上。边沁要求，所有现有的法律和制度以及他的改革建议都必须经得起功利的检验，这正是他具有很大影响力的秘密之所在，正如梅因所说，因为他为法学家和政治家们提供了“改革应追求的独特目标”①。正是由于这一原因，他的理论对英国法产生了影响，就像自然法理论对罗马法产生了影响一样。②

第四，边沁“捡起了霍布斯遗留下来的主权理论”③，并对之进行了大量补充。他不仅用这一理论定义国家和法律，不仅用它来证明由主权者颁布的法律应是法律体系中唯一的法律，并且主张，只有在法典中法律才具有最完美的形式，此外，他还认为，主权者有责任成为积极的立法者，以便使功利原则贯穿法律体系之始终。“‘最大的幸福’这一公式成了一个钩子，被置于利维坦的鼻孔里，以致它被人们驯服和利用了，成了一辆功利主义的战车。”④很自然地，边沁强调法官造法的缺陷，他与奥斯丁对曼斯菲尔德勋爵的这一思想——法官比立法机关更适合从事法律改革工作——都嗤之以鼻。⑤ 如戴雪所说，边沁将科学立法这一信念强加给了整整一代英国人，这些英国人原本是否认或遗忘了这一点的。⑥

---

① Henry Maine: *Ancient Law: its Connection with the Early History and its Relation to Modern Ideas*, Gloucester, Massachusetts: Peter Smith, 1970, p. 78.

② Henry Maine: *Ancient Law: its Connection with the Early History and its Relation to Modern Ideas*, Gloucester, Massachusetts: Peter Smith, 1970, p. 79.

③ Frederick Pollock, *An introduction to History of the Science of Politics*, London: Macmillan and Co., 1890, p. 96.

④ Frederick Pollock, *An introduction to History of the Science of Politics*, London: Macmillan and Co., 1890, p. 96.

⑤ John Bowring (ed.), *The Works of Jeremy Bentham* (vii), Edinburgh: William Tait, 1843, p. 311. 奥斯丁关于这一问题的观点可参见 John Stuart Mill, *Dissertations and Discussions* (iii), London: Longman, 1864, p. 252。

⑥ A. V. Dicey, *Law and Opinion in England*, The University of Chicago Press, 1906, p. 135.

正是这些具体应用到许多法律部门和不同知识分支的思想和原则,才使边沁在英国法的塑造者中居于重要的地位。如布鲁厄姆所说的,运用功利方法检验所有法律规定并探讨这一原则能在多大程度上分析"社会环境、人的需求并促进人的幸福",边沁当仁不让地属于第一人。① 在诸如法令全书的改革、法律编纂和司法制度的改革、刑法典和证据法的改革、不动产法的改革、宗教信仰自由以及济贫法的改革等问题上,边沁的著作、理念对所有试图针对这些法律分支进行改革的人都有指导作用。正是由于有了边沁的这一成就,才使自 1832 年开始、并在 1832 年之后以更大的强度持续进行的立法改革时期变成了"边沁主义时代"。

边沁的部分成功要归因于他的好运。他的寿命足够长,这使其影响广为人知;他足够富有,从而使他能把所有时间都投入思索之中。但是,他最大的幸运也许是:他在知识上的两个缺陷带来了意想不到的结果。其缺陷之一是:他未能完成和发表自己的著作。他总是在不断写作和重写自己的作品,从未最终完成任何作品。② 另一者是:在他的晚年,为了做到表达的精确性,他经常使用一些生造的术语和冗长的语句,这让人望而却步。③ 杜蒙特、约翰·斯图亚特·密尔之类的忠实门徒对边沁的这两个缺陷进

① 具体可见布鲁厄姆的发言,引自 A. V. Dicey, *Law and Opinion in England*, The University of Chicago Press, 1906, p. 126。

② 约翰·斯图亚特·密尔在他的《自传》中告诉我们,在编辑《司法证明原理》(*The Rationale of Judicial Evidnce*)一书时,他是如何将这三部分手稿合并起来的,以及如何翻译边沁文稿中插入的复杂语句的。参见 John Stuart Mill, *Autobiography*, Barnes & Noble, 1873, pp. 114 – 116。

③ "虽然边沁专注于术语问题,但这未曾占用他的全部注意力;他还试图通过发明自己的一套语汇,来解决法律问题。他由此遭到了别人的指责,认为他将目标指向法律人,将他们的观念'型塑得与其他人的观念尽可能地不同';尽管在一些场合下,边沁也喜欢用'法典化''国际法'等术语,但他会有意识地增加一些东西进去。他的这一做法并不能解决任何问题,不过是用一种疑难问题替代另一种疑难问题。"参见 Carlton Kemp Allen, "The Young Bentham", *L. Q. R.*, 1928(44): 506。

行了修正。他们拿到了他的手稿，并完成了这些手稿，而且使它们变得可读起来。他们阐释边沁的思想，并让其能影响一些法学家和政治家。在这一点上，边沁又是很幸运的。如果没有革命的话，人们根本不可能详尽而忠实地实施他在法律改革方面的主要建议。这些建议传到了布鲁厄姆、麦金托什和罗米利等实践性的法学家和政治家耳中，他们对这些建议进行了修正（有些修正不符合边沁的口味），以使它具有一些实用价值。① 边沁拥有巨大的声誉，在一定程度上要归因于上述这些好运。当然，边沁的才干与勤勉，加上他的好运，共同为边沁赢得了巨大的声誉。

边沁的法哲学缺陷非常明显。他忽略了所有其他的思想学派，忽略了历史，对人性的了解也非常有限。他相信自己的原则可适用于处于任何文明阶段的任何国家，因此，他准备构建一个可适用于世界上所有国家的法典。他认为，能解决所有困难的这一法典无法改变这一事实：最好的法典也不能解决法院经常面对的最困难的问题，即事实问题。② 他完全无视法官造法的优点与事实上的必要性，不论法官们所造的法采取的是判例法形式，还是权威性的法令全书形式，他都一概否认。边沁法哲学中的一些缺陷确实有利于为边沁及其追随者致力于法律改革运动增加额外的动力，因为它能帮助他们排除困难与阻力。但是，当边沁倡导的这些改革取得了一定成效时，其哲学中的上述缺陷便会显现出来，这要求其法哲学更重视历史事实和人性特点。

边沁法哲学的优缺点自然而然地出现在其门徒奥斯丁的作品中，但奥斯丁采取了不同的形式。正如梅因所说，边沁是一位

---

① John Forrest Dillon, "Bentham's influence in the reforms of the nineteenth century", Select Essays in *Anglo-American Legal History* (i), Boston: Little Brown and Co., 1907, p. 502.

② Henry Sumner Maine, *Lectures on the Early History of Institutions*, New York: Holt & Co. 1875, pp. 49 – 50.

重视立法问题——法律应当怎样——的作家，而奥斯丁是一名法理学家——他探讨法律是什么。[①] 但奥斯丁的法理学是建立在按照边沁的模型而创立的法律体系基础之上的。在他们使用的演绎方法方面，在对于功利原则的信仰方面，在对主权和法律的定义方面，以及对于直接立法应在法律体系中处于什么样的地位的看法方面，他们都持大致相同的观点。

三、奥斯丁[②]

约翰·奥斯丁和杰里米·边沁的际遇截然不同。边沁在整个研究生涯中都很富有、健康和快乐。尤其是快乐，在其生命的晚期，各党派的政治家和法律界人士都能感受到。奥斯丁毕生穷困潦倒，体质孱弱。作为一名法学教师，他的经历也很失败，其作品的价值并没有得到所有人的认可，甚至可以说，只有很少的人认可他。直到其去世时，他仍不为法学家们所知晓。他的名声在很大程度上是在死后才获得的，这要归功于约翰·斯图亚特·密尔的文章以及 1861 年出版的新版《法理学》。

约翰·奥斯丁生于 1790 年 3 月 3 日，十六岁时入伍，但在五年后退伍。1818 年，他在内殿律师会馆获得律师资格。1820 年，奥斯丁与天资聪颖的妻子结婚，她对丈夫的性格以及与不公命运的抗争进行了生动的描述，这被添加到《法理学》第二版的前言中。奥斯丁婚后住在与边沁相邻的皇后街区，这使他们与边沁的学术圈子过从甚密。由于两人都是才华横溢的健谈者，因此，当时一些主要的自由派法学家和政治家经常到他们家串门。但糟

---

① Henry Sumner Maine, *Lectures on the Early History of Institutions*, New York: Holt & Co. 1875, pp. 343 – 344.

② 关于奥斯丁，可参见其夫人的纪念性文章，它被置于 1861 年、1869 年出版的《法学讲演录》的最前面；也可参见 John Stuart Mill, *Dissertations and Discussions* (i), London: Longman, 1864, pp. 206 – 274；或者参见 Dictionary of National Biography。

糕的健康状况和较弱的工作能力妨碍了奥斯丁在律师界取得成功。1826年，奥斯丁被任命为伦敦大学法理学教授。为使自己胜任这一职位，奥斯丁到德国学习了范围广泛的研究课程。尽管他的演讲吸引了一些很有才华但不太成功的人，尽管他对自己承担的课程充满热情，尽管他表达清晰甚至很雄辩，但极端的责任心使他在追求表达的精确性时废话连篇、啰里啰唆，以致他的讲解经常像《议会法案》那样枯燥无味。1832年，他不得不辞去伦敦大学的教职。奥斯丁在内殿律师会馆所作的讲座同样不太成功。可以肯定的是，这些失败不完全是由于奥斯丁作为演讲者具有很多缺点。关于奥斯丁，我们需要记起的是：在他的听众中，有一些人后来成了名人，听过他讲课的约翰·斯图亚特·密尔曾评价说，奥斯丁的讲座给那些听众留下了"不可磨灭的印象"。[①] 奥斯丁的失败主要是由于这种情况：当时，法学教育已降到如此低的水平，以致几乎不能指望会有很多法学家对法律理论感兴趣。1833年，奥斯丁被任命为刑法典起草委员会的成员，但他无法与同事达成一致的意见，故而辞职。他最成功的工作是作为康沃尔·刘易斯(Cornewall Lewis，1806—1863年)的同僚加入马耳他政府考察团。1837年从马其他回国之后，糟糕的健康状况使他无所事事，除了为一本不定期发行的小册子撰文以外，他几乎一事无成。并且，他一直低估自己在法学领域的成就，这种不自信使他无法修订和再版1832年出版的《法理学》。1859年，奥斯丁辞世。

只有《法理学》第一版才是由奥斯丁自己完成并出版的，他显然只是将其当作一个临时出版物。奥斯丁为何没有就这一主题写作一本完整的著作？约翰·斯图亚特·密尔可以告诉我们一些东西：

---

① John Stuart Mill, *Dissertations and Discussions* (i), London: Longman, 1864, p. 220.

> 对于应该做什么，他设置了如此高的标准，且老是夸大自己能力上的不足，而且，对自己精心构思的论述总是不满意。其实，就当时的意图与场合来说，他的论述已经足够。这使他经常对一般的问题考虑过多，以致毁掉了自己的一些作品，而且，他将如此多的时间花在一些多余的研究与思考上，以致他的工作本该完成时，他却因劳累过度而病倒，这使他经常半途而废。[①]

纵使如此，奥斯丁仍创作了足以让他在19世纪英国法塑造者中拥有一席之地的作品，这令人非常惊讶。

最近一些年，法理学著作的作者们不太重视那一使奥斯丁在百里挑一的英国法学家（这些法学家写作了很多有名的法理学著作）中获得持久地位的作品，而是将注意力集中在奥斯丁作品的缺陷上。其实，那些缺陷是奥斯丁创作作品的那一时期的知识特性使然。人们对于法律理论流行的看法会随不同时期知识特性的变化而变化，与其他哲学分支或者政治学分支的变化速度相比，这一变化同样非常迅速，这一点也不奇怪。像边沁一样，奥斯丁也是分析学派的思想家，在这一世纪（即19世纪）后期，历史法学派兴起，它对分析学派的前提和结论都进行了批判。庞德院长曾说道："在19世纪最后十年，对每一个法理学的初学者来说，嘲讽奥斯丁几乎成了这一时期的时尚。然而现在，向19世纪的历史法学扔砖头却成了另一种潮流。"因此，现在很多人发现，历史学派对奥斯丁的批判"并未给奥斯丁造成永久的伤害"，反而

① John Stuart Mill, *Autobiography*, Barnes & Noble, 1873, p. 75.

使奥斯丁“又一次得以展示自己”，这一发现并不令人惊讶。[①] 我们再来看看历史学派一直强调的奥斯丁作品的缺陷，然后简要地思考一下：既然存在这些缺陷，为什么奥斯丁仍是英国法理学家中最重要的人物之一？

我认为，奥斯丁作品的缺陷在于：他过于老实地将自己界定为边沁及其学派的追随者。如我们已经看到的，他早期的婚姻生活是在边沁及其学派的阴影下度过的。尽管奥斯丁在某些观点上不同于边沁，例如，他承认法官造法的必要性，[②]且很欣赏柯克，[③]但是，边沁对其作品几乎有着压倒性的影响。事实上，奥斯丁的作品具有的两个最有特色的特征都源自边沁。第一个特征是他对主权理论的态度与对政治社会的定义。他比边沁更详细地处理了上述问题，并且，其分析比边沁更精巧，但在基本点上一模一样。第二个特征是他坚持功利原则，将之与神法相等同。在他演讲的第二、第三以及第四讲中，他提出了这一理论。这几讲与他讨论的主题——实在法哲学——有多大的相关性？这经常遭到人们的质疑。奥斯丁意识到，它们之间的相关性并不明显，他试图将功利原则解释为“不仅应当而且经常实际地指导着立法者”，从而回击上述异议；但如此一来，在不参考实在法的情况下，他又无法对实在法的范围与目的进行明确且准确的说明。[④] 实际上，奥斯丁的法理学概念使他有必要讨论功利原则，因为那一概念必须依赖边沁的追随者持有的这一观点：所有的知识部门——包括政治经济学、历史学、法学——都可以被处理为精确

① 参见罗斯科·庞德于1937年5月7日在伯明翰大学“霍尔斯沃思俱乐部”发表的演讲，题目是“法学思维中的流行风格”（Roscoe Pound, *Fashions in Juristic Thinking*, Holdsworth Club of the University of Birmingham, 1937）。

② John Austin, *Lectures on Jurisprudence*(i), John Murry, 1911, p. 224.

③ John Austin, *Lectures on Jurisprudence*(ii), John Murry, 1911, p. 1130.

④ John Austin, *Lectures on Jurisprudence*(i), John Murry, 1911, p. 125.

的科学,它们建立在类似于数学中的普遍而确定的真理基础之上。① 但是,如果法理学是具有如此特性的科学,那么,它就必须依赖一系列可视为公理的道德真理。这些公理又不可避免地由功利理论演绎而来。边沁认为,所有的真理都建立在功利原理基础之上。同样不可避免的是,奥斯丁应当毫不质疑地接受边沁的上述理论,并将之作为分析的必要基础,因为如果他不接受这一理论并将之阐释为自己的法理学基础,他就不能实现自己的目标,那一目标是:在一套永久且普遍正确的原则基础上,创造出一门实在法的科学。② 在其他一些问题上,奥斯丁同样是边沁的忠实追随者。像边沁一样,他将历史视为从其他思想学派的错误中吸取一系列客观教训的过程,而非解释法律规则的手段;像边沁一样,他希望废除现有的法律规则,并用全新的法典取代它们——他辞去刑法起草委员会的职位,就是因为他与同事们在这件事上不能达成一致意见。他仿效边沁的做法,用刻薄的语言批判那些不赞成他的观点的人。他赞同边沁敌视布莱克斯通的做法,甚至否认布莱克斯通的文学风格具有任何价值。③ 霍克(John Hooker,1527—1601 年)的雄辩而高贵的法律思想④也被他形容为“夸夸其谈”⑤。

---

① “边沁主义者的理想是:在所有领域,都按照演绎模型建立起科学。在政治经济学领域,里卡多(Ricardo)与詹姆斯·密尔(James Mill)将他们提出的命题的确定性与欧几里得的几何命题的确定性进行了比较。”参见 Elie Halévy, *Growth of Philosophic Radicalism*, London :Faber & Faber, 1928, pp. 493 –494。

② “边沁与奥斯丁有时仿佛写道,他们认为,尽管由于虚假的理论、逻辑以及陈述的影响,法律概念变得模糊起来,但在所有的幻象背后,仍有空间让他们去揭示一种永久的法律概念框架,如果凭借一双训练有素的眼睛,通过明亮的光线,人们是能够发现这种概念框架的,并且一个理性的法典总是会符合这一框架的。”参见 Henry Sumner Main, *On Early Law and Custom*, London:John Murray, 1883, p. 360。

③ John Austin, *Lectures on Jurisprudence*(i), John Murry, 1911, p. 71.

④ 引自 William Searle Holdsworth, *A History of English Law* (iv), London: Methuen & Co. Ltd., 1926, p. 212。

⑤ John Austin, *Lectures on Jurisprudence*(i), John Murry, 1911, p. 217.

这些便是奥斯丁的缺点。但我认为，奥斯丁的优点远胜其缺点。第一，他为基本的法律概念提供了准确而清晰的定义。正如密尔恰如其分地评价的，这是奥斯丁对法学思想做出的最大贡献。[①] 第二，尽管他忽略了历史，尽管他认为"可能存在一门精确的实在法科学"这一想法不过是一种妄想，但他确实对成熟的法律体系中的法律概念进行了有用的分析。第三，密尔说道，研究奥斯丁的作品就是研究"精确思维这一艰难的艺术"，[②]应当说，他的这一说法很有道理。正是由于这一原因，尽管奥斯丁的作品不同于边沁的作品，但两者同样伟大，且对法学家们有很大的教育意义。密尔在以下段落中对此作了明确的解释：

> 奥斯丁先生曾经这样评价自己："如果我在知识上有任何特殊使命的话，那就是'解开知识之扣'。"在这一评价中，他对他自己的使命进行了非常准确的评估，即解开知识之扣；清除由复杂的观点集合——这些复杂的观点集合是由混乱不堪的理解与不深入分析其中的要素所致——引起的各种令人困惑的问题；在不确定的概念存在的地方，在当下的表述隐藏并保持了不确定性的地方，建构起确定的概念；按照事物本身的特点，依据历史上出现的这一事物与那一事物之间的区别，解决概念之间的分类与区分问题；并且，一旦概念之间的"扣"被解开，就需要明确、一贯且一致地运用这种区分的方法（通常应与第一次应用一样）——以上就是作为法学家的奥斯丁先生的著作值得称道的特点，正是这些特点才

---

① John Stuart Mill, *Dissertations and Discussions* (iii), London: Longman, 1864, p. 220.

② John Stuart Mill, *Dissertations and Discussions* (iii), London: Longman, 1864, p. 207.

> 将奥斯丁先生与其他法学家区别开来。“解开知识之扣”并非边沁特别突出的特点，相反，他的做法是切除打结的地方。边沁更喜欢让他的笔划过整个过去，然后重新开始。①

因此，在19世纪下半叶，奥斯丁的著作对培育和塑造英国的法律思想产生了相当大的影响，并因此使数量众多的法律改革变得更加有效起来——这些改革的目的是满足不断变化的政治、经济以及社会需要。杰思罗·布朗（Jethro Brown）说：“作为一名作家，奥斯丁如此令人着迷，他的分析能力如此罕见，他对后世的思想影响如此深远，以至于在盎格鲁－撒克逊人的世界中，没有哪一位学习法律科学的学生……敢于说完全不了解奥斯丁的文本。”②

对于改革英国法的内容，明晰英国法律人的思想，边沁和奥斯丁做出了贡献，这是毋庸置疑的。但边沁和奥斯丁都存在这样的倾向：他们会因为一些法学家的思想和推理不是建立在他们视为绝对的终极真理的功利原则基础之上，从而轻视过去的一些伟大法学家的著作；他们轻易地将那些不重视功利原则的法律理论视为纯粹的废话，有时甚至当成不诚实的废话。这种思维习惯很自然地反映在他们的崇拜者身上。其结果便是：这些崇拜者有时会夸大边沁与奥斯丁对英国法的贡献。因此，麦考利认为，边沁“找到了法学理论中的胡言乱语，并使之成为一门科学”③，密尔也赞成这一观点。④ 但我们不禁要问：如果这些论断是真的，那

---

① John Stuart Mill, *Dissertations and Discussions* (i), London: Longman, 1864, pp. 207－208.

② Jethro Brown, *The Austinian Theory of Law*, Nabu Press, 1868, xi.

③ Lord Macaulay, *Essays on Mirabeau*, Kessinger Publishing, 1832.

④ 密尔认为，“奥斯丁找到了法律中的混乱之处，并使法学成为了一门科学”。参见 John Stuart Mill, *Dissertations and Discussions*(i), London: Longman, 1864, p. 368。

么,英国法学家为何能使他们的法律体系成为世界上最伟大的法律体系之一?他们为何能在18世纪建构并运行起一个备受世人景仰的宪制体系?他们如何能为自己设计出一套完全原创性的,有关财产法、合同法和侵权法的理论?事情的真相是:英国的法学家们从未忽视法律理论的作用,正如布莱克斯通的《英国法释义》展示的,他们甚至愿意掌握其中的任何一种理论。他们倾向于将法律理论建立在具体的生活事实与人类的需要等稳定的基础之上,而不是建立在机智的哲学家们相互冲突的理论流沙之上。边沁的理论很少被人们整体照搬,注重实践的法律人运用边沁的理论,对英国法进行了一些急需的改革,其方法是:对英国法中的一些既定原则进行尽可能少的改变。因此,在不损害法律发展连续性的情况下,他们让英国法满足了新时代的需要。在边沁的建议被全盘吸纳的一个案件中,人们很快便发现了一些不令人满意的结果。正是由于边沁的建议,《高利贷法》在1854年被废除;但在随后的不少于五十年的时间里,立法机关发现,有必要对放债者不合情理的交易进行审查,这些交易正是因《高利贷法》被废除而造成的。此外,那些指责英国法律人不重视法律理论的人似乎忘记了,并非只有英国法律人拒绝整体接受边沁的倡议。正如M.哈勒维(M. Elie Halévy)指出的,只有在诸如俄罗斯这类没有自己哲学传统的国度,边沁的影响才会特别巨大。[1] 奥斯丁的核心理论——主权理论——与边沁的理论命运很相似。奥斯丁的《法理学》一书出版于1832年,并且,在19世纪的大部分时期里,其影响都很大。但"责任政府"这一重要原则在1840年到1850年间才在加拿大发展起来,并且,在19世纪行将结束之前,它才在其他国家得到应用。英国法学家和政治家对奥斯丁的主权理论有充分了解,他们认可并应用这一理论,但同时拒绝成为

① Elie Halévy, *Growth of Philosophic Radicalism*, London: Faber & Faber, 1928, p. 296.

这一理论的奴隶。

因此,英国法律人能以保持英国法律史连续性的现实态度,运用边沁和奥斯丁的理论,改革他们的法律体系。正如我在本讲开始时说到的,这应归功于英国法学家们长期保持一种职业传统,由于这一传统本质上具有历史性特点,因此,人们很容易将之与19世纪后半叶兴起的英国历史法学派联系到一起。关于这一职业传统、历史法学派的兴起,以及它们对英国法发展的影响,我将在下一讲里继续论述。

第十二讲

梅因、梅特兰和波洛克[①]

① 在这一讲中，我将利用自己所著的《英美法中的历史学家》（*The Historians of Anglo-American Law*）一书中的信息，在一些段落中，我甚至没有改动任何措辞。

《亨利·詹姆斯·梅因爵士的肖像画》(Sir Henry James Sumner Maine),英国画家 Lowes Cato Dickinson 创作于 1888 年。

《英国法学家弗雷德里克·梅特兰的肖像画》(Frederic William Maitland),英国画家 Beatrice Lock (Mrs Fripp)创作于 1913 年以前。

英国判例法体系以及英国公法、私法的发展具有连续性，它在英国法学家间确立了一种历史传统，这两者使英国法学家有必要对历史进行深入的研究，以便确定处理案件的法律。在 19 世纪下半叶，一个新的具有历史意识的法学流派开始兴起，并使这一历史传统得到了进一步的强化与发展，而且这一新学派将法律与历史的研究置于全新的基础之上。这一学派一方面承认，边沁及其同僚们发起的法律改革对英国的法律发展产生了积极的作用；另一方面，又将法律思想从边沁之流的狭隘哲学拥有的近乎垄断的控制中解放出来。通过加强英国的法律研究、实践与英国的政治、经济、社会生活之间的联系，这一学派一方面拓展了英国法律规则、原则的内容，另一方面也使这些规则和原则更加人性化。因为这一学派已能对英国的法律规则和原则进行批判性的研究，并将这种批判性研究建立在对过去的观点与现在的需求深入了解的基础之上。但对于分析学派的法学家们来说，根本没有必要了解过去的观点与现在的社会需求。

在本讲中，我首先将介绍英国法学家中的历史主义传统与具有历史意识的法学流派的兴起。然后，我将评述这一学派中最杰出的三位成员（即梅因、梅特兰和波洛克）的著作与成就。

柯克的著作主要影响之一是:它保持了普通法历史的连续性,[①]由此确立了历史主义传统,并由此使所有法学家都必须了解一些法律史知识,进而使一些博学的法学家成了相当不错的历史学家。[②] 在17世纪后期,正是由于历史传统的力量,詹姆士二世才难以(甚至不可能)找到十二位在宪制问题上看他眼色行事的法官。[③] 随着革命而来的是法官素质的提高,这进一步强化了法官的意识。如果我们查阅任何一本18世纪的重要著作,比如霍金斯(William Hawkins,1643—1746年)的《王之诉讼》(*Pleas of the Crown*)、理查德·伯恩(Richard Burn,1709—1985年)的《太平绅士》(*Justices of the Peace*)、查尔斯·弗恩(Charles Fearne,1742—1794年)的《附条件的剩余财产权》(*Contingent Remainders*)或是巴特勒(即Charles Butler)的《柯克论利特尔顿笔记》——都可以看到,写作这些著作的法学家们对英国的法律学说史有着深入的了解。也正是凭着这种历史传统的力量,人们才挫败了曼斯菲尔德勋爵试图改革由普通法官确立的普通法原则的尝试。[④] 在18世纪的后四分之一世纪,这一传统得到了布莱克斯通《英国法释义》的进一步拓展与发扬光大。《英国法释义》不仅是布莱克斯通那一代人对英国法最好的文学描述,而且是已出版的最好的英国法律史著作。[⑤] 这些著作保存了英国法的历史传

---

① William Searle Holdsworth, *The Historians of Anglo-American Law*, New York: Columbia University Press, 1928, pp. 128 – 129.

② 关于如何解释法律职业中已经确立的这一历史传统,可参见 William Searle Holdsworth, *The Historians of Anglo-American Law*, New York: Columbia University Press, 1928, pp. 11 – 29。

③ William Searle Holdsworth, *A History of English Law* (vi), London: Methuen & Co. Ltd., 1922, pp. 509 – 510.

④ William Searle Holdsworth, *A History of English Law* (vi), London: Methuen & Co. Ltd., 1922, pp. 167, 172 – 173.

⑤ William Searle Holdsworth, *The Historians of Anglo-American Law*, New York: Columbia University Press, 1928, pp. 55 – 60.

统,在英美两国都产生了极大的影响,它们开始消解许多由于柯克的轻信而流行起来的原始传说。[①] 在18世纪末和19世纪初,受边沁依据功利原理进行推理的激励,英国开始进行法律改革,由布莱克斯通开创的这一历史传统最大限度地维持住了英国法的连续性。尽管英国法的大部分内容都被那些熟悉边沁学派思想的法学家们改变了,但正如我们所见,[②]这些法学家们吸收了英国法的历史传统。这些被改革的法规一般都以报告的形式加上了前言,而这些报告一般都对英国法的历史作了非常严谨的论述,说明了法律改革的原因,并且,对于如何使新的规则受到最小的纷扰并替代旧的规则,这些报告提出了一些非常精巧的建议。对于以这种方式实施改革的最好说明或许是《拟诉弃权法》(*The Fines and Recoveries Act*)。[③] 在整个19世纪,乃至于今天,在诸如韦力士(James Shaw Willes,1814—1972年)、布莱克本(Colin Blackburn,1813—1896年)、科伯恩(Alexander James Edmund Cockburn,1802—1880年)、林德利(Nathaniel Lindley,1828—1921年)、鲍文(Charles Synge Christopher Bowen,1835—1894年)以及麦克诺顿(Melville Leslie Macnaghten,1853—1921年)等法学家的论断里,仍能看到这一历史传统的影响。

毫无疑问,正如梅特兰指出的,[④]保持这一历史传统无疑对法律史研究也有不好的影响。首先,法学家们必然喜欢从历史传统对眼前案件的影响入手来看待法律。因此,他必然会诉诸中世纪的权威,必然会带着一定的目的阅读这些权威著作。他们不是为

① William Searle Holdsworth, *The Historians of Anglo-American Law*, New York: Columbia University Press, 1928, p. 120.

② William Searle Holdsworth, *The Historians of Anglo-American Law*, New York: Columbia University Press, 1928, pp. 254 – 255, 263.

③ 3,4 Will. IV, c. 74.

④ Frederic William Maitland, *The Collected Papers of Frederic William Maitland* (i), H. A. L. Fisher, ed., Vol. I, Cambridge University Press, 1911, pp. 490 – 491.

了探寻历史传统对中世纪的法学家意味着什么，而是探寻，按照现代的判决，这些历史传统意味着什么。梅特兰说道：

> 在现代的著作中，我们可以找到人们对布雷克顿和柯克两人在面对爱德华一世的法规时的有关法律论述的比较，一定会有作者告诉我们，柯克的观点“更好一些”。现在，如果想了解我们自己这一时代的普通法，柯克的权威或许会高于布雷克顿，并且，柯克的学说很容易导出现代的判决。但如果我们真的探究亨利三世时期的法律，就会发现，哪怕是布雷克顿最不起眼的一些措辞，肯定都比柯克的所有著述更有价值。一般地，法律教义与法律史的混合总是一种无法令人满意的混合。①

其次，如果我们了解这一历史传统对英国发展的全部意义，那么，我们就会发现，这一历史传统模糊了这样的事实：将英国的法律发展状况与国外进行比较有时很有必要。我们以陪审制的发展史为例来说明这一问题。为何陪审制度在法国衰落却在英国得到了发展呢？② 对这一问题的回答可清楚地阐明英国程序制度史中的许多民事与刑事问题。但是，只有那些在英国法律体系中受过教育的法学家们才倾向于将那一制度的发展描述为：它是由英国的法规与法院的判决推动的。我认为，我们应当承认，这一历史传统对法律史的科学研究曾产生过消极影响，但仍坚信，

---

① Frederic William Maitland, *The Collected Papers of Frederic William Maitland* (i), H. A. L. Fisher, ed., Vol. I, Cambridge University Press, 1911, p. 491.

② William Searle Holdsworth, *A History of English Law* (i), Boston: Little Brown And Company, 1922, pp. 315 - 316；关于欧洲大陆的刑事程序对星室法庭所运用的程序的影响，另外的说明可参见 William Searle Holdsworth, *A History of English Law* (v), London: Methuen & Co. Ltd., 1922, pp. 170 - 196。

维持这一历史传统对英国法的研究大有裨益。那一传统已深入从事法律实践的法律人的灵魂深处，他们相信，必须研究法律史，以便掌握由此而产生的法律原则。在 17 世纪末，罗杰·诺斯将这些道理恰如其分地放入了这一句话中——我将之放在我的《英国法律史》这本书的扉页——“说真的，尽管法律人不必要知道某一观点的历史是什么，但有必要知道它是如何变成现在这样的。这仍然是一个伟大的成就，如果对这一历史传统缺乏了解，就不能算是法律方面博学的法学家。”①

新的历史学派在 19 世纪兴起，可归结于两个主要的原因。首先，它是由法国大革命引起的政治剧变以及随之而来的一系列剧变的结果；其次，它是由达尔文的生物进化论引起的科学预测特点发生变化的结果。

1. 法国的理性主义哲学家对道德、法律以及法律制度进行了批判，这类似于边沁对英国的法律与法律制度进行分析性批判，这些哲学家的批判有助于型塑法国大革命的进程。但如维诺格拉多夫所说的，“由法国大革命中的过激行为而引起的幻灭一度模糊了这场巨变的历史意义，引起了人们对激进分子宣扬的理性崇拜的怀疑”。② 这一反应以多种形式表现出来，并且，所有这些形式都倾向于恢复人们对旧制度、旧信仰、旧习俗的热情，但理性主义学派对此却大加挞伐，并打算废除这些东西。在法律领域，这一反应首先表现为历史主义学派的兴起，这一学派是与萨维尼（Friedrich Carl von Savigny，1779—1861 年）的名字紧密联系在一起的。蒂博（Anton Friedrich Justus Thibaut，1772—1840 年），一位著名的哥廷根大学法学教授，建议以罗马法和法国民法典为模

---

① Roger North, *A Discourse on the Study of the Laws*, London: Charles Baldwyn, 1824, p. 40.

② Paul Vinogradoff, *Outlines in Historical Jurisprudence* (i), Oxford University Press, 1920, p. 124.

型,把德国各邦的法律法典化。萨维尼表示反对,其理由是:一个国家的法律如其语言或者宗教一样,严重地依赖各国的历史,因此,一个国家的法典应反映这个国家法律的历史,并体现由其历史而产生的民族特点。① 这一新的历史学派引入了一种看待法律的新方式,正如维诺格拉多夫所说的:

> 法律的形成是习惯逐渐积累的结果,因此,无须追溯到立法机关深思熟虑的意志……对于一个国家来说,法律是其存在的先决条件,并且是国家活动的结果。在这个意义上说,直接立法好比强行闯入这一背景之中,而习惯法的研究有着特别重要的意义,并被视为大众意识的真正体现。②

2. 人们很早就试图对影响人类生活的所有事情进行科学的预测,但科学预测特点的变化极大地推动了历史学派的发展。正如我在上一讲说到的,理性主义学派原先只考察那些与非生物的自然界有关的科学分支,现在却试图探索适合人类活动的普遍法则,并要求这些法则能像统治非生物世界的那些法则一样具有普遍性。我认为,这是不可能的。就像莱斯利·史蒂芬(Leslie Stephen,1832—1904 年)先生所说的,"在所有与有机界有关的科学中,考察某一观点的起源,考察事物的生长与实际的构造状况,其重要性不言而喻"。③ 因此,达尔文的理论为历史学派的拥护

---

① Paul Vinogradoff, *Outlines in Historical Jurisprudence* (i), Oxford University Press,1920,p. 128;有关萨维尼及其学派的更好的说明可参见康特诺维奇发表于《法学季评》上的文章,即 Hermann kantorowicz,"Savigny and the Historical School of Law",*L. Q. R.* ,1937(53):326 - 343。

② Paul Vinogradoff, *Outlines in Historical Jurisprudence* (i), Oxford University Press,1920,p. 129.

③ Leslie Stephen,*The English Utilitarians*(iii),London:Duckworth,1900,p. 374.

者们提供了一种新的科学支持,用庞德(Roscoe Pound,1870—1964年)院长的话说就是:为了解释生活事实,达尔文用生物学解释替代了机械论解释。[①] 达尔文的理论强化了历史学派的核心理论,即任何国家的法律都与其历史紧密相关;并且,如果不研究这一国家的历史,就不能恰当地理解这一国家的法律。在研究了这一学派的三个最杰出的代表人物——梅因、梅特兰和波洛克——的成就之后,我们就能感觉到,这一新学派的兴起对英国法有着巨大而有益的影响,这一点显而易见。

一、梅因[②]

梅因生于1822年,在剑桥大学彭布罗克学院接受教育,并因古典学研究而获得了巨大的声誉。正如波洛克爵士所说,"刚进入大学时,他尚是一名不为人知的年轻人;但在离开时,却已成为那一时代最杰出的学者之一"[③]。在拿到学位之后,他开始研究法律;1845年,他成为剑桥大学三一学院的法律指导老师,并于1847年成为剑桥大学钦定的讲座教授(Regius Professor)。无论是作为法学指导教师,还是作为教授,他都获得了巨大成功。事实上,他具备成为一位雄辩演讲者的所有品质——强而有力的声音,如水晶般引人注目的风格以及完美的表达能力。1850年,梅因被授予律师资格;1852年,他成了律师会馆里第一位讲授罗马法的讲师。从1862年到1869年,他担任印度总督委员会(the Viceroy's council in India)的法定委员,并兼任加尔各答大学的副

---

① Roscoe Pound, *Interpretations of Legal History*, New York: The Macmillan company, 1923, p. 72.

② 关于梅因的生平与演讲,可参见惠特利·斯托克斯(Whitley Stokes)的作品,也可参见 Grant Duff 的回忆录,以及波洛克的"*Oxford Essays*",维诺格拉多夫的"The Teaching of Sir Henry Maine", *L. Q. R*, 1904 (20): 119-133。

③ Frederick Pollock, *Oxford Lectures and Other Discourses*, London: New York, Macmillan, 1890, p. 149.

校长。正是在那时，他了解了印度的法律与制度，这些东西后来在他的书里出现得非常多。在1869年返回英格兰后，梅因成了牛津大学第一位科尔普斯法理学教席教授。1877年，他成为剑桥大学三一学院的硕士，并于1887年成为剑桥大学惠威尔国际法教席教授(Whewell Professor of International Law)。1888年，梅因去世。

梅因既受到了萨维尼的德国历史学派的影响，又受到了达尔文理论的影响。正是这两者的影响，使梅因将在其他领域(尤其是语言学和人类学领域)取得巨大成功的历史主义方法和比较方法应用于法理学研究。他博览群书，观察力敏锐，能突破现象看本质，写作风格也引人注目，这使他能创作出那些影响欧洲和美国法律思想的著作。他的伟大成就在于：他改变了法学家们的观点，使他们相信，如果要理解法律与法律制度，就必须从历史的角度进行研究。波洛克在他的《牛津讲演录》中曾强调过这一点。他说：

> 当我们留心自己的法律科学时，至少可以说，梅因给英美知识界的刺激从来没有被高估过。在人们现存的记忆里，经常将普通法视为一种教条化、技术化的体系。历史解释一旦超出了明显必要的时间和事实范围，充其量不过是一种空洞的修饰；并且，所有的奇异之事与异常之处将不得不被认为是正常的，且根本不需要任何理由，或者(常常只有)坏的理由。如果有人试图证明那些奇异之事与异常之处是法律概念发展过程中自然而然的产物，将是闻所未闻的事情……人们在一定程度上认识到这一点，无疑受到了分析学派的影响……但是，对具有最新形式的现代政治和法律思想进行分析，并不能产生对真实历史体系的任何合理的解释……对法律现象

> 进行科学研究（就像我们真正地发现它们一样），在我们之间并没有任何地位……梅因不仅证明了法学研究是一种可能的研究，而且证明，它与整个道德科学领域中的任何其他研究一样地有意思、一样地富有价值。在巧妙地行动之后，梅因似乎忘记了，在法律、历史与人类学之间，还有一个新的、持久的纽带。法理学自身已变成一种对人类社会整个发展阶段现实发展状况的研究。①

这是梅因对我们的法律史研究做出的最大、影响最持久的贡献；并且，因其个人风格具有独特的魅力，因此，他的贡献效果更加明显，就像布莱克斯通和梅特兰的贡献那样，对未来有很大的影响。他的独特魅力渊源于这样的事实——正如波洛克爵士所说，"在成为法学家之前，他是一位人文主义者，并且一直是人文主义者"②。因此，尽管他得出的许多结论现在已不为人们所接受，但他的著作还一直被人们研究，因为这些著作向我们展示了法律史领域的一些天才思想，并且，它们拥有一种艺术形式，从而使这些比较博学的著作在逐渐被人们淡忘之后仍能在很长的时间里发挥影响力。我们再一次引用波洛克爵士的话来说明问题："正如孟德斯鸠不会因为拿破仑的法律而被人们遗忘一样，梅因也会因现代学者的天才与勤勉而不会被人们遗忘。"③

---

① Frederick Pollock, *Oxford Lectures and Other Discourses*, London: New York, Macmillan, 1890, pp. 158–159.

② Frederick Pollock, *Oxford Lectures and Other Discourses*, London: New York, Macmillan, 1890, p. 150.

③ Frederick Pollock, *Oxford Lectures and Other Discourses*, London: New York, Macmillan, 1890, p. 154.

二、梅特兰①

梅特兰生于1850年5月28日,是在伊顿公学和剑桥大学三一学院接受教育的。尽管他于1872年在道德和精神科学方面取得了最优异的成绩,但他仍未能获得三一学院的研究员职位;不过,他申请研究员职位的论文——后来被刊印在他的《文选》(*Collected Papers*)中——是一篇非常好的文章。1876年,他在林肯律师会馆获得律师资格,1903年被授予荣誉法官。1883年,梅特兰回到剑桥,担任英国法的讲师;1888年,他成为主讲英格兰法的唐宁教席教授。他的身体一直欠佳,从1898年起,就再也无法忍受英国寒冷的冬天。1906年12月19日,梅特兰逝于拉斯帕尔马斯(Las Palmas)。

在这一讲,我首先打算简明扼要地描述那些使梅特兰对英国法做出重大贡献的知识品格;接着,我准备评估他的著作对英国法律与历史的影响。

(一)使梅特兰对英国法做出重大贡献的知识品格

首先(也是最紧要的),梅特兰是一位法学家。罗杰斯(Rogers)先生——当时,在他的法官办公室里,梅特兰正在阅读案卷——说:"在我发现我的法官办公室里有这样一位以前从未遇到过的律师之前,他从未与我在一起待过哪怕一个星期……如果某一天他突然成了一名法官,他的意见或许将成为法官们的荣耀。"②并且,如波洛克所说,梅特兰不会满足于只是成为"一位有学术品味的彻头彻尾的律师"③。梅特兰是一位很有头脑的人,

① 可参见 H. L. A. Fisher, *F. W, Maitland*: *A Biographical Sketch*, Cambridge University Press,1910;也可参见 *A. L. Smith*, *F. W, Maitland*, Oxford:Claredon Press, 1908。

② H. L. A. Fisher, *F. W, Maitland*: *A Biographical Sketch*, Cambridge University Press,1910,pp. 15 – 16.

③ *Quarterly Review*,ccvi,406.

从不想当然地看待任何事情，正是那一品格驱使着他去分析法律规则和制度的成因和效果，使他自然而然地转向了历史，因为历史本身能为他提供苦苦追寻的答案。在他仍担任法官时，斯塔布斯（即 William Stubbs）的宪法史给他留下了深刻的印象；并且，他特别欣赏萨维尼的《罗马法史》（*Geschichte des Romischen Rechts*），并开始翻译这本著作。

一位全面的、具有哲学和历史素养、并喜欢运用哲学与历史知识批判技术性法律规则的法学家，肯定会取得一些令人惊讶的成就。1879 年，梅特兰在《西敏寺评论》（*Westminster Review*）上发表了一些有关不动产的论文，开辟了解决法律改革难题的新纪元。① 因为在那之前，这一世纪的大部分法律改革都受到了边沁学派法学家的影响。在这一世纪，法律体系面临着被前几个世纪积累下来的垃圾窒息的风险，但边沁学派的学者们天真地信任演绎原则，他们成功地实现了太多的目标，但并没有实现他们希望的一切。那并非一种来自于经验的信念，随着人们对人性的复杂性、社会问题的复杂性以及连续几代人发明的、用以解决这些问题的技术性法律规则的复杂性有了更多的认识，那一信念多少有些黯淡下来。

梅因学派的学者们试图证明：在边沁学派信奉的原则中，有很多原则是建立在一个非常浅显、有关人性的认识基础之上的，并且，在目前这一时代，已不能解释所有现存的规则；而且，这些规则过去甚至都不存在。对于这些规则，历史学派的作品通常没有提供进一步的说明，它们只是向我们展示，现存的法律规则是如何成为现在这个样子的。它们揭示，甚至那些最不合理的规则都曾有过合理的基础，并且，其中的一些规则仍比那些全心全意地追随边沁原理者理解的规则更为合理。那就是梅因学派所做

① Frederic William Maitland, *The Collected Papers of Frederic William Maitland* (i), H. A. L. Fisher, ed., Vol. I, Cambridge University Press, 1911, pp. 162 – 201.

的全部事情。梅特兰的文章向我们揭示出,在一流法学家和哲学家的手里,历史如何能一方面依靠现存的法律知识,另一方面依据产生这些法律知识的理念,为法律改革提供一些切实可行的建议。它还显示,古代法律史的知识不仅对教授古代法、解释当代法律有价值,而且可以为当代的法律改革提供建议,以便使当代的法律与现代环境协调一致。

这并非古代法的全部价值之所在。梅特兰习惯从产生法律规则与制度的历史这一角度对之进行分析,这使他不仅能对法律场域中一些技术性强且难以回答的问题作出新的阐述,而且对那些最常见、最熟悉的问题也能作出别出心裁的回答。他的批判性思维从不因某一问题司空见惯而变得迟钝起来。正是这些熟悉的事物,这些人们不假思索、毫不迟疑地加以承认的事物,才激发他探索的兴趣。因此,他为我们解释了普通法与衡平法的关系,并花大力气解释了信托在我们英国人生活中的地位与作用,这显然与信托本身的情形非常符合。

主要是由于受到了维诺格拉多夫的影响,梅特兰一回到剑桥,即投身于英国法律史的研究。[①] 他编写的《布雷克顿札记》重新将那一已为16世纪的人们遗忘了的英格兰法学家视为13世纪上半叶英格兰法的主要权威,菲兹赫伯特在编写《大汇编》(*Grand Abridgment*)时采纳了他的这一观点。[②] 他的《塞尔登学会的文学导演》(*Literary Director of the Selden Society*)这一作品为那一学会的出版物赢得了直接的声誉,并使它有着美好的未来,而且为这一刊物的未来撰稿人设置了很高的标准。他的《论土地占有制》和《令状登记制度》(*Register of Writs*)等论文开辟了新天

① H. L. A. Fisher, *F. W, Maitland*: *A Biographical Sketch*, Cambridge University Press, 1910, pp. 24 – 25.

② H. L. A. Fisher, *F. W, Maitland*: *A Biographical Sketch*, Cambridge University Press, 1910, p. 22.

地，如他为塞尔登学会的出版物撰写的其他稿件那样，这些论文非常确定地显示，从中世纪的法律之中，我们既能抽象出有意思的历史，又能抽象出一些对现代法律人仍有价值的信息。

后来，他还创作了《英国法律史》（*History of English Law*）这一伟大的著作，将因19世纪英国、欧洲大陆以及美国历史研究的复兴而取得的一系列成果汇集起来，运用它们来解释英国法律起源的历史，其解释严格地遵循了现代历史学者设置的标准。在《英国法律史》一书之后，梅特兰编著了一系列与历史话题有关的专著，比如，《英格兰土地志及其他》（*Domesday Book and Beyond*）《英国国教中的教会法》（*Canon Law in the Church of England*）以及一些年鉴。随后，他还写作了一些有关法人人格（corporate personality）问题的作品——如，有关乡镇和自治市镇的一些演讲，对基尔克（Otto von Gierke，1841—1921年）的《中世纪的政治理论》（*Political Theories of the Middle Age*）这一伟大作品的某些章节进行了翻译与介绍，写作了有关公司与信托的说明性论文，以及两篇关于16世纪历史的散文——《论英格兰法与文艺复兴》这一讲义及他为《剑桥现代史》撰写的"言必尽意，否则不置一词"（*Nullum quod tetigit non ornavit*）一文——这一句话出自萨缪尔·约翰逊博士为威斯敏斯特大教堂戈德史密斯（Oliver Goldsmith，1728—1774年）纪念碑撰写的墓志铭。其实，上述这句话也是对梅特兰工作最贴切的描述。

将梅特兰的所有工作打上天才标记的知识特点是什么呢？首先，由于他是一个博学多才的法学家，因此，他知道故事的结局。如果一位法律史学家不知道故事的结局，就会把时间虚掷在陈述那些没有存活下来的法律规则的历史上，就会陈述那些从来不会实现的趋势，以及那些失败了的制度。因此，他就有变成一位纯粹的古文物研究者的危险。由于梅特兰知道故事的结局，因此，他能重点研究那些至今仍存的规则、趋势和制度，并因此写作了一部能解释现代法律制度的法律史。其次,由于他是一个博学的历史学家,因此,他能把古老的法律规则与其起源的政治、社会或经济状况结合起来。由此,他也能把法律史不仅看作技术性规则的进化史,而且看成一个国家对其认为特别重要、需要予以解决的所有事情思考的历史。再次,梅特兰从不满足于已有的证据,而是追求最好的证据。正是这一个性特点才使他将自己的目标从继续研究英国法律史转向批判性地编辑早期的法律年鉴。在他的眼中,这一编辑工作是延续那一历史的必要基础。正是这一个性特点才使他编写了 14 世纪人们在法庭上运用的法语语法——保罗·迈耶(M. Paul Meyer)曾将之推荐为学习中世纪法语的教科书,梅特兰认为那是完全理解法律年鉴的前提性条件。最后,在梅特兰众多的知识特点中,还有很多带有个人色彩的东西。他不满足于对法律规则理论作单纯的抽象描述,而是喜欢将自己的规则与理论代入具体案件之中,从而检验这些规则与理论。在写给我的一封信中,他曾说道:“除非你能对一些古老的规则作一些说明,否则,人们不能理解这些规则。至少我无法做到这一点。”梅特兰对历史中与人有关的方面如此地感兴趣,以至于他甚至能从一份答辩的案卷(Plea Roll)中和一本年鉴中抽象出人的本性。与这一个性特点紧密相关的是他带有亲和力的幽默感,以及经常表现出的兴高采烈的神情,那常常掩盖了潜在他非常灵动的论证之下的博学多才;并且,同样重要的是,他擅长总结名言警句,这一天赋使他能以令人印象深刻的短语将整个事情的来龙去脉总结出来。

(二)梅特兰的著作对英国法律和历史的影响

我认为,梅特兰的作品在三个方面有着深远而持久的影响。

第一,他教会我们运用历史批判的方法研究英格兰法的起源。现在,我们了解到布雷克顿作品的一些影响;对于年鉴的真实状况,我们的理解也比原来更加深入。从梅特兰不同的作品中，我们获得了很多线索，了解到许多其他作家是如何看待英格兰法及其渊源的。为研究英格兰法，梅特兰开始动手做了很多事情，类似于16世纪人文主义学派的法学家们为研究罗马法所做的工作。

第二，梅特兰教导英国的法学家们，要他们从与其他法律体系相互联系的角度看待自己的法律体系。正如他所说的，历史之中蕴含着比较。只有通过比较，才能更好地了解我们自己法律体系的优长与不足，才能更好地看清其错在哪里，才能理智地评判如何进行改革。此外，现如今，物理科学的发展使世界变得越来越小，国家之间的关系也不像从前那样相互隔绝，因此，历史知识非常重要。

第三，梅特兰恢复了英国法律史和英国历史之间的联系，那一联系在17世纪与18世纪早期一直存在，但在更近的一段时期，两者之间的联系几乎中断。在梅特兰指出如何实现两者再次联合的路径之前，法律与历史之间保持着一种不太令人满意的疏离状态，这已经持续了很长时间。浸淫于技术性规则之中的法学家们似乎忘记了创制这些规则的人，以及产生这些规则的人的需要。由于忽略了那些技术性规则的意义，历史学家们易于误解这些法规的意义以及法院运用的法律推理的意义。梅特兰向我们揭示，历史是如何使法律人性化的，以及法律又是如何矫正历史的。梅特兰是一个完美的法学家，但他从来没有忘记创制并发展这些制度的人，以及型塑法律的人的需要。对此，他进行了描述。在他的手里，即使那些最技术化的规则都变成了鲜活的东西——这些规则表达的是人类的政策或者逻辑，承载着人类的情感与理想。

在那个拥有伟大历史学家的年代，我认为，梅特兰是其中的最伟大者。在我看来，他还可与他那一时代最伟大的法学家相媲美，并且，作为一个法律历史学家，人们从来没有像他那样熟悉法律记忆年代之前的英格兰法。

三、波洛克[①]

在林肯律师会馆图书馆的入口处,左边伫立着梅特兰的半身像,右边悬挂着波洛克的画像,进入该图书馆的每一个人都会在这一世纪最伟大的两位法学家之间穿过——这两位法学家的名字将一起流芳百世,不仅因为他们是《英国法律史》这一鸿篇巨制的合作者,而且由于他们的学术兴趣非常接近,即都致力于法律与法律史的研究,都是伟大的法学家。毛汉姆勋爵(Frederic Herbert Maugham,1866—1958年)曾说:"我记得,每当波洛克谈起梅特兰的成就时,总会用总结性的话语表达自己的感受,他会坚定地说,'梅特兰是一位天才',除此之外,就再也没有其他话可说了。"[②]波洛克与梅特兰两人个性迥异。波洛克不能像梅特兰那样,给与之接触的所有人都留下深刻的印象。[③] 但他依然具有这样的个性特点:他会使那些遇见他的人都认识到,这个人比其作品更加伟大。[④]

---

① 《致孙儿》(*For my Grandson*)这篇文章刊载在《法学季评》上,详见 Fredericlc Pollock,*For my Grandson*, *L. Q. R*,1937(53):151 - 206。我写作的本部分内容也刊载在《法学季评》第53期上,只不过增加了一些论述。

② Frederic Herbert Maugham, "In Memoriam: Right Hon. Sir Frederick Pollock, Bart.,K. C.,D. C. L. 1845 - 1937",*L. Q. R.*,1937(53):172.

③ 格雷(John Chipman Gray)这样评价梅特兰:"对于我来说,每当我写作或思考与梅特兰有关的东西时,都会回想起梅特兰独特的个人魅力。他的魅力多么巨大呀!我其实只见过他一次,但是,在他位于科茨沃尔德丘陵的家里与他共进圣餐,是我的记忆中最快乐的部分。如果我说出我的感受,你可能会理解,但是,对于那些不了解梅特兰的人来说,我的感受似乎有点过度。"参见 A. Zocco-Rosa,"In Memoriam: Frederic William Maitland",*L. Q. R.*,1907(23):138。

④ 赖特勋爵(Lord Wright)曾经说过:"在这一世界上,有些人的人格魅力会超过自己所做的所有事情。尽管有些人的作品或者事迹很伟大,但其人格魅力更伟大。这是由于这种人能激发人的冲动和灵感。我们从波洛克身上就能感受到这一点。"参见 Lord Wright,"In Memoriam: Right Hon. Sir Frederick Pollock, Bart.,K. C.,D. C. L. 1845 - 1937", *L. Q. R.*,1937(53):166 - 167。

波洛克出生于1845年12月10日，曾在伊顿公学与剑桥大学三一学院就读，并于1868年成为剑桥大学的一名研究员，1920年，他成为荣誉研究员。1871年，波洛克被林肯律师会馆授予律师资格，1906年被选拔为法官。1911年，他被任命为枢密大臣。1937年1月18日，波洛克与世长辞。在他去世时，他不仅在英格兰而且在大英帝国以及美国、欧洲大陆的法学家中长久地拥有独一无二的地位。他之所以能够拥有这种独一无二的地位，既是由于他在很多方面拥有渊博的学识、精确的知识，并在很多法律院系有很大的影响，又是由于他能以一种独特的文体向全世界展示其学识。他的所有著作——不论是散文、随笔，还是关于法律事务的评论——都以表达清晰、明快而著称，那是由于他熟练掌握各种写作技巧。并且，他的文章的某些段落表现出了很高的修辞技巧和审美水平。他的作品具有文学性特点，这要归功于他在法律之外的许多问题上都具有渊博的学识。他是一个高超的语言学家，能用拉丁文、希腊文、法文以及德文创造诗歌，对于东方语言，他也有一定的了解；并且，他同时还是一位哲学家、历史学家，在某种程度上，还可称为数学家。他毫不费力地拥有了渊博的学识，并且具有一定的幽默感。他运用自己的文学天赋创作了一些诙谐的改编诗文和幽默的诗作，这些作品都以《用英文创作的典型案例》(*Leading Cases done into English*)之名出版，并收录于《法律之外》(*Outside the Law*)这一卷册之中。另一个极好的例子是他对爱德华四世时期的一份年鉴进行了诙谐的改编，发表在《法学季评》(*Law Quarterly Review*)上。[①] 他的《爱琴汉姆书信集》(*The Etchingham Letters*)是一本读起来令人愉悦的家庭通信集，语言幽默，充满文学气息和批判色彩。他以如此独特的方式将各具个性特点的通信者及朋友呈现在大家的面前，以至于我们

① Sir W. S. Holdsworth, K. C. D. C. L, "In Memoriam: Right Hon. Sir Frederick Pollock, Bart., K. C., D. C. L. 1845 - 1937", *L. Q. R.*, 1937(53): 183 - 189.

难以相信，这些人物都是波洛克虚构出来的。将波洛克对于梅因的评价用在他自己身上或许更为贴切——“在成为一名法学家之前，他是一位人文主义者，并且，从不满足于只是一位人文主义者”①；正如在《泰晤士报》上发表波洛克讣告的作者所说的，他“或许是古老的伟大文化的最后传承者——他更像一位文艺复兴时期的人，而非现代人”②。他的兴趣并非只限于文学领域，终其一生，他一直是一位热心的（尽管不是很高明的）击剑爱好者。③他还是一位登山爱好者、出庭律师会馆志愿者协会的成员。在载于《法律之外》的一篇文章中，有一个关于击剑大会的有趣说明，从这一说明可以看出，他在击剑艺术规则方面堪称大师；他曾在羽毛球杂志上发表过有关登山的文章，还一度担任阿尔卑斯登山俱乐部的荣誉图书管理员；并且，在《致孙儿》（*For my Grandson*）一文中，他向我们讲述了自己的志愿者经历。④

由于他来自一个著名的法律家族——在这一家族的成员中，有很多出色的法官，因此，他选择法律作为自己的职业几乎成了顺理成章的事情。他在剑桥的学术生涯非常出色，这预示着，他的法律生涯将同样出色。他的祖父，一位官居要职的男爵，在写给他的一封信中真诚地说道：“你和我都不只是单纯的学者或是数学家！你明显和我一样，学术上的成功不过是我们共同拥有的天赋的产物，你肯定能使自己成为像哈德威克或韦力士那样优秀

---

① Frederick Pollock, *Oxford lectures and other discourses*, London: New York, Macmillan, 1890, p. 150.

② Sir Herbert Samuel, G. C. B., “In Memoriam: Right Hon. Sir Frederick Pollock, Bart., K. C., D. C. L. 1845 – 1937”, *L. Q. R.*, 1937(53): 173.

③ Lord Maugham, “In Memoriam: Right Hon. Sir Frederick Pollock, Bart., K. C., D. C. L. 1845 – 1937”, *L. Q. R.*, 1937(53): 168.

④ Lord Maugham, “In Memoriam: Right Hon. Sir Frederick Pollock, Bart., K. C., D. C. L. 1845 – 1937”, *L. Q. R.*, 1937(53): 179 – 183.

的法学家。"[1]如其祖父发现的那样，波洛克自己也发现，在剑桥时期，他曾对法律问题有着广泛的学术兴趣，后来转到作为"法律搬运工"的法官办公室工作。在这一极端现实的环境中研究法律，多少有些令人沮丧，他说：

> 在胡乱地学习法律一年之后，我带着对搬运法律技巧的经验性认知、对英格兰法及法律科学基础的混沌理解以及对自己是否找到了适合自己职业的怀疑，离开了法院。在当时，如果有任何确定的机会让我返回剑桥从事经典研究，我可能很难拒绝这一机会。[2]

对于法律来说，非常幸运的是，当时并未出现这种机会；并且，对于他自己来说，同样非常幸运的是，他在法律方面的导师是那一世纪最伟大的两名法学家——林德利和詹姆斯·肖·韦力士，他们都属于那种能给人以灵感与启发的老师。他们将自己对法律科学和历史的学习热忱传授给了波洛克。对于林德利，他在载于《合同法原理》(*Principles of Contract*)一书前面的一封信中说道：

> 在你的法官办公室里，在你的亲身指导下，我认识到法律的本质：在日常生活中，由于太多的东西共同作用，从而使法律具有模糊性。其实，法律既非一项交易，也非一个庄严的骗局，而是一门科学。在你的帮助和鼓励之下，我使自己熟悉了其他伟大的法律体系，可以说，这一体系至今仍将普通法与文明世界分离开来。我不仅

---

① Lord Maugham,"In Memoriam:Right Hon. Sir Frederick Pollock,Bart. ,K. C. , D. C. L. 1845 – 1937",*L. Q. R.* ,1937(53):168. 179 – 183.

② Fredericlc Pollock,"For my Grandson",*L. Q. R.* ,1937(53):162.

> 将这些伟大的法律体系看成一个偶然与我们同或不同、单纯由规则和公理组成的集合，而且将它们看成相似观念在不同条件下的持续成长；并且，我认识到，罗马法值得英国法学家们学习与膜拜，不只是因为全世界的学者和公民都学习和膜拜它，而且是由于其历史及科学的发展过程能照亮我们自己学说中的黑暗之处，这是难能可贵的。我将这归功于你以及我的朋友布莱斯（Bryce）教授，由于你们敢于横眉冷对那些肤浅的智慧之士宣称的非常实用的建议，我才能从教科书与干巴巴的学生手册所载的一些莫名其妙的混乱论述转向萨维尼的不朽作品……我就像柏拉图寓言中的那个人，从一个布满影子的洞穴看到了宝贵的亮光。

关于韦力士，波洛克在附录于《侵权行为法》（*Law of Torts*）一书前面的写给大法官霍姆斯先生的一封信中说道：

> 他不仅是一个在法律方面有着深厚学养的人，在其他方面也有着非凡而广博的知识，而且是一个光芒四射的知识分子，能激起人们回应的火花。对他的所有颂扬，我无法用言辞来表达……但我至少可以向你们重点强调：从韦力士那里，我学会了品读年鉴，学会了从权威性资料中探寻法律的历史。在不久以前，人们才用黑体字全面而简洁地记录下了这些权威性的资料。

在这些老师的指导下，波洛克使自己成了一位伟大的法学家。虽然没能像其家族中的其他成员那样在法庭上大放异彩，但他却取得了与家族中的杰出法学家一样的成就，甚至比家族中的任何一位法学家都更加出色。[①] 由于他自己的局限性，法院与法官群体中少了一位如他那般优秀的人才，但法学研究领域却因此多了一位天才。在1833年担任牛津大学科尔普斯教席教授的就职演说中，波洛克谈到了对英格兰法做科学而系统的研究的问题，认为那是一个"追随者寡、贬损者众"[②]的领域。他的著作对于消除人们对英格兰法的轻视态度起到了不小的作用。他的著作影响如此巨大，如此持久，不仅是由于他具有高超的逻辑和哲学思辨能力与文学表达能力，而且是由于他倡导的研究法律的方法非常有效。他研究法律的方法不仅包括比较的方法，而且包括历史的方法。首先，其方法是比较性的。我们已经看到，林德利鼓励他研究萨维尼和罗马法，并鼓励他运用由此得来的知识分析英格兰法。从他评论梅因《古代法》与印度法的著作中可以看出，波洛克从这种研究中获益良多，也证明他特别适合担任法理学教授。同时，他也清醒地意识到，比较研究的方法存在某些风险。在《普通法的天才》（*Genius of the Common Law*）一书中，波洛克说道：

> 我们神圣的普通法会关注他人的研究风格，并适时地从中吸取营养；但对于那些从其他国家的法律中偷来一些不协调的补丁、用之过度地装扮普通法的法官与立法者，他并不感冒。将法律中的外国元素同化或许是一件好事，但粗鲁、轻率地借鉴外国法的细枝末节就不太合适，甚至有害。当你忍不住要使用外国的观念或语汇时——不论是为了模仿还是为了批判，首要的事情是确

---

① 关于这一问题，可参见 Lord Maugham，"In Memoriam：Right Hon. Sir Frederick Pollock，Bart.，K. C.，D. C. L. 1845 – 1937"，*L. Q. R*，1937（53）：171 – 172。

② Frederick Pollock，*Oxford Lectures and Other Discourses*，London：New York，Macmillan，1890，p. 38.

保你理解这些观念或语汇的含义。①

其次,波洛克的研究方法还具有历史性特点。在卸任科尔普斯教席教授这一职位的演讲中,波洛克说道:

> 法学家应受过较好的法律古代史教育,这是一件好事,并且,学生们……应当被传授这些作为历史的反复灌输的知识。就其本身说,这是一件顺理成章的乐事……当然,学习法律史还有比这更重要的价值,而且,这不是说,添加这一确定性的知识有可估量的价值,而是因为这一智识运动的精神价值无法估量。历史方法给予我们的并非只有知识,它还使我们以前分散的知识变得连续起来;它在一堆赤裸裸的事实基础之上设置了一种理想。②

对于那一理想,波洛克曾信心满满。

波洛克为法律科学做出了多方面的贡献,内容丰富多彩,这些贡献将成为他永久的丰碑。他对所有的法律部门知识都掌握得非常好,并能运用这些知识解决具体问题,这使他能为法律的实施、法律体系的重建以及现实政治问题的解决做出不可忽略的贡献。以下,我们将从两方面分析波洛克做了哪些工作。

波洛克对法律科学的贡献首先是以法学著作的作者这一身份做出的,其次是以法学教师的身份做出的。

---

① Frederick Pollock, *Oxford Lectures and Other Discourses*, London: New York, Macmillan, 1890, p. 116.

② Frederick Pollock, *Essays in the Law*, London: Macmilan and Co. Limited, 1922, pp. 26 – 27.

1. 波洛克写作的有关合同①和侵权②的著作是第一部以科学兼文学方式处理这些法律部门原理的著作。戴雪在论及一些较早的合同法著作时说道：

> 一本广为人知的、有关合同法的专著至迟要到1860年才能到达学生的手里，它并不意图分析合同的属性，而是在一些率真的读者心中留下了这样的印象：在整个合同法中心的某处，一定存在着《反欺诈法》(*The Statute of Frauds*)第四节和第十七节规定的内容。③

波洛克探讨这两大主题的著作告诉学生与法律实践者们，英格兰法不只是先例和法规的集合，而是一个由逻辑上自洽的原则与规则组成的体系，它尤其具有实践性特点，因为它是人们长期经验的总结。在一开始时，人们只是以年鉴的形式将既判的案件记录下来，这一做法一直延续到现代。由于同样的原因，他的《论普通法中的占有》(*Possession in the Common Law*)一书首次明晰地阐述了英格兰法中的占有权与所有权原理，它揭示，那一理论如罗马法中类似的理论那样具有逻辑性和一致性。本书还表明，关于这一问题的法律像普通法的其他部分一样，建立在解决不同分支——如土地法、侵权与合同法、继承法等——中的具体问题的既判案例基础之上。因此，本书不仅阐述了英格兰的占有权与

① 赖特勋爵曾提及波洛克的这一研究合同的著作，他说道："对于一个取得律师资格只有六年的年轻人来说，这一著作是一个了不起的成就。"参见 Lord Wright，"In Memoriam：Right Hon. Sir Frederick Pollock，Bart.，K. C.，D. C. L. 1845－1937"，*L. Q. R.*，1937(53)：162.

② 关于波洛克论及侵权的这一著作，赖特勋爵评述道："这一著作是分析性处理与综合的楷模，处处散发着波洛克式的风格魅力。这一著作具有独创性、独立性、哲学性的特点。"参见 Lord Wright，"In Memoriam：Right Hon. Sir Frederick Pollock，Bart.，K. C.，D. C. L. 1845－1937"，*L. Q. R.*，1937(53)：164。

③ A. V. Dicey，*Blackstone's Commentaries*，Camb. Law Journal，1932(4)：304.

所有权理论，而且偶尔谈及了这些法律分支面临的难题，尤其是侵权法面临的难题。波洛克论及合伙与土地法的著作显示，在衡平法与房地产法方面，他取得了与普通法领域一样的成就。1894年，他在英属印度发表了论及反欺诈法的"泰戈尔讲座"，并且，他解决了人们在欺诈问题上的一些误解与错误。如他在《英国法律史》这一伟大著作的序言中所说的，这一著作与其说是他自己的著作，不如说是梅特兰的著作。但毋庸置疑，他较多地借鉴了梅特兰的历史知识与批判力，因为这本书是他们两人共同规划的，并由两人修订而成。他的许多论文——尤其是诸如《论雇主责任》（*Employers' Liability*）、《判例法的科学》（*The Science of Case Law*）、《王之和平》（*The King's Peace*）、《牛津法律研究》（*Oxford Law Studies*）、《亨利·梅因先生及其著作》（*Sir Henry Maine and his Work*）、《比较法的历史》（*The History of Comparative Jurisprudence*）、《自然法的历史》（*The History of the Law of Nature*）、《普通法接受了法人的拟制理论吗？》（*Has the Common Law received the Fiction Theory of Corporations*）、《衡平法的转变》（*The Transformation of Equity*），等等——表明，他具有广博的英格兰法知识、法律史知识以及比较法知识。在这些文章中，有些文章对"如何讲授法理学"作了极好的说明，并揭示了法理学在阐明基本原理方面的作用。只有那些熟练掌握这些原理的大师才能创作出如此思路清晰的著作，就像《法理学初阶》（*A First Book of Jurisprudence*）那样，对初学者有很大的帮助作用。从波洛克研究《国际联盟》的著作可以看出，他像精通国内法那样精通国际法。他的两本演讲录——《普通法的发展》（*The Expansion of the Common Law*）和《普通法的天才》（*The Genius of the Common Law*）——是研究普通法及其特点的重要著作，只有一个具有深厚学养的法史学家、现代法大师以及法理学教授才能写出如此的作品。从他为塞尔登学会编辑的《塞尔登桌边谈话》可以看出，波洛克是一位特别细心的学者，并且非常熟悉塞尔登学会。他的

《政治科学史》显示，他对那些与法律研究有关的事务有着广泛的兴趣，并且，从他研究斯宾诺莎的著作可以看出，他具有成为哲学家的能力。最后同样重要的是，他的文章、笔记以及发表在《法学季评》上的评论——那些评论实际上都是他写作的——都是他渊博的学识与敏锐的评论独一无二地结合的产物，并且，这些评论经常显得睿智与幽默。无论对于法官还是对于律师抑或法律学徒之类的所有法律人，这些评论都具有非常大的价值。但我们最后提及的、他在法律研究上的贡献更多的是一种文学上的贡献，这一贡献与他作为法律教师对法律科学的贡献密切相关。

2. 波洛克实际是一位指导研究生的导师，他指导那些对法律研究感兴趣的研究生。他的讲座从来不受那些普通本科生的青睐，他也从来不是一位广受大家欢迎的指导老师。他的教学方式初看起来似乎很奇特，并且很难懂，但随着大家逐渐习惯他的讲课方式，原先的感觉就会消失。正如在《泰晤士报》发表其讣告的作者所说的，“一种相当奇怪且生硬的说话方式遮蔽了他和蔼、仁慈的性格特征”。对于那些严肃认真的学生来说，他很和蔼——他总是乐于给人以建议和鼓励。从他与这些学生的关系可以看出，他是一位好老师。尽管在维诺格拉多夫主政下的牛津，这一风格曾一度盛行，但它从未在牛津法学院真正扎下根来。与那些以《法学季评》为手段的欧洲研讨班取得的效果相比，波洛克获得的成功一点也不逊色，甚至比其更加成功。据我的经验所知，他总是鼓励初学者，给他们提出一些明智的建议与忠告，指导他们最好地完成自己选择的课程。对于他们的工作，他从来不吝赞美之词。从他对《法学季评》创刊号的说明①可以看出，鼓励法学研究是这一刊物赖以创立的目标之一。我确信，他和很多美国同龄人一样，借助研讨会这一方式，运用不同的方法，为各自所

① Frederick Pollock, “Our Jubilee”, *L. Q. R.*, 1935(51):6.

在的法学院，做了许多类似的工作，即这些工作在别的地方也是这样做的。更特别的是，他们已通过一些具有建设性意义的文章、通过批判性的笔记，以及通过对当代的作品进行全面的评论，为法官与律师实施法律提供了帮助。并且，作为塞尔登学会的文学总监——在他去世之前，他一直担任这一职位，他也做了与上述工作大致相似的工作，因为他总是愿意欢迎新人，并通过自己的忠告与批评帮助他们。

3. 波洛克在法律实施、法律重述以及政治难题的解决等方面的贡献也相当大。他以多种方式为法律的实施提供了帮助。1891 年，他担任皇家专门调查委员会（the Royal Commission on Public Records）的委员，1910 年，担任皇家公共档案委员会主席。1914 年，他被任命为五港同盟（Cinque Ports）海事法院的法官。从 1895 年到 1936 年——直到他生命的最后一年，他一直担任《法律报告》的总编。1895 年前的大约十年的《法律报告》采取的一些做法引起了一些人的批评，而波洛克就是批评者之一。他告诉我们，"法律报告理事会"（The Council of Law Reporting）决定，"首先，必须统一指挥，其次，根据'让偷猎者成为猎场看守者'的原则，我将成为新的指挥官；因此，我被任命为法律系列报告的总编"①。通过起草 1890 年的《合伙法案》（*The Partnership Act*），波洛克重述了那一法律，并且，起草了《印度侵权法案》（*Indian Torts Bill*），然而，这个法案从来没有成为法律。通过为处于 1895 年与委内瑞拉保持联系而陷入困境中的政府提供建议，②

① Fredericlc Pollock，"For my Grandson"，*L. Q. R.*，1937（53）：187.

② 在海恩斯引用的一封信中，波洛克给我们讲了他与委内瑞拉事件的关系，他说道："我写了一篇有关门罗主义起源的文章，认为，门罗主义学说最早出现在美国人与我国外交官员的通信之中，美国参议院曾要求人们以官方信件的形式将那些通信刊印出来。我相信，我的这一发现对于专家来说是非常有价值的。具体可参见海恩斯先生的文章，E. S. P. Haynes，"In Memoriam：Right Hon. Sir Frederick Pollock，Bart.，K. C.，D. C. L. 1845－1937"，*L. Q. R.*，1937（53）：196－197。

波洛克帮助那一政府解决了政治难题，并且，就在他死前的一段时间里，他还就《退位法案》的格式问题提出了一些非正式的建议。

从我们对波洛克作品的简短总结中可以看出，他是那一时代最伟大的法学家之一，并且，在当时的法律世界，他拥有的地位在我国法律史上是空前绝后的。在我国法律史上，我国最伟大的法学家都曾担任过某些司法职位，他们要么通过自己的判决，要么通过自己的著作，对法律的发展产生了影响；波洛克从未通过判决创制法律，[①]但他的著作对我国未颁布的一些法律产生了影响，其影响甚至比许多法官的影响都要大。[②] 在成就方面，能够与之比肩的唯一法学家是其终生的朋友霍姆斯大法官。他们两人都是伟大的法律思想家，对各自国家的法律都有着深刻的了解；他们还都是伟大的法史学家，具有丰富的现代法律知识，这使他们能避免陷入霍姆斯所称的"复古主义陷阱"；他们同时还是作家，能用文学性的语言表达他们的法律思想，这使他们的作品具有文学性。众所周知，霍姆斯所做的一些最重要的工作是在担任马萨诸塞州首席法官和美国最高法院大法官时完成的，而波洛克所做的最重要的工作是以写作有关英国法的经典著作和文章的形式完成的。从霍姆斯作出的判决与波洛克写作的著作和论文中，我们看到，他们对法律保持着同样的崇敬态度，且同样精通法律；他们同样感觉到，需要使法律与生活现实保持紧密的联系，需要使法律与其服务的时代保持紧密的联系。

---

① 尽管波洛克曾是五港同盟海事法庭的法官，但他从未被要求断案，参见 Edward Potton，"In Memoriam：Right Hon. Sir Frederick Pollock，Bart.，K. C.，D. C. L. 1845 – 1937"，*L. Q. R.*，1937(53)：201。

② 如赖特教授所说的："诸如波洛克这样的法学家们的作品经常被法院与法官们引用，因此，有资格要求取得'不成文法律'的地位，尽管我们的法律体系通常不寻求从宪法作家的作品中去找寻法律。"参见 Lord Wright，"In Memoriam：Right Hon. Sir Frederick Pollock，Bart.，K. C.，D. C. L. 1845 – 1937"，*L. Q. R.*，1937(53)：152。

在波洛克曾经写作的一段最雄辩的段落结尾，他曾写道："这一活着的正义殿堂，这一亘古常新的普通法机体是如此高贵、如此庄严，以至于在我们之中，只有最少的那部分人才会欣喜地看到，往后的人们经常会指着某一块石头说，我手中的这一著作就在这儿。"[①]在很多法律部门中，波洛克的工作都有（且将继续有）永恒的位置，因为在被选出的教授团队中，他是最伟大的教授之一，正是这些教授所做的工作才使他们位居英国法的塑造者之列。

① Frederick Pollock, *Oxford Lectures and Other Discourses*, London: New York, Macmillan, 1890, p. 111.

结　语

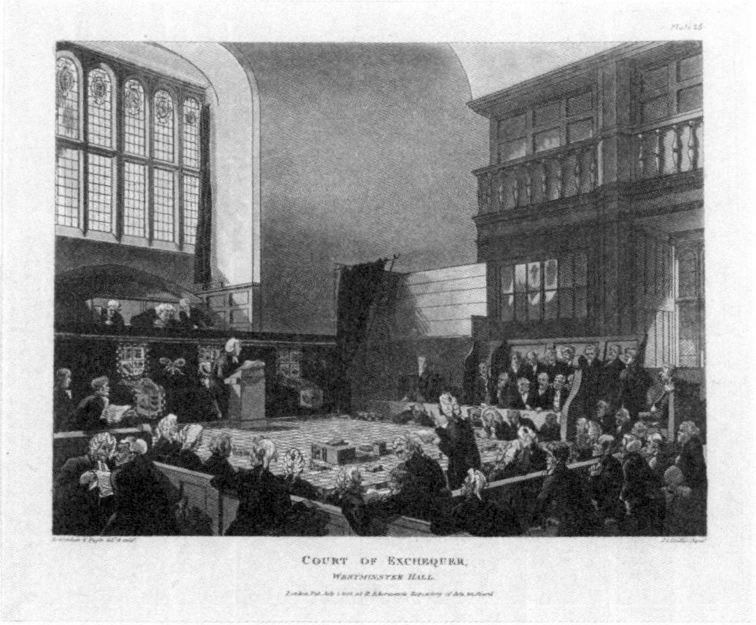

位于伦敦威斯敏斯特大厅的财政法庭，图片选自绘画集《微观伦敦》(Microcosm of London)。画家 Rudolph Ackermann 创作于 1808 年。

英国法的所有塑造者们要么通过自己的判决，要么依靠自己的著作，要么凭借自己的理论观点，促使英国建构起了法律体系，由此，人们可以将这一体系中的法律规则作为科学研究的对象，因为这些规则是建立在合乎逻辑地发展起来的一些重要原则基础之上的。这些塑造者们为英国法的体系化做了大量工作，就像那些将自己的作品保留在《学说汇纂》中的罗马法学家们为罗马法做了大量工作一样。正是由于那一原因，对这些塑造者所做的工作（不论是著作，还是既决的判例，抑或理论观点）进行研究，迄今为止仍是训练法律人最重要的手段。时任掌卷法官威尔弗雷德·格林（Wilfrid Greene，1883—1952 年）先生在其 1936 年为公共法律教师协会（the Society of Public Teachers of Law）讲演的一篇非常有价值的文章①中强调，对于执业的法律人来说，了解英国法的塑造者们创立并发展起来的那些重要原则至关重要。他说道：

> 如果辩护律师对法律科学及其原则有扎实的理解，就能应对法律实践中出现的一些特别困难的情形，如，由于案件事实呈现的方式存在问题，或者法院对其意图

① Wilfrid Greene，"Jurisprudence and the Practising Lawyer"，*Journal of the Society of Public Teachers of Law*，1936，pp. 10 – 18.

> 适用的法条的解释存在歧义，以致可适用于本案的原则与原先的设想大相径庭，此时，对于原则的独特直觉就非常重要。随着审判的深入，辩护律师们认识到，他必须在很短的时间内重新调整策略——其实，他心灵的某些部分已开始接受案件的变化，尽管这一过程经常是无意识的。因此，他能以新的方式处理这一案件，将这一案件与能够归入其下的新的法律原则联系起来。①

很明显，同样的情形也适用于法官，对于那些由他自己及陪审团发现的案件事实推导出的证据与法律后果，以及辩护律师基于已发现的案件事实、从法律的角度提出的异议，他必须加以权衡。

但是，人们会问，在当今时代，对于原则的研究是否像过去那样重要？因为在当今时代，立法机关在法律发展过程中起着特别巨大的作用，而在过去，法律主要是由法律人发展的。按照掌卷法官的观点，在当今时代，研究法律原则同样非常必要，并且，他还以法律原则在税收案件中的应用为例来说明问题。他认为，从财政的观点看，可用法律原则处理很多社会与经济关系问题。他说道："那些归属于财税分庭处理的问题，不仅要求人们对法律原则有深入的理解，而且要求人们在法律科学方面有可靠的直觉。如果不具备这些能力，这些案件就不能得到可靠的解决，甚至可能导出错误的判处结论。"②对于我国法律史上的税法以及其他一些与财政有关的法律来说，这一论断可谓真知灼见。在历史上的所有时期，一方面，国家会提出自己的要求，但另一方面，臣民

---

① Wilfrid Greene, "Jurisprudence and the Practising Lawyer", *Journal of the Society of Public Teachers of Law*, 1936, p. 10.

② Wilfrid Greene, "Jurisprudence and the Practising Lawyer", *Journal of the Society of Public Teachers of Law*, 1936, p. 15.

们又会想方设法地规避这些要求,如此就产生了非常重大的法律难题。在土地法发展的早期,很多问题都是依靠人们对下述问题——作为土地所有者的国王,其财政收入的来源属何种性质,土地拥有者用以逃避税收的方法属何种性质——的理解而解决的。① 有关用益权法律地位的规定——它型塑了土地法的现代发展——正是亨利八世时期财政需要的产物。② 在众多被报告的案件中,人们最早开始尝试分析"协议"(agreement)的特点,是在1550年的一个税收案件中,③至迟到1916年,有关税法的解释才包括了人们对普通法财产与衡平法财产的区分,包括了对"财产恢复学说"(the doctrine of reconversion)的考察。④ 其他法案的发展状况大致类似;并且,我国的法律人已认识到下述真理:他们能将这些法案吸纳进自己所创立的法律体系之中。如果他们不进行如此的吸纳工作,英格兰法不仅不能形成一个体系,反而会一片混沌。

对于国家与个人来说,保持一个合乎逻辑的法律体系,为什么特别重要?法律人为何需要按照与整个法律体系一致的方式解释法律?英格兰法最伟大的塑造者之一——马修·黑尔爵士——对此曾做过非常精辟的阐释。他说:

> 普通法职业发展史上最重要的事情之一是:普通法的确定性得到了保障,普通法自身的一致性得到了保

---

① William Searle Holdsworth, *Historical Introduction to the Land Law*, London: Methuen, 1925, pp. 35 – 36.

② William Searle Holdsworth, *Historical Introduction to the Land Law*, London: Methuen, 1925, p. 153.

③ 参见 R. M. Jackson, "The Scope of the Term Contract", *L. Q. R.*, 1937(53): 526。在这本书中,杰克森引用了下一案例,即 *Reniger v. Fogossa*(1550) Plowden at pp. 5, 8b – 9a, 17a。

④ *O'Grady v. Wilmot*[1916] 2 A. C. 231.

> 证。即在某一阶段,某一个法庭尽可能以一致的方式述说同样的事情,实施同样的法律,因为如果不这样的话,在所有的阶段、所有的地方,人们就会为法律问题纷争不已,即为如何保持法律的确定性与避免肆意妄为而奋斗。如果法官与辩护律师的理由无迹可寻,这样的时代多半会被人们遗忘……①
>
> 至于如何解释议会制定的法律和成文法的问题,我们在法学研究中一直被教导说,这些类型的法律当然优于那些人们以前一直实施的法律,让人们认识到这一点,根本无须太多的理由。因为首先,呈现在人们面前的、由议会制定的这些法律不仅包括序言、主体部分与附录,而且,这一法律的实施情况与不足都有明显的论证;而对于以前的法律,如果不进行特别的解读,其实施情况与不足都不太容易为人所知。
>
> 他们有机会了解以前的法官对其实施的、其他人不可能清楚了解的法律所作的说明。
>
> 对于如何解释议会的其他法案,人们有自己的观点与认识。人们所依据的要么是相似的条款,要么是相似的理由。对于解释法律来说,这些东西是重要的指导与帮助,如果没有相关的教育与研究的帮助,人们就不能充分地发挥自己的才能。

在以上这些年代,一直存在这样一些倾向:对于法律人将制定法吸收进现有法律体系之内的做法,人们惯于进行批判。如掌卷法官已经指出的,现代的独裁者对任何原则(不论是法律原则,

---

① 关于黑尔对霍布斯的《一位英格兰哲学家与英格兰普通法学者的对话》一书的反思,可参见 William Searle Holdsworth, *A History of English Law* (v), London: Methuen & Co. Ltd., 1924, p. 506。

还是其他原则）都充满敌意，因为原则妨碍了他们推行其一直意图实施的政策；并且，那些希望快刀斩乱麻地处理事情的现代官僚们似乎也不能容忍原则的存在，因为原则妨碍了他们直接行动。[①] 尽管我们现在已逃脱了独裁者的魔掌，但由现代官僚们引起的麻烦似乎并没有减轻。对于法律人来说，由此就产生了这样的严重后果：官僚主义方法通过将那些本应归入法律范围内的东西驱逐到法律之外，从而使人们越来越难以将英格兰法视为一种由相互依存的学说组成的科学体系。法律人面临的另一个严重后果是：由于一些法律人亲近官僚体制，疏远法律，因此，他们的法律主张与解释法律的方式最终实质地阻碍了他们将制定法吸纳进英国法律体系之中。这些法律人认为，制定法不应按照旧有的、得到了验证的、旨在保证公正司法的法律解释模式进行解释，而应按照法律制定者持有的政治、经济与社会理想加以解释。赞成这一观点的法律人批判下面这些规则：法院应拒绝接受“议会的想法是什么”之类的证明，拒绝接受“议会的意思是什么”之类的指导，应集中注意力去考察由法规的语词引起的、需要修复的不恰当后果，并注意法规所运用的语词。因此，普拉克内特教授在他的《普通法的历史》（*History of the Common Law*）这一重要的著作中说道，首先，这一规则“与那些将准备性的工作材料（*travaux préparatoires*）视为对法律解释特别有价值的辅助性工具的其他法律系统的法律实践活动相冲突”[②]；其次，这一规则会引起这样的后果：“法院会拒绝使用那些历史学家与科学研究者们认为特别有价值的证据，在现代社会里，法院尤其会这样做，因为法

① Wilfrid Greene，“Jurisprudence and the Practising Lawyer”，*Journal of the Society of Public Teachers of Law*，1936，pp. 17 – 18.

② Theodore Frank Thomas Plucknett，*A Concise History of the Common Law*，New York：the Lawyers Cooperative Publishing Co.，1929，p. 299.

规的通过会引起社会政策的变化,而非只是技术性程序的改变。”①

关于第一点,应当承认,由于存在排除规则(the rule of exclusion)——它被应用于制定法的解释活动,就像它一直被应用于其他成文文件的解释工作一样,因此,一直存在上述难题。但是,关于立法机关使用的特殊语词的意思是什么,如果我们承认所有的外部证据,那也一定会引起其他的、更大的问题。关于第二点,我们必须记住,历史学家与科学研究者们面对的任务与试图解决案件问题的法官面临的任务肯定有很大的不同。前者的目的是为某一时期的法律提供真实的描述,后者的目的则是依法为诉讼当事人提供公正的裁判。如果历史学家和科学研究者们公开的所有证据在诉讼过程中都被采纳了,也会产生两种灾难性的后果。首先,英国法将不能长期保持由相互依存的原则组成的合乎逻辑的体系的地位。如果法律人被迫不依照法律语词的含义解释制定法,而是根据其对于意图之类的猜想等外在证据解释法律,则将制定法吸纳进英国法之中,并使之成为一个合乎逻辑的、合理的体系之一部分,又将成为根本无法完成的困难的工作。其次,如果允许使用这种解释方法,则在国家和个人之间保证公正地实施法律、进而实现英国法的伟大目标就不太有保障。并且,如果所有的事情都被认为是由这一观点而引起的,则这一事实——现代法规处理的是社会政策问题,而关于社会政策,可能存在尖锐对立的观点——将使下一点变得更加具有必要性(而非少一些必要性),即为了保证公正性,应当遵循解释的规则。

在现代法理学流派中,提倡这种新的解释制定法方法的法律人可以找到自己的同路人,这些同路人称自己为“原教旨主义

---

① Theodore Frank Thomas Plucknett, *A Concise History of the Common Law*, New York: the Lawyers Cooperative Publishing Co., 1929, p. 304.

者"(fundamentalist)[①]。这一学派提出,要回归纯粹的边沁主义批判模式——按照人类行为的后果衡量法律的功用。我认为,这种批判模式——它是受现在可用来对这些后果进行科学研究的新材料的启迪和拓展而产生的——能够单独决定行为的后果,并由此确定某一法律的真正含义。[②] 像边沁一样,这一新的学派希望从头开始,不受那些从成熟的法律系统中进化出的技术性原则与规则的限制——这一法律系统正是建立在这些技术性原则与规则基础之上。像边沁一样,这一学派拒绝承认以下一点,即这种技术性推理——立法机关通过的法令与法院作出的判决都建立在这种推理基础之上——在评估某个法律原则或者规则的真正后果方面具有更大的价值,并因而在实践中具有巨大的价值。这一学派认为,英格兰与其他地方的法律改革家们拒绝严格地运用边沁的批判模式,主张折中性地运用它,目的是通过保留技术性的原则与规则,从而保持法律系统的连续性,进而进行法律改革,[③]他们实际上是在继续错误的做法。这一理论受到了一些美国学者的青睐,这部分归因于这样的事实:美国的宪法具有严格性特点,它阻止人们对法律进行迅速的改革——但狂热的社会改革家们却希望这样做,这使边沁的理论打上了这样的烙印,即它难以对他那一时代发生在英格兰的法律改革运动产生任何影响。无论实际情况如何,我认为,19 世纪和 20 世纪英格兰法适应新的工业时代需要——同时没有牺牲其发展的连续性以及作为一个合乎逻辑的体系的特点——的方式是对这一理论最可靠的回答。如果这一理论被人们采纳,并被严格地应用于某个法律系

① 关于这一学派的说明,可参见 Felix S. Cohen,"The Problems of a Functional Jurisprudence",*Modern Law Review*,1937(1):5 - 26。

② 关于这一学派的说明,可参见 Felix S. Cohen,"The Problems of a Functional Jurisprudence",*Modern Law Review*,1937(1):25 - 26。

③ 前文第 281、289 页。

统，则这一国家的许多政治和法律经验——它被汇集并包含在其技术性原则与规则之中，包含在其所支持的推理之中——将被人们抛弃。① 由于那一经验，某些理论家提出的有关行为后果的相互冲突的观点将被替代，并且，关于任何特定的法律意义与价值的相互冲突的观点也将被替代。建立在这种流动的沙丘之上的法律体系很快就不会拥有任何值得一提的稳定的原则。

罗马法的历史警告我们，要求我们不接受这样的观点，即应尽可能少地按照科学方式发展他们自己的法律体系。在古罗马的一系列伟大法学家中，莫迪斯蒂努斯（Herennius Modestinus，？—约前244年）是终结者，在他之后，法律的唯一渊源变成了专横皇帝的直接立法。法学家们不再能通过自己的作品发展法律体系，而是被雇佣来起草皇帝发布的、带有立法特点的指令。② 其结果就是：随后的一些皇帝——如5世纪的狄奥多西二世（Theodosius Ⅱ，401—450年）和瓦伦提尼安三世（Valentinian Ⅲ，419—455年），6世纪的查士丁尼一世（Justinian Ⅰ，483—565年）——希望赋予罗马法研究与实践以新的生命力，他们被迫又一次诉诸法学家们的著作，这些法学家在保持自身独立性的同时，一直能系统地、合乎逻辑地发展自己的法律学

---

① “我为什么宁愿选择一个已经愉快地统治某一王国四五百年的法律，而不愿意冒险将王国的幸福与安宁置于我自己提出的新的理论基础之上，那就是原因之一。对于我自己的理论与那一法律相比较而言的合理性，我更加清楚。”参见黑尔对霍布斯的《一位英格兰哲学家与英格兰普通法学者的对话》一书的反思，见 William Searle Holdsworth, *A History of English Law* (v), London: Methuen & Co. Ltd., 1924, p. 506。如庞德院长曾经说过的，“法律的生命在于得到长期经验检验的理性，并且，经验因理性而获得发展”。参见 Roscoe Pound, *Fashions in Juristic Thinking*, Holdsworth Club of the University of Birmingham, 1937, p. 20。

② 关于这一时期，约洛维奇（Herbert Felix Jolowicz）教授在《关于罗马法的历史介绍》一书中说道：“这一体制特别专横的特点不允许任何不是直接来自皇帝的创设法律的活动。”——法学家们帮助皇帝起草宪法，但是宪法及其解释完全受皇帝控制。参见 James Muirhead, *Historical Introduction to Roman Law* (2nd ed.), Oxford: Clarendon Press, 1899, pp. 307 – 308。

说。这些皇帝还被迫求助于那些生活、工作在由帝国宪法创制法律之前的时代的法学家的作品。这些法学家的作品是不能被吸收进罗马法体系的，而且其已失去了独立性，因此，人们被迫按照与立法机关奉行的不断变动的政策相一致的方式解释它们。我们可以确定的是，那些老的、经过了实践检验的解释制定法的模式要么已发生了如此大的改变，以致这种吸纳程序不再被这些英国法学家们采用；要么这种“原教旨主义”的观点赢得了人们的承认，并且在几个世纪后，在统治者提出要重新建构并复兴科学的英格兰法体系时，人们就会求助于这些英国法塑造者的作品与判决。

中英文对照

A

accessio 添附

Act of Settlement, *the* 《王位继承法》

action of assumpsit, the 损害赔偿之诉

action of deceit, the 因欺诈而致人损害并予以赔偿之诉

action of dower, the 寡妇地产之诉

action of ejectment, the 逐出土地之诉

action of trespass, the 侵害之诉

action on the case 类案诉讼

Acts of Parliament 《议会法案》

adjective law, the 程序法

ademption 撤销遗嘱

advocate 辩护律师

advowsons 圣职推荐权

against remoteness of limitation 防止限制过宽

Alfonso X 阿方索十世

alienate 自由转让

amerciament 罚金

Ames, Eli B. 艾姆斯

Anne Boleyn 安妮·博林

Anselm of Canterbury 安瑟伦

appeal of murder 控告谋杀之诉

appeals of felony 重罪私诉

approvement of common 揭发同案犯

archdeacon 副主教

Articuli super Carta, *the* 《大宪章批准和执行条例》

assize 裁判法庭

Assizes of Jerusalem, *the* 《耶路撒冷法典》

assize of mort d'ancestor, the 收回已故先人不动产之诉

attorney 代理律师

attorney-general 总检察长

Aubone Surtees 奥本·苏提斯

Austin, John 奥斯丁

Auxiliary 辅助性

Azo of Bologna 阿佐

B

Bacon, Francis 培根

Bagehot, Walter 白芝浩

Bailments 寄买寄卖

Ballow, Henry 巴洛

barrister 出庭律师

battle of Alnwick, the 阿尼克战役

Battle of Barnet, the 巴内特战役

Baxter, Richard 巴克斯特

bencher, the 管理律师会馆的律师主管

Ben Jonson 本·琼森

Bentham, Jeremey 边沁

Bernard of Pavia 帕维亚的伯纳德

Bills in Eyre 大巡回法庭诉讼

bills of exceptions 异议书

Blackburn, Colin 布莱克本

Blackstone, William 布莱克斯通

Bologna 博洛尼亚

Bowen, Charles Synge Christopher 鲍文

Bracton, Henry de 布雷克顿(即 Henry of Bratton)

Brevia Placitata 《诉讼案件汇编》

Britton 《布里顿》

Brut 布吕特

Bryce, James 布赖斯

Burke, Edmund 伯克

Burnet, Gilbert 伯内特

Bynkershoek, Cornelius van 宾刻舒克

C

Cadit Assisa 卡迪特·阿诗萨

call to the bar 取得律师资格

Campbell, John 坎贝尔

Canning, Charles John 坎宁

canon law 教会法

Casus Placitorum, the 《重要判例集》

catching bargains 圈套协议

causes of action 诉讼理由

certiorari 调卷令

cestui que use, the 信托土地受益人

champerty 帮讼

chancellor 枢密大臣

chancellor of Cathedral 主教或大主教座前负责管理档案的高级教士

Chancellor of the Exchequer 财政署执行大臣

Chancery commission, the 衡平委员会

Charles Butler 查尔斯·巴特勒

Charles Fearne 查尔斯·弗恩

Charles Ⅰ 查理一世

Charles Ⅱ 查理二世

Charles Viner 查尔斯·维纳

Charles Yorke 查尔斯·约克

Charter Patent and Close Rolls 专利许可与密封卷宗

Chaucer, Geoffrey 乔叟

chief baron of the Exchequer 财税法院首席大法官

Christopher Robinson 克里斯托弗·罗宾逊

Cicero, Marcus Tullius 西塞罗

Cinque Ports 五港同盟

civilian 罗马法专家

civil wrongs 民事侵权

Cockburn, Alexander James Edmund 科伯恩

Coke, Edward 柯克

Common Law Procedure Acts 《普通法程序法》

concurrent 并存性

Dominions, the　英王领地

dominium politicum et regale　君民共治

Duke of Norfolk, the　诺福克公爵

E

Earl of Essex, the　埃塞克斯伯爵

Earl of Warwick, the　沃里克伯爵

easements　地役权

Edward Ⅰ　爱德华一世

Edward Ⅳ　爱德华四世

Edward Ⅶ　爱德华七世

Edwards, Thomas　爱德华兹

Eldon, John Scott　埃尔顿

election　遗嘱的选择

Elias de Beckingham　伊利亚斯·德·贝金汉

Ellesmere, Thomas Egerton　埃尔斯米尔

Erasmus, Desiderius of Rotterdam　伊拉斯姆斯

Esmein, Adhémar　埃斯曼

essoins　缺席理由

estate in the land　地上财产权

Estates tail　限嗣继承地产

estoppel by conduct　因先前的行为而不容反悔学说

Exceptiones ad Cassandum Brevia, the　《如何答辩令状》

Exchequer Rolls　财政部卷宗

exclusion bill, the　驱逐法案

exclusive　专有性

eyre　巡回法院

F

Felony　重罪

feoffment　让与自由持有地产

Fet Assaver, the　《费特萨维》

fiction　拟制

Figgis, John Neville　菲格吉斯

Fitzherbert, Anthony　菲兹赫伯特

Flaxman, John　弗拉克斯曼

Fleta　《弗莱塔》

Fortescue, John　福特斯丘

Foss, Edward　福斯

Fox, Charles James　福克斯

Francis Buller　弗朗西斯·布勒

frankalmoin　教会对自由捐献土地的占有

Frederic Ⅱ　弗雷德里克二世

freeholder　自由持有地产者

free tenures　自由占有土地

Fulk the Good　"善人富尔克"

Fundamentalist　原教旨主义者

G

Garrick, David　加里克

general law　一般法

general occupancy　普通占用制

Gentili　真提利

George Ⅱ　乔治二世

George Ⅲ　乔治三世

George Lee　乔治·李

George Treby　乔治·泰比

Germain, St.　圣·杰曼

Gibbon, Edward　吉本

Gierke, Otto von　基尔克

John de Metingham 约翰·德·梅廷汉

John Fonblanque 方布兰克

John Horne Tooke 霍恩·图克

John Ritchie 约翰·里奇

John Scott 约翰·斯科特,即埃尔顿勋爵(Lord Eldon)

John Seldon 塞尔登

John Thelwall 塞尔沃尔

John Villiers 约翰·维利尔斯

joint tenants 共有

Joseph Story 约瑟夫·斯托里

Judicature Act, the 《司法法》

Judicium Essoniorum, the 《缺席开庭事由论》

Jus scriptum 成文法

justices of the peace 治安法官,太平绅士

justiciar 首席政法官

Justinian Ⅰ 查士丁尼一世

Justinian's Code《查士丁尼法典》

K

Kenyon, Lloyd 肯尼恩

King Lothar 洛萨尔王

King's Council 国王御前会议

King's court 国王的咨议会

Kiplin, Joseph Rudyard 吉卜林

knight service 骑士役占有

L

Lambard, William 兰巴德

Lanfranc of Pavia 兰费朗克

Laud, William 劳德

Laurence de Broke 劳伦斯·德·布洛克

law of God, the 神法

law of nature, the 自然法

law of the state, the 国法

law of property, the 物权法

law of torts, the 侵权法

Law Tracts 《法律论丛》

legal reports 法律报告

legal statesman 法律政治家

Leslie Stephen 莱斯利·史蒂芬

Levinz, Creswell 莱维兹

Levy Ullmann 列韦·乌尔曼

Licensing Act, the 《许可法》

limitation of actions 诉讼期限

Lincoln's Inn 林肯律师会馆

Lindley, Nathaniel 林德利

Littleton, Thomas 利特尔顿

Long Parliament, the 长期议会

Lord Kames 凯姆斯勋爵(即 Henry Home)

Lord Keeper 掌玺大臣

Lord Privy Seal 掌玺大臣

Lord Treasurer, the 首席财政大臣

Louis Ⅸ 路易九世

Lytton Strachey 里顿·斯特拉奇

M

Macaulay, Thomas Babington 麦考利勋爵

Macaulay's Penal Code 《麦考利刑法典》

T

Thomas Fuller　托马斯·富勒

Thomas More　托马斯·莫尔

Thomas of Weyland　维兰德的托马斯

Thomas Smith　托马斯·史密斯

Throckmorton, Nicholas　斯罗克莫顿

Titius, Lucius　提丘斯

Townsend, William Charles　汤森德

The Transfer of Property Act 1882　《1882 年财产转让法案》

treason　叛逆罪

treasurer　财政大臣，司库

tremor　定期租户

trial by the petit jury　小陪审团的审判

the Tudor dynasty　都铎王朝

Twiss, Horace　特维斯

U

Uniformity of Process Act　《令状统一法》

use　土地用益

Utopia　乌托邦

V

Vacarius, Roger　瓦卡利乌斯

Valentinian Ⅲ　瓦伦提尼安三世

Viceroy's council in India, the　印度总督委员会

Vinogradoff, Paul Gavrilovitch　维诺格拉多夫

Virgil　维吉尔（即 Publius Vergilius Maro）

Voltaire　伏尔泰

Volunteer　无偿受让人

W

Walter Raleigh　沃尔特·雷利

Wambaugh, Eugene　万宝夫

Wars of the Roses, the　玫瑰战争

waste　毁损

Westminster School　威斯敏斯特公学

Wigmore, John Henry　威格摩尔

Wilberforce, William　威尔伯福斯

Wilfrid Greene　威尔弗雷德·格林

Wilkes, John　威尔克斯

William Camden　威廉·卡姆登

William Murray　威廉·莫里（即曼斯菲尔德勋爵）

William Paston　帕斯顿

William Pitt　老皮特

William Pitt the Younger　小皮特

William Scott　威廉·斯科特，即斯托威尔勋爵（Lord Stowell）

Willes, James Shaw　韦力士

Wolsey, Thomas　沃尔西

writ Circumspecte Agatis, the　《谨慎行为令状》

writ de contumace capiendo　逮捕藐视法庭者的令状

writ de excommunicato capiendo　再次逮捕被教会开除教籍者的令状

writ of account　查账令状

writ of assistance　召唤令

writ of right　权利令状

writs of course　程序令状

writs of entry　土地侵占令状

Z

Zouche, Richard　朱什

译后记

摆在大家面前的这本小书是由威廉·塞尔·霍尔斯沃思（William Searle Holdsworth，1871—1944 年）创作的。霍尔斯沃思，英国著名法律史学家，英国人文和科学学院（FBA）院士。1903 年至 1908 年，曾于伦敦的大学学院担任宪法学教授；1922 年至 1944 年，担任牛津大学专门讲授英国法的维纳教席教授。众所周知，维纳教席聘任的通常都是著名教授，布莱克斯通、戴雪等曾先后拥有过这一职位。霍尔斯沃思拥有这一职位长达 20 余年之久，这说明其在英国法方面的造诣非同寻常。最能代表霍尔斯沃思学术水平的当属其创作的 17 卷本的《英国法律史》，第一卷出版于 1903 年，直到霍尔斯沃思去世后的 1966 年才全部出齐。霍尔斯沃思浸淫于英国法律史 30 余年，才写下了如此煌煌巨著，本书可谓呕心沥血之作。众多的以"英国法律史"为名的著作与之相比，无论在广度上，还是在深度上，都要逊色得多，霍尔斯沃思的《英国法律史》无疑是研究英国法律史最权威的著作。霍尔斯沃思的学术成就得到了世人的充分肯定。1929 年，英国国王乔治五世授予其爵士爵位，并任命其为皇家法律顾问（K. C.）。1943 年，霍尔斯沃思获得专为科学、艺术、文化等领域做出突出贡献者设置的 Order of Merit（O. M.，Ordre du Mérite）勋章。在霍尔斯沃思去世之后，为纪念他，英国伯明翰大学法学院专门成立了"霍尔斯沃思俱乐部"，设立了"霍尔斯沃思奖学金"；

牛津大学圣约翰学院成立了“霍尔斯沃思学会”，并将其图书馆命名为“霍尔斯沃思图书馆”。

或许是考虑到《英国法律史》卷册浩繁，非一般读者能够遍睹，故霍尔斯沃思又创作了极简版的“英国法律史”，即《英国法的塑造者》，作为普通读者了解英国法律史的入门性读物。本书的特色在于：它以英国法律史上有突出贡献的法学家为线索，简明扼要地介绍了他们在英国普通法、衡平法发展过程中的角色与作用，使读者们认识到，英国法律史并非冰冷的法律进化史，而是一部有血有肉的、法学家创制法律的历史。本书向我们介绍了1位国王（即爱德华一世）、22位法学家以及1个法学家群体（即活跃在英国法律史舞台上的罗马法专家们），正是这一群有着实践情怀的法律人推动着英国法向前发展，奠定了英国法在世界法律史上的地位，为世界的法律文明做出了重大贡献。英国法律史与其说是法律的历史，不如说是“法律人的生命史”。

本书的翻译历一年有余，是我与西南大学法学院的硕士研究生们共同完成的。在一开始时，我只是布置学生们阅读这本书，让他们了解一些有关英国法律史的知识；后来，基于深入研读的需要，加之想让她（他）们接受一些学术训练，故要求她（他）们将其中的一些章节翻译出来，为此还进行了简单的分工：张月琴承担第4讲、第11讲，余若冰承担第5讲，严旭承担第6讲，杨蕾承担第7讲、第8讲，张亮承担第9讲，任子晨承担第10讲，谭姝颖承担第12讲，其余部分由我负责完成。由于学生们功力尚浅，研究态度不一，翻译的初稿惨不忍睹，我不得不从头到尾重译了一遍，然后与他们一起校对。翻译的过程是一个既痛苦又快乐的过程，同时也是一个成长的过程，不同的人收获肯定不一样。在初译稿的基础上，我又进行了多次校译、润色及加工，才变成现在这个样子。虽说学生们参与了初译，但译稿的质量问题还是应由老师负责，我丝毫没有委过于人的念头。由于英国法术语专业性很强，很多术语在汉语世界里难以找到对应的东西，因此，译者在翻译时难免有错漏之处，敬请海内外方家批评指正！

世事难料！本书接近出版时，我的工作发生了变动，由西南大学法学院调入重庆大学法学院，这本书似乎又成了我到重庆大学法学院的见面礼。

最后，本书能以比较完善的形式展现在大家的面前，还要感谢法律出版社的众多编辑。本书的出版离不开高山兄的精心策划、向臣兄的细心编辑以及王珊女士的认真审读，他们在幕后默默奉献，对本书起到了锦上添花的作用。

陈锐作于北碚逸景苑
2017 年 10 月 20 日

天
Borderless
下

图书在版编目(CIP)数据

英国法的塑造者 / (英) 威廉・塞尔・霍尔斯沃思著;
陈锐等译. -- 北京 : 法律出版社, 2018
书名原文: Some Makers of English Law
ISBN 978-7-5197-2055-1

Ⅰ. ①英… Ⅱ. ①威… ②陈… Ⅲ. ①法制史 — 研究
— 英国 Ⅳ. ①D956.19

中国版本图书馆CIP数据核字(2018)第045580号

英国法的塑造者
YINGGUOFA DE SUZAOZHE

[英] 威廉・塞尔・霍尔斯沃思 著
陈 锐 等译

策划编辑 高 山
责任编辑 韩向臣
装帧设计 汪奇峰

开本 A5
版本 2018年5月第1版
出版 法律出版社
总发行 中国法律图书有限公司
印刷 天津嘉恒印务有限公司

印张 11 **字数** 260千
印次 2018年5月第1次印刷
编辑统筹 学术・对外出版分社
经销 新华书店
责任印制 陶松

法律出版社/北京市丰台区莲花池西里7号(100073)
网址/www.lawpress.com.cn
投稿邮箱/info@lawpress.com.cn
举报维权邮箱/jbwq@lawpress.com.cn
销售热线/010-63939792
咨询电话/010-63939796

中国法律图书有限公司/北京市丰台区莲花池西里7号(100073)
全国各地中法图分、子公司销售电话:
统一销售客服/400-660-6393
第一法律书店/010-63939781/9782 西安分公司/029-85330678 重庆分公司/023-67453036
上海分公司/021-62071639/1636 深圳分公司/0755-83072995

书号: ISBN 978-7-5197-2055-1 **定价:** 48.00元
(如有缺页或倒装,中国法律图书有限公司负责退换)